一报一天堂

YIBAO YITIANTANG

BEIYANG HUABAO GUANGGAO YANJIU

《北洋画报》广告研究

韩红星◎著

厦门大学出版社　国家一级出版社
XIAMEN UNIVERSITY PRESS　全国百佳图书出版单位

构建历史广告学的浩大工程

厦门大学出版社推出的《中国广告发展史研究》系列丛书,其主要作者是本人招收的人文学院历史系传播史研究方向与新闻传播学院广告理论研究方向的博士研究生。

本丛书是在学术积累的基础上深入发展的结果。1997 年,厦门大学广告学专业出版了国内第一本较全面的广告史方面的专著,开创了改革开放后国内高校研究广告史的先河。10 多年来,厦门大学广告学专业在广告史研究方面不断深入拓展,从一般年代的广告现象研究延伸至广告的断代史和区域史研究,从个别广告现象的研究拓展至全方位的广告观察。围绕广告史研究,还培养出一支广告史研究的学术梯队。

该丛书即是这一研究工作和学术梯队的展示。

一、研究意义

"中国广告发展史"的研究,可以为预测广告市场发展的趋势提供决策依据和参考。改革开放以来,我国传播学理论研究突飞猛进,成为我国新闻传播研究中的"显学",但与传播学理论研究相关的"传播史"、"广告史"研究却相对滞后。

"中国广告发展史"的研究滥觞于清末,当时著名的白话文提倡者、白话报刊活动家、江苏无锡人裘可桴写了一篇《广告文考》,可以认为这是我国最早研究广告史的专门论文。"五四"前后,著名新闻学家徐宝璜、新闻史学家戈公振也涉猎广告学及广告史。但直到 1948 年,我国才出现第一本广告史研究专著——如来生的《中国广告事业史》(上海新文化社 1948 年)。尽管该书十分简略,但其开拓之功不可埋没。20 世纪 80 年代以来,我国台湾及大陆相继出版有影响的中国广告史的专著,如樊志育的《中外广告史》、陈培爱的《中外广告史》,这些专著对中国广告史进行了初步探讨,为后来的研究奠定了基础。

我国广告发展史是一笔丰厚的文化遗产。研究中国广告史,穷源朔流,从中撷取宝贵的经验,汲取丰富的营养,以启迪我们的智慧和灵机,激发创造活力,促进当代广告事业的繁荣和发展,作为后人继往开来、发扬光大的借镜。本丛书将以断代史形式第一次系统地总结和概括中国几千年来广告发展的历史。从远古到今天,中国广告业经历了漫长的发展历程。从商朝算起,我国的广告事业至今已有 3500 多年的历史。广告作为一种经济与文化传播,为中华文明和世界文明做出杰出的贡献,是中华文明和世界文明的重要组成部分。

本丛书将从广告发展的角度展现中国经济、政治和社会发展的渊源和脉络,填补中国广告研究的空白。为进一步丰富和发展我国广告传播学科的基础研究提供新的视角,为全面丰富广告传播史的研究提供系统详尽的史实资料,促进我国广告史学研究的科学化。

目前国内已有少量分门别类的广告史方面的著作,但以往这类成果面上情况的介绍多,深入具体的分析解剖少。本丛书力求较全面剖析广告运作的经验,进而揭示广告业发展的特点、规律及其优良传统,这是当前我国广告从业人员和广告学科建设所迫切需要的。

二、研究思路

本丛书以先秦时期的人类文明进步为起点,审视广告活动和广告的发展历程和广告与社会的互动规律。坚持广告是一种"有效信息推销、营销传播活动"的观点,并用这一观点统领丛书的内容。

首先勾勒广告如何随着社会文明进步,从孤立、分散、个别现象发展成为人类生活中的普遍现象,从相对封闭、隔绝的区域内传播信息到更宽泛、更开放的区域传播信息,最后到一个整体的范围内进行信息传递的历史轨迹;进而揭示广告自身发展演变是从附属于经济活动的衍生物变为自觉服务于政治、经济、文化活动的营销传播利器,成为人们日常生活中不可分割的重要组成部分。再次,对广告的概念、分类和特色进行梳理阐发,促使人们更深入地认识广告的本质、广告在社会生活中的地位及社会对广告的促进作用。

我们一直认为,作为科学的广告应由三大部分内容组成——理论广告学、应用广告学和历史广告学。理论广告学主要从宏观上探讨广告学的基本范畴、性质、功能、类别及广告运行的程序、规律和原则等问题。应用广告学主要探讨广告理论、手段、技术、方法在广告实践中的具体运用。历史广告学主要研究、总结人类广告发展、演变的历史。历史广告学的一项主要任务就是探讨广告活动的规律、预测广告发展的趋势和广告与社会之间的互动关系。

多年来,我国广告学者在理论广告学和实用广告学方面颇有建树。如在理论广告学方面,我国学者以传播学、心理学、营销学、新闻学的基本理论和方法为理论基础,结合广告运行原则、观念、方法及运行机制构建出广告的理论体系;在应用广告学方面,我国学者总结和借鉴了国外相关理论,结合中国广告发展、演变的现实,探讨了广告的应用性规律和相关运作机制,涉及的学科分支包括广告创意学、广告策划学、广告文案、广告摄影、广告美术、电脑广告设计。

借鉴理论广告学和应用广告学的成功，我国广告学者逐渐认识到历史广告学研究的重要性并为此积极努力，但历史广告学方面的研究仍很薄弱。

三、研究溯源

最早研究近代广告的，当推徐宝璜、戈公振、赵君豪、如来生等人。徐宝璜在 1919 年出版的《新闻学》中辟专章研究"新闻纸之广告"。1927 年，戈公振在《中国报学史》中又专节论述近代报刊广告，这对于后来的广告史研究产生重要影响。赵君豪的《中国近代之报业》（1936）第十二章专门介绍"广告之进步"。

严格意义上讲，中国广告发展史的研究是从 20 世纪 40 年代末开始的。1948 年，如来生的《中国广告事业史》问世，这是中国第一本广告史研究专著，简要介绍了广告公司的经营状况。这些著作记录和初步探讨了当时的广告业发展，为后来的研究奠定了基础。此后，学者们开始关注广告史的发展动向，从历史发展的角度探讨广告的起源和不同时期的进步。

改革开放后，学术交流不断加强，广告学者也开始新的研究。80 年代以来，广告学者在整体研究的基础上加强了广告研究的深度和广度。唐忠朴、贾斌主编的《实用广告学》第二章专门论述"中国广告发展史"，从黄帝时期入手，追溯各个历史时期广告活动的演变与发展。田或的《中国古代广告概述》（海潮摄影艺术出版社 1991 年版）比较详细地论述了从商至清代的广告史。

本人的《中外广告史》是"中国大陆解放后第一本较系统的广告史书"，以时间为经、事件为纬阐述了从原始社会末期到清代的广告发展历史，明确提出最早的广告是"社会广告"，经济广告的产生在政治广告之后。这一观点为后来的研究奠定了新的基础。

进入 21 世纪，中国广告史研究又进入新的阶段，广告通史著作相继出现。其中，影响较大的主要有刘家林的《新编中外广告通史》（暨南大学出版社 2000 年版），赵琛的《中国广告史》（高等教育出版社 2005 年版），孙顺华等编的《中外广告史》（山东大学出版社 2005 年版），许俊基的《中国广告史》（中国传媒大学出版社 2006 年版），杨海军的《中外广告史》（武汉大学出版社 2006 年版），汪清、何玉杰主编的《中外广告史》（湖南大学出版社 2007 年版）。这几本专著都从广告发展的角度出发，引用大量史料来梳理中国广告史的发展历程。赵琛的《中国广告史》搜集了大量的图片资料来证实广告发展的进程，杨海军的《中外广告史》则分别阐述古代商业广告和社会广告的发展情况。此外,杨海军的《中国古代商业广告史》(河南大学出版社 2005 年版)专门研究古代商业广告的发展,陈树林的《中国广告历史文化》则侧重于研究广告中的文化因素以及广告与文化的联系。

从我国学者的研究状况看,研究成果不多、数量有限,中国古代广告史、近代广告史和国外各个时期广告史等专门史的研究基本上处于空白,因此,历史广告学研究需进一步加强。80 年代以来,我国的广告学者逐渐认识到历史广告学研究的重要性,为此付出巨大努力,结出丰硕的成果。这些成果为今人研究广告史学奠定了坚实的基础,可资为宝贵的借鉴。

四、研究内容

中国广告发展史研究是开拓、创新广告学科的基础性研究工作,为广告理论研究与运用奠定基础。其研究内容包括中国古代广告的发展、中国近现代广告的发展、中国当代广告的发展、中国港台广告的发展及广告的个案史。

(一)主要内容

1. 中国古代广告的发展(公元前—1911 年的中国广告)

本部分论述中国自原始社会末期至春秋末期的广告、战国至隋朝时期的广告、唐宋时期的广告、元明清时期的广告等不同历史阶段广告的发展,把我国广告思想的演进贯穿其中。

2. 中国近现代广告的发展(1912—1978 年的中国广告,包括港澳台地区)

本部分论述中国自辛亥革命至新中国建立前的广告、建国后至改革开放前的我国广告的发展,其中包括本时期港澳台地区广告业的发展情况。

3. 中国当代广告的发展(1979 至今,包括港澳台地区)

本部分论述中国广告业在当代发展中的几个重要阶段,如改革开放后中国大陆广告的复兴、现代广告的探索期、现代广告的发展期、广告业入世过渡保护期、广告业面向全球开放期,以及本时期港澳台地区的广告业的发展。

4. 广告个案史

如《〈北洋画报〉广告研究》、《〈申报〉广告研究》、《〈大公报〉广告研究》、《〈东方杂志〉广告研究》等。这部分研究还有增加的趋势。

形成的主要系列书目有《中国先秦两汉广告史》、《中国唐宋广告史》、《中国元明清广告史》、《中国近现代广告史》、《中国当代广告史》、《中国港台广告史》、《〈北洋画报〉广告研究》、《〈申报〉广告研究》、《〈大公报〉广告研究》、《〈东方杂志〉广告研究》。

（二）研究重点

丛书尽可能提供详尽史料，为后人留下丰富的文化遗产；考察我国广告思想理论的演进；重点总结 1979—2010 年的中国广告业的发展，为我国经济的全球化服务。

（三）研究难点

中国广告业与世界广告业的互动关系；中国广告业与中国经济和社会发展的相互影响。

（四）主要观点

中国广告发展史是中国文化史的一部分，也是中国经济史、商业史、都市文化史及民俗学史、大众生活史等学科领域的重要组成部分，涉及社会学、心理学、市场学、传播学及行为科学等学科。现代广告不仅是重要的营销文化，也是街头文化及城市文化学研究的重要对象。其主要观点有：

（1）把广告融入广阔的社会文化背景中进行研究，以社会发展编年史的方式理清关系。

（2）以传播学理论为主线，把广告的发展看作人类信息传播的发展。

（3）把广告看作社会信息全方位传播的手段，而不仅仅商业经济运作技巧。本丛书认为，社会广告应先于经济广告产生并可为此找到大量证据。

（4）把中国广告的发展融入世界广告发展的环境中进行全方位的考察。

（5）广告的社会效益与经济效益的融合。

五、分歧与问题

在广告史的研究中，对广告的起源与定义一直存在着两种不同观点：一种观点认为，广告是商品生产和商品交换的产物；另一种观点认为，广告是人类有目的信息交流的必然产物。前一种观点主要研究商品广告，即狭义广告；后一种观点认为，除了研究商品广告，还研究社会广告，即广义广告。

20 世纪 90 年代中期以前的广告学著作一般持前一种观点，如唐忠朴的《实用广告学》，徐百益的《实用广告手册》，田彧的《中国古代广告概述》，孙有为的《广告学》，余明阳、陈先红的《广告学》，丁俊杰的《现代广告通论——对广告运作原理的重新审视》。新世纪以来持这一观点的著作，如黄勇的《中外广告简史》认为，广告史研究必须排除广义广告范畴的干扰，克服泛传播论的倾向，明确广告史的研究对象。孙顺华在《中国广告史》认为："从对广告基本特征的描述中,我们认为广告主要指商业广告,与商品经济的发展密不可分。"①

后一种观点其实也由来已久,清末学者裴可桴的《广告文考》就把各种政府文告,甚至《尚书》等古代经典著作,视为最早的广告文,认为,追溯而上,商朝的汤诰、盘庚,夏朝的甘誓、胤征也都是广告文。冯鸿鑫《广告学》也认为广告的起始很难查考,有文字以后,人类有互助及群众生活以来,像三代的诰誓,战国的令,秦代的制,汉朝的策书、诏书,后魏的露布,官署的批、判及各代的碑志,都是利用文字而向大众公告。商人利用这种通知作为推销方法而增加销售,商业广告于是产生。政治广告、社会公益广告对宣传政令、传播政治信息起很大的作用,也对商业广告的产生、发展有巨大影响。如来生的《中国广告事业史》一书开篇即言:"凡是要使多数人知道,而含有宣传作用的举动,都是广告。譬如像从前酒肆门前挂了一方旗帘,衙门贴出告示……"②他认为广告的性质分为两种——营业广告、人事广告,人事广告如遗失证件、订婚、征求物品、聘请职员、出租房屋等,按现代观点即为分类广告,也即社会广告之一种。

80年代以来的研究中,广义广告长期得不到重视,只有少数学者对此进行论述。90年代初,邹徐文从文化学的角度重新定义广告,他在《广告文化论导论》一文中提出:"现在让我们回过头来,在本文的结尾冷静客观地给广告这一包孕万千的文化现象下一个也许多少带点教条色彩的描述式的定义:广告是向更广泛的公众告知的以反映经济信息和其他社会内容为目的的文化传播形式。"③他的另一篇文章《广告的文化起源》则认为广告观念起源于人类文化观念,作为目标性信息表述方式和中介方式的广告传播就其存在论本质而言是一种文化现象。④

本人则在《中外广告史》一书中明确提出:"广告是人类信息交流的必然产物。"⑤广义广告应包括社会广告和经济广告,作为信息传递基本手段的社会广告应先于经济广告出现,此后很多研究者都接受广义广告。刘家林的《新编中外广告通史》援引《中国大百科全书·经济学》中"广告"条:"广告(advertisement),源于拉丁文Advertere,意为注意、诱导等。广告包括'不以经营为

---

①　孙顺华.中国广告史[M].济南:山东大学出版社,2007:1

②　如来生.中国广告事业史[M].上海:上海新文化社,1948:1

③　邹徐文.广告文化论导论[J].徐州师范学院学报(哲学社会科学版),1991(03):141～146

④　邹徐文.广告的文化起源[J].徐州师范学院学报(哲学社会科学版),1992(04):6～16

⑤　陈培爱.中外广告史——站在当代视角的全面回顾[M].北京:中国物价出版社,1997:1

目的的广告'和'以经营为目的的广告'两大类。前者包括政府、政党、宗教、文化、社会团体及个人等的公告、声明、启事等；后者包括生产、商业、服务行业等经营者的声明、启事、商品及劳务介绍等。商品广告只是广告的一种。"①该书认为我国的商业广告产生于商代，非营利性广告、政治广告及公益性广告出现得比商业广告更早。该书还提到各个时代的社会广告，如汉代的寻人招贴——"零丁"（宋《太平御览》五百九十八文部有"零丁"门，清代著名学者朱彝尊所著《曝书亭集》中收有他为进士陆寅所作的寻父零丁），皇帝求贤的政治广告、露布，唐代的特殊广告——科举放榜，宋代的公益广告和政治广告，明代的公益广告——劝农勤耕的谕旨。杨海军的《中外广告史》一书和他的一些论文如《论广告的起源问题》、《论中国古代社会政治、文化、军事广告的传播特色》等则对古代社会广告进行了比较全面系统的考察。认为社会广告包括政治广告、军事广告、文化广告三种基本形态，每种形态都可分为若干类。杨海军的研究对于进一步深入认识古代的社会广告有着重要意义。

赵琛的《中国广告史》、陈树林的《中国广告历史文化》、由国庆的《与古人一起读广告》等书都注意到中国古代的社会广告，许多广告史著作与论文都特别界定所研究的广告为商品广告还是社会广告。这些都表明，虽然关于广告起源和定义的争论依然存在，但广义广告的概念得到越来越多人的认可，逐渐成为学界比较主流的观点。

研究中存在的问题：

1. 关于社会广告的研究不足

本人在《中外广告史》一书中最早明确提出广告应分为经济广告和社会广告，杨海军的《中外广告史》则把中国古代广告分为商业广告和社会广告，其中社会广告又包括文化广告、军事广告和政治广告三种。

但大多数学者主要探讨的还是古代商业广告的发展情况，重视考察经济活动中的广告形式，而忽视社会中出现的广告现象，如政治诏令等的发布、军事活动中的信息沟通及文化传播中的广告信息，这是目前广告史研究最薄弱的环节。

2. 广告的分类标准问题

在广告史研究中，划分标准也是一个问题。大部分学者多以媒介形式来划分广告，如许多书提到的"口头广告"、"酒旗广告"、"招牌广告"、"诗歌广告"，但是这种划分形式未取得研究者的一致认同，也不全面。完全按照广告媒介形式来划分，划分结果也应包括政治广告、军事广告、文化广告等社会广告的内容，这样划分忽略了某些广告形式的特征。

① 刘家林.新编中外广告通史[M].广州：暨南大学出版社，2004：2

3. 广告与社会发展的互动关系

广告是经济现象,是商品生产和交换日益发展的产物,研究广告发展史时,学者们大多都会先论述这一时期的经济发展状况,然后指出这个大环境下广告发展的具体进展。

然而,广告也是文化现象,广告的发展离不开同时期社会文化、思想观念、政治环境的影响,还反作用于这些因素。因此,学者们也应关注广告发展的历史与社会生活、文化观念等各方面的整体状况之间的关系。把握综合因素相互作用,才能得出更多关于广告发展自身规律和社会发展整体因素的论断,探索广告与社会之间的互动关系。

六、创新与展望

本丛书从认识论的角度入手,把人们对广告的认识和看法进行系统性的挖掘和整理,找出促进广告事业发展的主客观原因。还将对整个行业的经营和管理的理念进行系统研究和整理。

创新之处有三。

(一)研究角度创新

本丛书对几千年的广告进行断代史研究,这种体例就是一个创新。以往广告史研究多侧重于广告史实、广告活动的现象描述和整理归纳,对影响广告行业发展的观念认识等的关注较少。本丛书则将广告视为一种产业,从影响产业发展的观念变迁入手,进而对影响广告行业发展的创意表现、经营管理等进行系统的研究和阐述,这是本丛书的创新之一。

(二)研究资料创新

该丛书整理并发掘了许多新的广告史材料,这些史料是过去的广告史研究未曾挖掘使用的,将其整理发掘出来,可以为广告史研究奠定良好的基础。围绕着这些史料的整理和挖掘,总结广告创意手法,这将全面奠定广告史研究的基础。

(三)学术地位创新

高校的广告学科主要围绕三个方向——广告理论、广告史、广告实务,其中,广告史是广告学科发展最重要的基础。广告史研究不仅可以梳理广告的阶段性发展情况,还可以从广告的角度透视时代、社会和人文的相关情况。

中国广告史研究还处于探索阶段,有两个方面值得学者们关注:

(1)关注广告与社会之间的互动关联。把广告发展与同时期的政治、经济、文化、思想观念等联系起来,充分利用大历史观,扩大广告史研究的视野和思路,这是未来中国广告史研究的重要课题。

(2)从整体的视角出发,结合中国广告史的发展脉络,更加深入和理性地探讨中国广告发展的规律、特征,揭示中国广告发展的文化传统和民族特性,是广告史研究的重要使命。

陈培爱
中国广告协会学术委员会主任
厦门大学新闻传播学院教授　博导
2011 年 9 月 5 日

目　录

绪　论 ……………………………………………………………… 1

第一章　《北洋画报》社会背景 ………………………………… 7

　第一节　《北洋画报》的媒介土壤 …………………………… 7

　　一、地理环境 ………………………………………………… 7

　　二、政治环境 ………………………………………………… 8

　　三、经济环境 ………………………………………………… 10

　　四、媒介环境 ………………………………………………… 12

　第二节　《北洋画报》的人和事 ……………………………… 15

　　一、概貌 ……………………………………………………… 15

　　二、办刊缘起 ………………………………………………… 16

　　三、编辑记者 ………………………………………………… 18

　　四、办刊背景 ………………………………………………… 24

　第三节　《北洋画报》的经营 ………………………………… 28

　　一、经营状况 ………………………………………………… 28

　　二、编辑 ……………………………………………………… 30

　　三、发行 ……………………………………………………… 37

　　四、经营策略 ………………………………………………… 39

第二章　《北洋画报》广告风貌 ………………………………… 49

　第一节　《北洋画报》中的广告时貌 ………………………… 49

　　一、民国二三十年代天津的广告形式 ……………………… 49

　　二、天津广告市场中的问题 ………………………………… 58

　　三、天津的广告活动 ………………………………………… 64

　　四、《北洋画报》中的京沪广告与西方广告 ……………… 67

　第二节　《北洋画报》广告概貌 ……………………………… 71

　　一、广告经营理念 …………………………………………… 71

　　二、广告经营方式 …………………………………………… 73

　　三、广告概貌 ………………………………………………… 75

第三节 《北洋画报》的广告创意 ············· 83
　一、近代广告观的进步 ················· 83
　二、广告表现形式 ··················· 84
　三、广告创意形式 ··················· 88
　四、广告诉求主题 ··················· 98

第三章 《北洋画报》消费场景之一——西风东渐的天津社会 ····· 107
第一节 近代天津的市民生活 ············· 107
　一、天津市民的新生活空间 ············· 107
　二、北画广告图景下的生活 ············· 113
第二节 西风东渐下的服饰时尚 ············ 126
　一、天津服饰变迁的面貌 ·············· 126
　二、天津服饰变迁的诱因 ·············· 132
　三、近代天津服饰变化特点 ············· 139
　四、近代服饰审美观念的变化 ············ 142
第三节 天津"卫嘴子"的口福 ············· 145
　一、天津的饮食概貌 ················· 145
　二、天津的饭店酒楼 ················· 150
　三、天津的饮冰室 ·················· 154

第四章 《北洋画报》消费场景之二——洋土并重的天津娱乐 ····· 157
第一节 中西荟萃的娱乐生活 ············· 157
　一、中西荟萃的娱乐方式 ·············· 157
　二、天津的传统娱乐活动 ·············· 159
　三、租界化后的传统娱乐活动 ············ 160
　四、西方娱乐形式 ·················· 162
第二节 跳舞时尚与禁舞运动 ············· 169
　一、天津的跳舞风潮 ················· 169
　二、天津的舞场一窥 ················· 178
第三节 电影从"无声"到"有声" ··········· 181
　一、电影进入天津 ·················· 181
　二、电影从"无声"到"有声" ············ 184
　三、电影业的营销 ·················· 186
第四节 戏剧从"茶园"到"剧院" ··········· 191
　一、天津戏剧（京剧） ················ 191
　二、天津戏剧的副产品 ················ 198

第五章 《北洋画报》消费视野下的文化解读 ……………………… 202

第一节 "五味杂陈"的"津味"文化 ……………………… 202

一、"五味杂陈"之"津味" ……………………… 202

二、传承与变异之传统 ……………………… 203

三、欧风东渐之"洋味" ……………………… 205

四、皇城根下之"京味" ……………………… 208

五、海派文化之"海味" ……………………… 209

六、岭南粤风之"广味" ……………………… 211

第二节 妇女解放:从身体到观念 ……………………… 213

一、关于妇女解放的话题 ……………………… 213

二、身体的解放:从束缚到人性 ……………………… 214

三、角色的解放:从家庭到社会 ……………………… 222

四、观念的解放:从媒妁之言到婚姻自由 ……………………… 227

五、女性观念变迁影响因素 ……………………… 229

第三节 国货运动与国货广告 ……………………… 234

一、近代国货意识的萌发 ……………………… 234

二、国货运动 ……………………… 239

三、国货广告 ……………………… 247

参考文献 ……………………… 251

后 记 ……………………… 260

绪　论

　　报刊是历史的记录者,反映社会、政治和经济。1926 年 7 月 7 日创刊于天津的《北洋画报》(北画),被中国报纸传媒界称为"北方巨擘"。北画先后出版 1587 期,内容包括时事、社会活动、人物、戏剧、电影、风景名胜及书画,以照片为主,兼有文字,其宗旨在于"传播时事、提倡艺术、灌输知识"。抗日战争爆发后,北画停刊。北画的创立与兴盛伴随着民国时期天津的城市化,更伴随着西方文化浪潮的冲击,抒写着其时其人多姿多彩的物质与精神的追求。北画中一幅幅鲜活的广告作品映照着前人光怪陆离的生活,那个时代正是今天的昨天,离我们并不遥远。

　　二三十年代的天津素称"夜上海",已经是开放、时尚、繁华的大都市,笙歌夜夜,灯火通明。从 19 世纪下半叶开始,因优越的区位条件和与北京不可替代的地缘关系,天津成为列强与清政府对话的前沿阵地。《北京条约》和《天津条约》签定后,天津成为中国北方最大的通商口岸,成为中西文化交汇的前沿。许多国家在这里设立租界,租界总面积仅次于上海。最多时,有 45 个国家的外侨在天津居住,侨民人口密度超过中国人居住区人口密度。清政府的遗老遗少、政界要员、军阀、买办、民族资本家、商人、金融家、教育家、文人墨客纷纷移居天津,天津逐渐发展成中国最现代的城市。到 20 年代,天津成为北方最大的工业和金融中心。经济的崛起促使天津成为近代中国北方的教育中心、新闻中心、经济中心,成为引导潮流的时尚都会。城市呈现空前的繁荣,因为这种繁荣,天津市民也享受着丰富多彩的城市生活。

　　了解天津二三十年代的城市时尚生活,报刊是最好的载体。北画开北派画报之先河,对天津图文媒体影响最大、时间最长,可谓雅俗共赏。北画中呈现的广告与消费文化记录,与当时的时尚生活、城市化进程关系紧密,它是时代的产物,更是时代进程的重要见证者和参与者,它以文字和图片的独特话语方式凸现中国城市现代化进程中传统与现代、中国与西方、保守与时尚的扭结和冲突,反映现代化进程中的文化走向和社会价值观的剧烈变迁,它"里面所塑造的日常生活因此又现代又都会,不再是传统的、不变的了","它不仅标志了现代中国报刊史上意义深远的一章,也在呈现中国现代性本身的进程上迈出了历史性的一步"①。北画刊载反映社会生活的照片与丰富的广告信息,引人入胜。据资料记载,其上刊载的照片达两万余幅,信息量大、涉及面广,是二三十年代最有影响力的报刊,因而,研究其及广告,对研究现代社会发展史、广告史都具有重要参考价值。

本书涉及历史学、文化学、传播学、城市学等,从《北洋画报》与其广告切入研究民国天津城市化生活以及文化。

(一)关于民国画报的研究

民国时期是中国历史从传统向现代转型的重要时期,它不仅是我国现代报刊业的肇始期,也是我国报刊业发展的第一个高峰期。作为忠实的记录者,画报的地位远比我们想像的重要,萨空了在《五十年来中国画报之三个时期》指出:"中国之有画报,半系受外国画报之影响,半系受传奇小说前插图之影响,此应为一般人之所公认。"1884年,上海创办的《点石斋画报》风行,之后,画报便成为重要的出版物,其发展规模与发行量都令人咋舌。彭永祥调查了20多个图书馆,统计出我国1877—1919年共出版画报800种。上海,既是中国画报的发源地,又是画报最多的地区。吴果中的《关于画报:中国近代画报的历史考略——以上海为中心》以上海画报为研究中心,探讨中国近代画报的历史流变和发展轨迹。文章从中国近代第一份画报——1875年的《小孩月报》至1949年的《华北画报》入手分析,考察近代画报的背景、源流和演变,找寻其在技术和刊物旨趣规约下的发展规律。能向群的《20世纪二三十年代上海画报的兴盛及其原因》介绍了二三十年代上海画报的状况,分析了上海画报兴盛的原因。20世纪,随着摄影技术的进步和摄影术社会认同度的提高,中国出现一批摄影画报。王跃年的《从〈真相〉到〈良友〉——1912—1937年中国摄影画报简论》分析了1912—1937年具有代表性的摄影画报,将其大致划分为新闻时事型与综合型两类,前者以《真相》为代表,后者以《良友》为代表。王跃年分别进行个案分析,从而认识该时期摄影画报的发展状况。徐沛等人在《早期中国画报的表征及其意义》一文中探索摄影作为新技术、新媒介对近现代中国画报的影响,考察"西学东渐"背景下中国人"看世界"方式的变化及这种变化的意义。当代学者还热衷分析画报承载的史实,挖掘史料。李频的《大众期刊运作》以市场视角和人文精神审视期刊文化的历史形态,剖析期刊出版业的面貌与特点。边靖的《中国近代期刊装帧艺术概览》收集了各个时期的主流文化期刊,呈现画报的装帧样式特点与时代风格。蒋建国的《报界旧闻:旧广州的报纸与新闻》收集了大量报刊影印图片,从宏观上介绍报刊发展与社会

---

① 李欧梵著,毛尖译.上海摩登[M].北京:北京大学出版社.2001,86~90

变迁之间的关系。李焱胜的《中国报刊图史》糅合报纸和期刊，较为系统地介绍了中国报纸和期刊的发展史。

民国画报研究取得的丰硕成果更表现在基于区域的个案研究上，"画报的潮流发轫于海上……上海画报销数达万余"①，上海是中国近代画报的策源地，又是画报出版最兴盛的地区。据统计，辛亥革命以前全国共出版画报约70种，上海一地就多达30多种，二三十年代，上海画报的兴盛更是无处可比。以上海为中心考略中国近代画报的历史轨迹，自然很具普适性，因而，以上海为策源地的画报研究成为画报研究的主流。上海画报中，《点石斋画报》和《良友画报》是代表。《点石斋画报》被誉为中国画报的"鼻祖"，作为中国第一张石印画报和最具影响力的时事画报，它创制了中国近代画报以图文并茂手段传播时事新知的新体式。《点石斋画报选》（陈平原导读）以独特的视角选取了画报的180多幅画，引导读者"以新眼读旧书，以旧眼读新书"，了解晚清时代涌入的西学，强调画报"其蕴涵的酸甜苦辣，都将成为后人咀嚼回味的不可或缺的'历史文化遗产'"。1926年上海创刊的大型综合性画报——《良友》则因其采用影写版技术印刷、内容丰富、独立成册而成为中国画报现代转型的代表。马国良《良友忆旧——一家画报与一个时代》是一本关于刊物的回忆，作者以清新的笔触，平实的叙述，娓娓道出他所亲历的《良友》创办始末，披露鲜为人知的众多文坛故实，生动地再现30年代上海的文化风貌，写出了一部独特的"《良友》画报史"，无疑具有不可替代的史料价值和研究价值。吴果中的《〈良友〉画报与上海都市文化》把《良友》视为现代都市文化的衍生物，视为上海都市文化的载体，作者认为，《良友》为上海都市文化的孕育、繁衍、滋生、汇聚、弘扬和发展做出特殊的贡献。上述两者都是画报史研究的个案，其研究普遍而深入。研究方向上，有对画报内容的系统性、历史性的研究，有编辑视野、杂志的经营方式的研究，也有以画报内容作为文献依据的史实考证研究。

例如，研究《点石斋画报》的有李艳平的《图像阅读时代的开启：〈点石斋画报〉》，郭秋惠的《商业与文化的整合：〈点石斋画报〉的经营与设计》，罗福惠的《形塑与变形：〈点石斋画报〉中的日本图像》，俞玮娅的《从〈点石斋画报〉看视觉文化的融合与延续》，裴丹青的《西医东渐与晚清社会的医学变迁——以〈点石斋画报〉为中心》，郝永伟的《晚清民间法观念初探——以〈点石斋画报〉为例》，郑祖安的《吴友如与〈点石斋画报〉》，吴学文的《〈点石斋画报〉研究综述》，毛时安的《〈点石斋画报〉的新与旧》，姜吉玲的《论〈点石斋画报〉的经营管理》。

研究《良友画报》的有马媛媛的《〈良友〉画报内容的时代特色》，黎宁的《〈良友〉画报中的女性形象》，金秀妍的《可贵的"现代"尝试——〈良友画报〉研

① 朱涤秋.北京画报发刊后[J].北京画报，1926-11-1(1)

究试论》,乔云霞的《〈良友〉画报的品牌策略》,吴果中的《民国〈良友〉画报影响
力要素的综合解析》,俞政的《良友忆旧:一家画报与一个时代》,刘永昶的《民
族救亡中的商业媒体觉醒——以〈良友画报〉为例》,刘永昶的《试析〈良友〉画
报〉的编辑视野》,杨春晓的《解读〈良友〉画报的封面》,吴果中的《〈良友〉画
报——新型的美术大众传播载体》。

相对于画报的种类丰富而言,这些研究尚显不足。仅从史料上来看,要开
列完整的、无一缺漏的老画报目录,几乎是做不到的,一个世纪以来的公私图
书馆,没有哪一家收罗齐全过所有画报。千百种画报,旋生旋灭,犹如一群匆
匆过客,不留痕迹。萨空了当年在《五十年来中国画报之三个时期》中曾感慨:
"此时期之画报,终以纸劣画恶,不为人所爱惜,而散失殆尽,今日欲求得此类
画报任何一类之全份,实更难于得《点石斋》一全份,而予吾人欲治中国画报史
者一大打击焉。"现在,只能在旧书店、旧书摊里见到一些老画报,即使是80年
代整套影印过的《点石斋画报》、《良友》、《北洋画报》等画报,历史性的研究尚
有待开拓。

(二)民国画报广告的研究

广告为商业发展之史乘,亦即文化进步之记录。画报广告不仅支撑了画
报业的生存与发展,更反映了其所承载的文化价值、消费观念与生活方式。广
告"把消费者整合到一张充满复杂的社会身份和符号意义的大网里","被消费
者用在'建构'其生活方式上"①。研究民国时期画报广告,可以了解民国时期
画报的经营管理、品牌发展,建构该时期人们的生活观念,还原同时期人们的
生活方式,见证其消费价值,其研究意义不言自明。现有的研究从画报广告切
入都市文化研究与消费文化研究,季天琴的《裂变的文化:近代上海市民的消
费图景——以1926—1937年〈良友〉广告为例》以《良友》画报上的广告为切入
点,从近代上海物质生活和精神生活的变迁、女性的身份认同、中西医药品广
告、人们的消费心态和商品的民族认同等方面展示这一时期广告上呈现出的
文化裂变,剖析上海的现代化发展。吴果中的《从〈良友〉画报广告看其对上海
消费文化空间的意义生产》探讨《良友》画报广告对上海消费文化空间的意义
生产流程的影响,该文揭示,《良友》画报广告在现代性家庭生活、男女性别、文
学文化和民族主义政治等四种空间里生产上海消费文化空间的整体构件。
《民国时期〈良友〉画报广告与上海消费文化的想像性建构》一文探讨《良友》画
报广告对20世纪二三十年代上海消费文化的想像与建构,文章从生产消费语

---

① [美]苏特·杰哈利著,马珊珊译.广告符码:消费社会中的政治经济学和拜物教
现象[M].北京:中国人民大学出版社,2004:129~130

境、传播内容选择及其所营造的消费空间三个方面分析《良友》画报广告与上海消费文化的互动关系。美国梁庄爱伦的文章《论中国传统的图像广告设计》则研究中国传统绘制或印刷的图像广告,该文认为,《点石斋画报》的图像广告是从偶然出现的图片广告到近代图像广告这一戏剧性变化的标志。

相较于民国画报研究而言,民国画报广告研究远远不足,仅有的研究成果多限于《良友画报》广告研究,画报广告史的研究显然有待开拓。

(三)民国天津广告的研究

天津城原本人聚五方,1860年开埠通商,加之清政府以此为基地兴办"洋务",西方文化次第涌入,因之华洋杂处,尽得风气之先。洋商洋货源源而来并不断倾销,促进了城市经济的发展,使天津迅速成为中国北方的商业中心,民国时期天津广告的研究成绩颇丰。由国庆先生作为天津籍学者、第39届世界广告大会"中国广告历史展"的学术顾问,广告研究与收藏并举,从史学、美学、民俗学的视角关注老广告与工商习俗,其在这方面的成果极具代表性,其编著的《鉴藏老商标》、《老广告》和《再见老广告》收集了丰富而珍贵的历史资料,以翔实的文字、精美的图片,全面介绍商标、广告等历史资料的文化价值、艺术价值及历史典故,概括反映了天津近现代商品经济、商标、广告的概况。黄卫的《一声吆喝喊出天津老广告》描述了相声中天津老商业街的吆喝声、民国年间印行的老广告,展示了独具津卫韵味的市井文化,直接描述了广告的五花八门,是近代天津商业经济生活的真实写照。民国时期的天津商业文化繁盛带动了大众传媒的空前活跃,《大公报》、《益世报》、《中外实报》、《京津泰晤士报》、《河北日报》、《北洋画报》等报刊异彩纷呈。从"广告的镜像里看社会",以《大公报》为例,在中国全文数据库中以"大公报"为题名,"广告"为主题搜索相关文章达26篇,涉及城市社会、生活习惯、民俗、文化观念各项研究。这些研究从点透视面,从局部管窥整体,从报刊的广告研究切入区域特殊时代的社会事象,其研究深入而有意义。

但于目前的研究成果而言,民国时期的天津广告研究还有待深入,除了对文献进行开发性研究,还要从广告观照社会,从社会发展反照广告自身。可喜的是,这些方面的研究已经取得一定的成绩。同为民国时期的天津大报——《益世报》广告的研究相对空白,天津师范大学硕士生刘瓁的毕业论文《〈益世报〉广告研究——以1935年为例》无疑具有开世之功,作者以《益世报》1935年全年广告为研究对象,采取分类统计、内容分析的方法分析广告商品、行业分布、广告形式、广告创意等多方面,全面系统地总结1935年《益世报》广告的情况。孙扬骅等人的《民国时期天津报刊中服装广告的创意和表现形式》以当时天津发行量较大的《大公报》和《北洋画报》等为研究对象,透视服装广告的创意,分析传统报刊服装广告。这些可贵的尝试丰富了民国时期天津广告的研究。

(四)《北洋画报》的研究

《北洋画报》与《良友》画报同时创刊,"取时事、艺术、科学,六字以为口号,实欲竟图画世界未竟之志也"①,开创之初,即能"幸得京津文艺诸巨子不弃,乐加襄助,乃克一纸风行,谬蒙巨擘之誉"②,成为北派画报的先驱与代表,但今日的研究成果与其时的地位绝不相衬。就目前统计所见,有关《北洋画报》的指明性研究有7篇文章,5篇为期刊文章,2篇为硕士生论文。张元卿的《读图时代的绅商、大众读物与文学——解读〈北洋画报〉》指出,画报的兴盛导致"读图时代"的到来,《北洋画报》成为时代的"弄潮儿",该文还阐明《北洋画报》建构"文化理想",制造"时尚",创造读图时代的"当代文学"的过程;朱灿飞的《〈北洋画报〉的新闻传播学解读》从新闻传播学的角度分析《北洋画报》,内容涉及创办人及主编介绍、《北洋画报》的经营方式及《北洋画报》对构建跨文化传播、中西方文化的作用;《从〈北洋画报〉看民国时期都市交际舞业》、《看民国时期的报业"选秀"活动》、《"新女性"的代表:从爱国女学生到女运动员》等文章则以《北洋画报》刊登的文章与对事件的记录为基础,从艺术、戏剧、女性文化等方面展开研究;李永生的《记录时代的侧影——〈北洋画报〉研究》解析《北洋画报》诞生和发展的物质条件、技术条件、文化背景、政治背景和消费群体,描述与分析画报的创办,概述《北洋画报》的发展历程和其"一报多刊"的办报特色,深入剖析其编辑视野、经营策略、广告宣传。

从《北洋画报》的研究来看,其研究方向已切入传播学、社会学、文学等领域,虽然缺乏系统性、整体性的观瞻,但为下一步研究提供了借鉴。以"北洋画报"为关键词进行全文搜索,可搜到257篇文章,内容涉及历史、戏曲、政治、经济、体育、娱乐、文学等诸多领域。

由此可见,作为中国近代历史进程中的报刊代表,北画的文献价值早已在其他领域的研究中被挖掘,北画的系统性研究也渐次展开,虽然成果尚少,但已是可贵的探索。北画广告与消费文化研究迄今尚无学者涉入,因此,本书将进一步深化该方面的研究,丰富中国近代史、近代广告史的研究成果。

---

① 武越.画报谈(中)[J].北洋画报,1926-9-8(2)
② 编辑者言[J].北洋画报,1926-9-11(2)

第一章
《北洋画报》社会背景

　　天津是近代中国新闻事业最发达的城市之一,先后涌现《国闻报》、《国闻汇编》、《大公报》、《益世报》、《商报》、《庸报》等声名显赫的报刊,1926 年 7 月 7 日创刊的《北洋画报》正是天津近代新闻事业繁盛的成果之一,并成长为北派画报领首,是民国天津图文媒体影响最大、办报时间最长的画报。在国内环境"内忧外患,风雨飘摇之顷",报刊竞争激烈、南北颉颃、旋生旋灭之即,北画能延续 11 年之久,出版 32 卷 1587 期,成为众多报刊中璀灿夺目的明珠,究其原因,如创刊人冯武越所言,"幸创办独早,能得风气之先"。相较于同类画报,北画围绕"传播时事,提倡艺术,灌输常识"取材,定位"以画为报的报",立志做一个"完全的画报",以"迎合读者的心理"、"认定读者的需求"为办刊导向,内容包括时政、文教、体育、戏剧、电影、书画艺术、史地知识、风景民俗、考古文物等,北画利用图片、文字、版式设计,甚至直接推广营销,实现其定位与办刊导向,拓展与维持自己的读者群与生存空间,在天津报业中占有重要一席之地。

第一节 《北洋画报》的媒介土壤

一、地理环境

　　天津地处渤海之滨,是中国沿海的交通枢纽。隋朝开通大运河,海河得与黄河、淮河、长江连接,河海相接的自然条件使天津的交通枢纽位置变得十分突出。唐朝时这里开始有正式名称——"三会海口",即大运河、海河、渤海交汇的地方。宋辽对峙期间,东北女真建立金政权,在三岔河口一带建立直沽寨,直沽成为天津的正式名称。元代海漕发达以后,直沽繁华起来,明朝正德年间纂修《天津三卫志》的胡文璧曾评价这里的繁荣:"元统四海,东南贡赋集刘家港,由海道上直沽达燕都,舟车攸会,聚落始繁,有宫观,有接运厅,有临清万户府,皆在大直沽,去今城东十里"①。明初,朱元璋第四子朱棣到元大都为燕王,镇守北方。朱元璋病死后,朱棣举兵南下与侄儿争夺皇位,途中在直沽渡南运河。后来,当上皇帝的朱棣接受臣子的建议,赐名"天津",意为"天子经过的渡口"②。

明朝迁都北京后,天津成为拱卫首都的门户,军事和政治地位进一步凸显。1404—1406 年,明朝先后在天津设立天津卫、天津左卫、天津右卫,驻军16800 人。1404 年起,修建卫城,天津成为军事重镇。1644 年,清军入关建立清王朝后,裁并卫所,顺治九年(1652 年),将明代设立的天津三卫合为一卫,统称天津卫。天津拥有优越的水运枢纽与显要的军事、政治位置,自然成为衔接南方、京都和内陆的交通要道与中转地。时人曾评价说:"天津地处众多河流通往渤海的要冲,是首都的重要门户,虽是府属的县城,但如同大都会一亲戚啊!"③随着内河漕运的发达,天津码头的特殊优势显现出来,到清末民初,天津港的贸易范围由大运河沿线逐步扩展到内陆,"天津当河北五大河会流之点,贸易区域北至内外蒙古,西连山西、陕西、甘肃、新疆,南及河南、山东之北部,范围之大,除上海外殆无其匹。人口 75 万,与武汉等。天津为北方棉花集散地,加以接近开滦,煤炭丰富,纺织业极有希望。中国羊毛十分之九,由天津出口",天津成为北方经济地位最高的都会城市,天津港成为商品流通的重要桥梁,"到清代中叶,天津已成为华北最大的商业中心和港口城市了"④。

二、政治环境

元、明、清相继建都北京,天津成为京都的重要门户,政治、军事地位十分重要,这也使近代的天津成为纷扰不断、战乱频发的多事之地,成为近代中国诸多政治事件谋发的策源地。

西方列强觊觎天津已久。1840 年,西方列强强迫清政府将上海、广州等东南沿海五个城市开辟为通商口岸,扩大对华的商品输入和文化渗透。为了扩大在华政治、经济特权,加强对清政府的控制,西方列强把目标瞄准"门户"天津。1858 年,英法联军军舰进攻大沽口,后进军天津,与清政府签订《天津

---

① 来新夏.天津的城市发展[M].天津:天津古籍出版社,2004:49
② 周俊旗.民国天津社会生活史[M].天津:天津社会科学院出版社,2004:2
③ 罗澍伟.天津史话[M].北京:社会科学文献出版社,2000:11
④ 许檀.清代前期的沿海贸易与天津城市的崛起[A].城市史研究,天津:天津古籍出版社,1997:13~14

条约》。1860 年 8 月,英法联军占领天津城,不久攻占北京。清政府被迫与英、法两国交换《天津条约》,签订《天津条约》的续增条约——《北京条约》。根据不平等条约,天津被迫开埠通商。随后,西方列强通过强行划定租界,设立领事馆,开设洋行和银行,培植买办,倾销鸦片,筹备教会,开办学校、医院、工厂等种种途径,从政治、经济、文化方面开始其全面侵入。

从 19 世纪 60 年代开始,清政府中部分有识之士认识到学习西方的重要性,他们认为西方"利器"对中国自强有利,于是在中国南北各地纷纷着手办理"洋务"。"洋务"的举办开始于军用,渐次推广到民用。天津成为以李鸿章为首的洋务派官僚活动的主要基地,办起了当时国内最先进的北洋海陆军和天津机器局、大沽船坞等军事工业,随后又兴办一批近代工矿企业,天津成为我国最早建立近代工业的少数城市之一。近代工业对城市近代化的发展具有决定性的影响。洋务运动之前,天津一度被外国人视为中国"最肮脏最骚乱也是最繁忙的城市之一"。洋务运动之后,效仿西方城市而建设起来的天津租界成为天津城市建设的样板,光绪十四年(1888 年)11 月 3 日的《中国时报》说,在天津城里"改变的迹象也很多,也很重要","一度遍地皆是深沟、大洞、臭水沟的使人恶心的可恨的道路……——被铲平,拉直,铺平,加宽,并且装了路灯,使人畜都感到舒服,与此同时,城壕里的好几个世纪以来积聚的垃圾也清除掉了"。"洋务运动"为天津的发展奠定较为雄厚的物质、技术、教育及文化基础。

1912 年,中华民国成立,中国进入急速转型期,天津也进入多事之秋。1912 年北洋政府成立,其统治共维持 16 年,其间各派系军阀争权夺势,政局动荡、战乱频繁。两次直奉战争都曾在天津境内进行,每次战败的一方都纵兵进城抢掠或强行摊派。1922 年,直系军阀曹锟为筹集粮饷,对直隶省各县强行摊派,天津属于直隶省的大县,首当其冲。1924 年,第二次直奉战争后,直系军阀李景林占领天津,强迫工商企业购买市政公债券 300 万元,印制军用票 500 万元,这些军用票在其战败后一如废纸。1925 年,奉系战败,败兵蹿入市内大肆抢掠……军阀横征暴敛,搜刮民财,天津工商业遭到破坏,企业破产倒闭。1928 年,蒋介石联合地方实力派阎锡山、李宗仁、冯玉祥等兴兵北伐,击败控制北京政府的奉系军阀张作霖,结束北洋军阀统治。1928 年 6 月,南京国民政府设立"天津特别市"。1930 年 6 月,天津特别市改为天津市,直属南京国民政府行政院,同年 11 月,河北省省会由北平迁至天津,天津市改为省辖市;1935 年 6 月,河北省省会迁往保定,天津又恢复旧制,成为国民政府行政院的直辖市,直至抗日战争爆发。

多事之秋,租界成为权贵财阀的"世外桃源"。1860 年,天津开埠通商,当年年底英国公使就照会清廷总理衙门,"欲永租津地一区,为造领事官署及英商住屋、栈房之用"。清廷只得依照《天津条约》予以允准,天津从此有了外国租界。甲午战争失败、八国联军侵占天津,天津租界的数量和面积大大增加,英、法、美、德、日、意大利、奥匈帝国和比利时相继在天津设立租界并不断扩大面积。到 1915 年,天津共有八国租界,租界总面积约为 23350.5 亩,比 20 世纪前增加 4 倍,是天津老城区的 8 倍。① 在天津的各国租界,有独立的立法、司法和行政管理机构,各自为政,虽然机构中有中国人参加,但实际上完全控制在外国人手中,不受中国政府管辖。租界设立以后,租界当局仿制西方城市对天津租界进行全新改造,道路两侧陆续建起西洋式高大建筑,城市公共设施增多,电灯、自来水、公共花园等公共设施一一添设,新式电车、西洋马车、东洋人力车飞驰于租界平整的马路上,外国侨民聚居于此。租界拥有"法外治权",这吸引了没落的清朝遗老遗少、下台的军阀官僚、亲"洋"的买办阶级与新兴的资产阶级,"乡村富户多移寓平、津","咸视租界为乐土,纷纷迁入",天津租界成为华洋杂处、风情荟萃的"世外桃源"。外来人口带来的资源与财富聚集天津租界,使天津租界呈现出畸形繁荣,带动天津城市快速转型。

三、经济环境

优越的地理环境为天津提供了有利的经商条件,"天津一区,逼近大海。其民以海为业,鱼盐鳞甲之属,足以奔走恣取而自致衣食。凡空手而来者,朝借栖而暮挑贩,可无枵腹。而居者又喜于聚集贩卖之多,以踊贵市值,高抬屋税"②,天津被人们视为经商的好地方,"商出百万之课,民获兴贩之利,乃鱼盐之薮也","南艘鳞集,商有兴贩之利"③。

对外贸易是近代天津城市经济发展的最初动力,天津开埠以后,外国商人首先利用天津优越的自然地理条件和不平等条约规定的特权,经营对外通商贸易。他们在天津开设洋行,输入包括毒品鸦片在内的洋货,通过洋行收集天津周围地区的畜产品和农副产品出口。天津的外商洋行,1890 年是 47 家,1906 年为 232 家,1926 年达 900 余家,"七七"事变前夕猛增到 2686 家。④ 外商势力的扩大,客观上促进了华北地区商品经济发展,推动了天津口岸的对外直接贸易。

开埠后的天津成为外国商品重要的倾销市场,外国的机器制品逐年增加。

① 周俊旗.民国天津社会生活史[M].天津:天津社会科学院出版社,2004:8
② [明]毕自严.抚津疏草(卷 3)
③ [清]薛柱斗.康熙·天津卫志(卷 2)
④ 周俊旗.民国天津社会生活史[M].天津:天津社会科学院出版社,2004:49

开埠初期,进口的大宗洋货有 10 几种,到 70 年代增加到 20 多种,80 年代增加到 30 多种,90 年代增加到 40 多种,20 世纪初增加到 50 多种。除鸦片以外,纺织品、糖、五金制品、火柴等成为进口的大宗商品。20 世纪以后,鸦片进口锐减,直至完全停止。上述其他商品仍然占据进口商品的重要份额,此外,煤油、卷烟、机器、粮食、棉花、香料、化工油脂、纸张等货物在进口货物中的比例也在增加。天津还是华北、西北土特产品的出口基地,早期出口货物主要是农副土特产品,包括古玩、铜器、瓷器、皮毛、牛羊骨角、蚕茧、乱丝头、棉花、靴帽、各类土货。一战以后,工业制品,如地毯、棉布、水泥、纯碱、卷烟、精盐、棉纱、面粉,成为重要的出口商品。① 大批洋货倾销华北,更多土货经津出口,经过数十年的发展,天津成为华北最大的国内外商品流通的中枢。与此同时,为了贸易,纷纷涌入天津的外国商人开始投资同贸易有关的企业,如银行、水陆运输、修理轮船及为加工出口原料服务的打包业。80 年代中期以后,为了适应租界发展需要,外资企业又投资城市公用事业和小型轻工业。甲午战争前,天津外国资本经营的工厂企业共 16 家,总资本额在 100 万两左右。② 对外贸易的开展和外资企业的活动,在天津地区造成比较有利的市场环境与经营环境。

随着天津埠的开放,新兴的商人买办阶层崛起,买办熟悉本地情况和商业惯例,成为外国商人与中国商人开展贸易与合作的桥梁。买办们通过代理洋行商务谋取厚利,迅速积累起大量财富,成为继盐商之后的又一大富裕阶层。赚取财富之后,买办们或投资于贸易洋行,或投资于工业企业,逐渐向商业资本家和工业资本家转变。因为熟悉外资企业运作,买办们首选把资本附股于洋商,借洋商的势力取得厚利,如吴懋鼎投资英商的天津煤气公司,怡和洋行买办梁炎卿是英商大沽驳船公司的主要股东,信义洋行买办孙仲英投资于上海瑞记纱厂……买办们成为外商洋行与工厂、公司的合伙人。

受洋务运动的影响与北洋政府的支持,天津兴起实业救国风潮,兴办实业的企业家们或海外留学回来,或与外国资本家有较多接触,或推崇新文化……新兴的民族商人大都拥有较高的文化水平,熟悉企业的经营理念、经营模式、管理方法,掌握先进的科学技术,以西方先进的经营、管理模式经营工商企业。例如,中国化学工业的创始人范旭东 1900 年留学日本,冈山高等学堂毕业后进入东京帝国大学学习应用化学,掌握了先进的科学技术。范旭东 1912 年学成回国,就职财政部,第二年又被派赴欧洲考察实业。他用一年的时间走遍各国盐矿产地和沿海各盐场,了解各国海洋化工业的发展状况。在实业救国思

① 任云兰.浅析天津经济发展与商人士绅群体的出现[J].天津经济,2008(7):43
② 罗澍伟.近代天津城市史[M].北京:中国社会科学出版社,1993:255

想的引导下,范旭东创办"永久黄"集团并取得巨大成就。新式商人阶层中也不乏受过中国传统商业理念熏陶的旧式商人,他们向西方学习新的经营理念,成长为商业精英,创办天津国货售办所的宋则久就是其中的佼佼者。新兴的民族资本企业与外资洋行相抗衡,与外资进行商业竞争,成为中国近代史上"国货运动"的主力军。在学习西方科学技术、经营方式的同时,新兴的民族资本企业使天津早期的工业生产取得重大进步,促进了天津经济发展的良性循环,为天津城市经济和社会发展打下坚实的基础。

30年代以后,天津的工厂数、工人数、资本数和生产净值等各项工业发展指标都是国内最高的,成为规模上仅次于上海的中国第二大近代工业城市。由于工业的发展,进出口贸易的增加,由旧式钱庄、票号、当铺、银号和中外现代银行共同组成的金融系统覆盖、支撑着广大腹地近代工商业的发展。到1932年,本国银行在天津设立总行的有10家,占全国总行数的7.03%;设立分行的有93家,占全国所有分行数的9.43%;实收资本总额为2548万元,占全国银行资本总额的12.69%,各项指标均仅次于上海,居全国第二位,天津成为北方最大的工商业金融中心。① 特殊时代背景与地理环境蕴育了天津经济发展的先天优势,优良的商业传统和新兴商人阶层的崛起催生了新型的商业环境,这些因素综合导致天津近代经济的辉煌。

四、媒介环境

中国是世界上最早有报纸书籍的国家,但我国近代新闻出版事业的序幕却是由来华的西方传教士拉开的。西方殖民者对华侵略活动不断升级,西方传教士纷纷而来,新闻出版事业最早作为西方传教士的传教手段,但它不仅给中国带来先进的印刷技术和崭新的新闻出版理念,还培养出中国第一批具有现代意识的新闻出版工作者,对中国现代新闻事业的发展起到不可估量的作用。

天津近代新闻传播事业的启蒙与发展带有浓厚的殖民文化特征,天津最早出现的报纸,无论是中文报纸还是外文报纸,都由外国人创办。1860年,天津被迫开埠,外国人纷纷在天津租界创办报刊。据不完全统计,到30年代,仅外国人办的报刊就达到40余种。津租界各国办的外文报刊种类繁多,如英国人办的 *China Time*、*Peking and Tientsin Tines*、*Nor the China Daily Mail*,德国人办的《直报》,日本人办的《北清新报》,俄国人办的《霞报》,法国人办的《天津差报》,美国人办的《华北明星报》。

---

① 樊如森.近代天津与北方经济发展[J].郑州大学学报,2007(2):5

天津第一家中文报纸《时报》创办于 1886 年 11 月 6 日，在李鸿章的支持下，由英籍德人德璀琳和英商恰和洋行经理茄臣创办。《时报》创刊之初，辟有"谕旨"、"钞报"、"论说"、"京津新闻"、"外省新闻"和"外国新闻"等栏目，广登京津地区新闻。《时报》时事性强，消闲性稿件较上海等地报纸少。1890 年 7 月，英传教士李提摩太应李鸿章邀请任《时报》主笔，加强言论工作，其言论主张大致分三个方面：为帝国主义侵略服务，把亚非国家受西方列强侵略说成咎由自取，为帝国主义的胡作非为进行辩解；以大量篇幅鼓吹洋务运动，如兴修铁路、开矿、训练海军；介绍自然科学知识，提倡女子读书，启迪民智。该报于 1891 年 6 月停刊。①

1897 年，严复创办《国闻报》，这是中国人在天津办的第一份报纸，也是维新党人在天津出版的唯一报纸。其社论多半出于严复，鼓吹维新变法，主张中国应学习西方国家的科学与民主，力求自强。该报存在时间不长，但因登载严复翻译的《天演论》、《群学肄言》部分译文而影响甚广。该报向中国知识分子介绍进化论思想，与上海的《时务报》南北呼应，影响很广，在中国报业史上占有重要地位。

天津近代新闻传播事业出现于 19 世纪 80 年代，较之广州、澳门、上海、香港等地要晚数十年，因为其政治空气压抑，八国联军组织的"都统衙门"统治着天津，新闻出版自由也被严密控制。当时的报界，"中国南北纵横，报馆仅有二十余家，南居二十，北得余数，四五家而已"，南方的思想比较活跃，天津地近京都，在清廷的直接钳制下，舆论界死气沉沉，直至《大公报》的创立。《大公报》为天津舆论界带来生气与活力，其创刊号上刊登英敛之撰写的《大公报序》："报之宗旨在开风气，牖民智，挹彼欧西学术，启我同胞聪明……凡我同人亦当猛自策励，坚善与人同之志，扩大公无我之怀，顾名思义，不负所学，但冀风移俗易，国富民强，物无灾苦，人有乐康，则于同人之志偿焉，鄙人之心慰已。"《大公报》希望开启民智，沟通中西，传播知识，对同胞进行思想启蒙。对于《大公报》的创办，梁启超这样评论："天津之大公报，有特色，有新论，实可称日报进化之一级。"报刊政论家张季鸾亦评价说："近代中国改革之先驱者，为报纸；大公报，其一也。中国之衰，极于甲午，至庚子而濒于亡。海内志士，用是发愤呼号，期自强以救国；其工具为日报与丛刊，其在北方最著名之日报，为大公报。盖英君敛之，目击庚子之祸，痛国亡之无日，纠资办报，名以大公。"②

天津的近代新闻事业虽然出现较晚，但因天津是"洋务运动"重镇，拥有雄

---

① 于树香.外国人在天津租界所办报刊考略[J].天津师范大学学报,2002(3):76
② 王鹏.英敛之和他创办的《大公报》[J].文史精华,2002(12):51

厚的物质、技术、教育及文化基础,因此,天津新闻事业启蒙后发展迅速,逐渐成为报刊集中的城市。20 世纪初是天津报刊大发展的时期。受西方文化影响深远,开报馆、办报纸成为应时之举,天津的新闻事业一度发达昌盛。这一时期,天津的报刊猛增到五六十种,除了 1902 年创刊的《大公报》,还有《北洋官报》、《天津商报》、《竹园白话报》、《醒俗画报》、《民兴报》、《天津白话报》、《北方日报》。

1912 年,《中华民国临时约法》通过。其第六条第四款规定:"人民有言论、著作、刊行及集会结社之自由。"之后,报刊出版物得以迅速发展,仅天津就有 35 种。在这些新创办的报刊中,占主角地位的是新成立的资产阶级政党创办的党派报刊,如国民党直隶支部的《国风报》、1915 年国民党创办的《新春秋报》、中华革命党在天津日租界创办的《公民日报》。私人办的报纸,有关天僧的《新工艺天津报》、李镇桐的《赤县新闻》、天主教神父雷鸣远的《益世报》等。"五四运动"爆发后,宣传反帝爱国的进步报纸不断涌现,天津教育界、工商界、文化界等和各爱国团体联成一体,热烈支持京津两地学生的爱国运动和新文化运动。周恩来等主办的《天津学生联合会报》、《觉悟》和马千里等主办的《新民意报》等一大批进步刊物,和全国许多报刊一样,迅速把这场反帝反封建斗争推向高潮。据统计,天津在"五四运动"前后出现 90 多种中外文报刊。[①]

天津近代还出现过许多小报,"比年以来,小报叠出,群相效仿,大有风起云涌不可遏止之势"。这些小报存在时间较短,对社会的影响同样不可忽视,尤其是对社会的负面效应,更引起人们的关注:"描写龌龊污史,更形露骨,治容诲淫,古人耻之。今人非但不掩藏,且极状而笔之报端。社会道德不良,此等小报,是亦有过焉。"[②]

据统计,1949 年前的天津先后有中文报刊 1190 种(报纸 291 种、期刊 936 种);外文报刊 39 种(包括英、日、俄、法、德文等);通讯社 61 家;广播电台 30 多个[③],形式有日报、晚报、画报、白话报、文艺报、副刊、体育报、商报等。天津先后涌现出《国闻报》、《国闻汇编》、《大公报》、《益世报》、《商报》、《庸报》等声名显赫的报刊,也涌现严复、梁启超、雷鸣远、张季鸾、英敛之等杰出报人、新闻记者、媒介经营者。天津成为近代中国新闻事业最发达的城市之一。

---

① 　马艺.天津新闻传播史纲要[M].北京:新华出版社,2005:11
② 　天哭.谈小报[J].北洋画报,1927-1-20(3)
③ 　马艺.天津新闻传播史纲要[M].北京:新华出版社,2005:2

第二节 《北洋画报》的人和事

一、概貌

THE PEI-YANG PICTORIAL NEWS

　　《北洋画报》的报头用了四个美工字,每个字都像一幅画,表明画报性质。波浪纹寓意海洋,远行的帆船若隐若现,空中有海鸟,与北洋相映照。中间上方有几颗星辰——北斗七星,中间的北极星头顶天空,指引北画的方向。报头昭示北画期冀成为人们生活中的"北极星",带给人们新闻、艺术、科学的知识。

　　北画被誉为"天津及华北第一份铜版画报"①,开北派画报之先河,被中国报纸传媒界称为"北方巨擘"。作为独资经营的刊物②,北画历经11年,共计出版32卷1587期,1937年7月29日停刊。初为周刊,继改三日刊,最后为隔日刊。内容包括时事政事、文教、体育、戏剧、电影、书画艺术及中外史地知识、风景民俗、考古文物,以照片、图片为主,兼用文字,共刊出照片两万余幅,

---

① 梅素文.天津最早出版的几种刊物[Z].天津出版史料,天津:百花文艺出版社,1993:5

② 有人认为,《北洋画报》创办初期接受过张学良的资助。《天津文史资料18辑》记载:"《北洋画报》为冯武越所办,本人出资购置印刷机械和一切设备,另由东北军张学良每月补助一部分经费。"《寂寞儒伶言菊朋》一书中记载:"《北洋画报》乃冯武越所办,主编吴秋尘,部分经费由张学良资助。"这一点冯武越本人并不否认,但对于当时舆论所说《北洋画报》是张学良的机关报,冯并不认同,他说:"大家认为《北洋画报》是张学良的机关报,其实只初办时登载过一些三、四方面军的消息,以后很少谈政治,偶尔登一些有讽刺性的政界花絮而已,所以销路很广,京津而外,外省订户也不少。"(李永生.记录时代的侧影—《北洋画报》研究[A].暨南大学硕士学位论文,2008:8)《北洋画报》报社发表的社论多次提到画报为独资经营或独立画报,如《北洋画报》九周年纪念日(姜公伟):"《北洋画报》……是华北历史最久的独资定期画报,而且是现在华北惟一的独立的画报。"具体阐述详见第一章第四节。

其中金石书画、考古等图片约 6000 余幅,以刊载社会生活、众生百态的照片而引人入胜。它信息量大、涉及面广,成为 20 世纪二三十年代最具影响力的报刊。

二、办刊缘起

北画的办刊缘起,概括起来包括以下几点。

(一)成为一份知识完备的画报

北画创刊号强调承担一般画报的社会职能——普及知识,传播文化,特别提出兼具科学、艺术、时事。画报兼具图画与文字,在文字教育不普及的情况下普及知识。但在民国时期,民众受教育的机会增多,文化素质提高,画报不仅要普及知识,还要提供时事、美术、科学、艺术、游戏等方面的知识,当时的中国缺少这样的画报:

> 中国的报纸杂志,就现今人民知识程度而论,总算够发达的了。然而社会所最需要的画报,却还十分缺乏。画报的好处,在于人人能看,人人喜欢看,因之画报应当利用这个优点,容纳一切能用图画和照片传布的事物,实行普及知识的任务;不应拿画报当作一种文人游戏品看。举凡时事、美术、科学、艺术、游戏,种种的画片和文字,画报均应选登,然后才能成为一种完善的报纸,这样组织完备的画报,中国还没有一个。所以同人按着这个宗旨,刊行这半周刊,将来发达以后,再改为日刊,也说不定。不过大凡一个报纸的发达,不单靠报纸本身的善进,必须社会的人们从旁帮忙。所以我们在这创刊的时候,希望社会各界的人士,多多的指教和帮助我们。(1926 年 7 月 7 日,1 期)

(二)应时之需,满足天津市场的需要

20 年代的天津,工商业比较发达,早在 1907 年,天津就出现《醒俗画报》,相继出现《人镜画报》、《天津两日画报》、《全球画报》、《民辛画报》、《正风画报》,但大多昙花一现。20 年代,天津传媒业快速发展,出现《大公报》、《益世报》、《庸报》等著名报刊,画报方面却无建树,"在外国人所称为华北(North-China)的范围里,除了《北京晨报》有画报以外,竟没有第二家。天津社会爱读画报的,都买上海的画报,所以在北洋没有出世以前,天

醒俗画报

津街上充满了上海各种的画报，这也可见画报在天津是怎样的需要了"①。偌大的华北市场，仅有《北京晨报》，竟无第二份画报，上海画报充斥天津市场。时代催生北画，印刷技术又值成熟、天津市场的需求也催生北画。

（三）尽未竟之志，完成创刊者夙愿

民国十三年，冯武越创办照相铜版画报月刊《图画世界》，但战争导致销路阻滞，最终因经营不善而夭折，"该报为月刊，仅出三期"，《图画世界》虽然寿命短暂，但内容丰富，出刊后广受欢迎，"内容包罗万千，靡有遗francia，甚为知识阶级之所欣赏，谓可比美欧美日画报，非夸语也"②。该刊的夭折让创刊人冯武越引以为憾。《图画世界》也曾以"时事、艺术、科学"为创刊口号，与北画一致，北画与《图画世界》一脉相承，完成创刊者"未竟之志"。

（四）美化人生，陶冶情操

与文字相比，图像易于接受，更适合普及知识，图像承载的影像化艺术还直接引起人们的审美认知。人们通过画报进行的教化与美育也因视觉感受而变得轻松。民国时期的人们认为，画报应该有更深刻的含义："画报和现在所看的漫画一样，都是在时间和空间上最能抓住读者的；而其最有力的效果，便是在一种轻松的场合中，美化了人生，表现了人生，抑且还讽刺着人生。这其间具有人类情感的反应，是自然地流露出来的。人类情感在多方面的起了反应，然后人生才能从多方面显出来新的生动的活跃力。所以我们不要忽略了画报只是在'美化'上展开它的面目，它还具有更深记得的意义和价值！"北画以"时事、艺术、科学"六字为口号，试图成为完备的中国画报，起到"表现人生"并"美化人生"的作用。办刊11年，北画一直努力实现办刊初衷，"对于新兴的艺术，如绘画、漫画，话剧、音乐，都能随时地介绍而给予批判"，"北洋画报今后的迈进，是更积极的，更具有时代之意义的，而要在'轻松'中，抓紧了读者，尽其最大的任务"。北画担负这个时代中的"最大的任务"，希望成为"实与大型新闻纸一样"的"时代进展中的一种推动力"的画报。③

① 缪子.北洋画报一周纪念[J].北洋画报,1927-7-6(3)
② 武越.画报谈（上）[J].北洋画报,1926-9-4(3)
③ 姜公伟.北洋画报九周年纪念日[J].北洋画报,1935-7-7(2)

三、编辑记者

（一）创刊人冯武越

　　冯武越，号称"笔公"，广东番禺人。冯武越出生名门望族，其父冯祥光曾任我国驻墨西哥公使。其叔冯耿光，初字幼伟，后改又微，晚清军咨府第二厅厅长，辛亥议和时，为袁世凯的代表，直接参与南北议和，"1916 年开始担任中国银行总裁，以捧梅兰芳为世人所知"。冯武越夫人赵绛雪也出身名门，其父是津浦铁路局局长赵庆华，其四妹是陪伴张学良一生的"赵四小姐"赵一荻，"正是冯武越从中牵线，才成就了张赵的传奇姻缘"。也许是受家庭氛围的熏陶和父辈的影响，"1912 年，冯武越刚满 16 岁，便赴法留学，后到比利时学习航空及无线电。学成后遍游欧美实习考察，回国后在航空界服务"，武越初至辽，任航空处科员，继进阶三、四方面军团部外交处科长，他还担任张学良的法文秘书。后因创办画报，他辞去所有职务。①

"笔公"冯武越

　　冯武越从小聪慧，能书、能文、能画，在旧式家庭中成长却受欧风美雨熏陶。经商办报是他的人生目标，是他实现人生抱负的途径，如其所言，喜欢"看报"、"玩报"，13 岁时就"不务正业"、"小试身手"，与邻人共同创办《儿童杂志》，留学归国后，仍致力于办报，创办了据说是北京最早的《电影周刊》。创办北画之前，他曾独资经营《图画世界》，但只办了 3 期，后因战事影响，经营负累而停办。之后又主办《京报》附刊《图画周刊》，出了 10 多期便停止。其办报经验一步步积累，"立下了办报的根基"。1926 年，冯武越在天津创办北画。

　　冯武越还是个十足的"画报迷"与"摄影迷"，除了创办画报，冯武越也喜欢收集画报和研究画报，是我国最早研究画报的人。北画中刊载不少谈论画报的文章，如《画报进步谈》、《中国最初之铜板画报》、《画报在中国有二百年以上的历史》，这些文章为画报研究提供了材料。1933 年，冯武越将北画转兑给同乡谭林北，"自己去北京西山养病，仍不断把从报纸上剪下的图片和自己拍摄的照片在一四开张的白纸上依照一二三四版编排好，粘贴在上面，可谓一不折

---

　　①　李永生.记录时代的侧影——《北洋画报》研究[A].暨南大学硕士学位论文，2008:10

不扣的'画报迷'"①。冯武越还是"摄影迷","早年随父前往墨西哥留学,做一名在海外见习的画报摄影记者"②。由其倡导,北画创办"北洋摄影协会",会员作品可刊登在北画上。冯武越常在北画上登载作品,1926—1933年,他署名登载的照片就有《影中影》、《初雪》、《过津南归之名画家徐悲鸿夫妇》等30余幅。③

冯武越一直眷顾家乡,致力于传播广东文化。他兼任广东音乐会会长,在北画上大量刊载报道,披露广东音乐会旅津演出、活动情况。其游历广东,曾拍摄广州华林寺五百罗汉堂500多幅照片,考据其出处,汇总成册,以"广州华林寺五百罗汉堂图记"为名。

1937年5月,冯武越患肺病英年早逝,不久,日本侵华战争爆发,北画停刊。

(二)《北洋画报》编辑记者

北画办刊11年,编辑、记者换了几拨,报社组织、人事流动、人员迁移都打上时代的特殊印记。北画创办早期,冯武越独自经营两年,民国十七年,冯武越离津回家奔母丧,为了报纸的经营不受影响,同时也因画报发展势头日益兴旺,北画特发声明,"自本月十一日起组织北洋画报社,以利进行,所有社内事务统归北洋画报社出名负责"④,由此,北洋画报社正式成立。

冯武越和夫人

民国二三十年代,新闻传播事业发展极其迅速,办报最多,媒体活动频繁,编辑记者们南来北往,流动性很强。北画六周年的纪念刊上的文章《变与不变》从侧面反映了人事流动变迁的现象。

变与不变:六年前的夏天,我在《东方时报》英文部作事时候,王小隐先生正作汉文部的总编辑……现在《东方时报》停办了,在与《北洋画报》先后出版的《黄报》、《和平日报》、《民心日报》、《庸报》和复刊的《大公报》,除去《大公》、《庸报》外,《和平》、《黄报》等早都先后停刊了。办报的人,也都散了。王小隐先生,在这几年,编过报,作过顾问,又编过《东北年鉴》;

---

① 王水.画报迷冯武越[N].(香港)大公报,1962-4-30
② 吴群."摄影迷"和"画报迷"冯武越[J].摄影之友,1996(12):28
③ 谢其章.《中国画报史》猜想[Z].《藏书家》第四辑.济南:齐鲁书社,2001:135
④ 本报重要启事[J].北洋画报,1928-6-13(2)

我离开《东方时报》之后,还作过几天买卖,不过结果依然没有抛此时此刻这一枝笔,至于从先谈《北洋画报》的长胡子吴先生,听说早已成了古人了。六年来,报与办报的人有这样变迁,想起来真有些沧桑之感。然而北画从前六年七月七日,直到今年七月七日,始终不变;与《北洋画报》有关系的老朋友,亦始终不变,现在报是这样进步,没有被时代赶过;人是这样的越聚越多,没有放弃报的立场。在这周年纪念刊上,新朋旧友,都露这么一露,令人忘记了六年来的人事变迁。(1932 年 7 月 12 日)

许多报纸创刊又停刊,停刊又复刊,新闻从业者既要努力实现人生抱负,更为一家温饱而到处求职。时局不稳而社会动荡,"无冕之王"也处于困窘之中,《不附理由》一文中描述了新闻记者的窘境。

> 不附理由:报纸为博闻益知之事业,而亦养家糊口之行业。世或只为无聊文人高材生之具,则凡涉及职业性之工作,尽属卖艺的行为,即无不凡猥可厌。若遂谓人生吃饭,即是俗务,则风雅者又有几人!官场有官场之偷手,学界有学界之偷手焉。社会黑暗,谁能独白?报界自有报界之内幕,记者自有记者之笑柄也。兹举向所闻报坛趣事,如实录告读者。谓之隔闻者,耳目有限,未敢以一斑概全豹也。
>
> 报馆地位,介在衙署商行之间,虽曰"营业性质",而机关味特浓。本市某报,消息灵确,议论透澈,揭发时弊,沿中肯綮,人对其主干人员,至少得一贤明事业家之印象,而实际上组织依然纷乱,管理未见得法,待遇上亦不平均。最近该报如今干部会议,通过一种组织管理规则。全条文对外守极端之秘密,公布后仅令馆员亲往一阅,不能抄存。内有一条,对"解聘"有所规定,谓馆方得随时辞退馆中各人员,末更加紧一句曰"不附理由"。此末一句解聘通知,得"不附理由",乃激起反感。数日后值废历年关,突有一馆员,别有高就,而提出辞职书。在辞职书之煞尾,即悍然写"不附理由"四字,而飘然出馆。于是馆中非干部之人员,对此不附理由之辞职书,无不窃笑称快焉。(1934 年 3 月 3 日,1057 期)

北画人事几经变迁,我们只能从偶然记下的只言片语中略微了解新闻人物群像。

一周年纪念时,北画专辟一版,刊登《本报的"一群小孩子"》一文,展示了画报同仁的形象,版面刊登编辑们青少年时的小照与今时形象的素描或速写,展示默默无闻躲在幕后辛苦工作的诸位编辑们的真颜,借他们儿时照片与今人的形象漫画来预示北画的成长,真是一举两得。

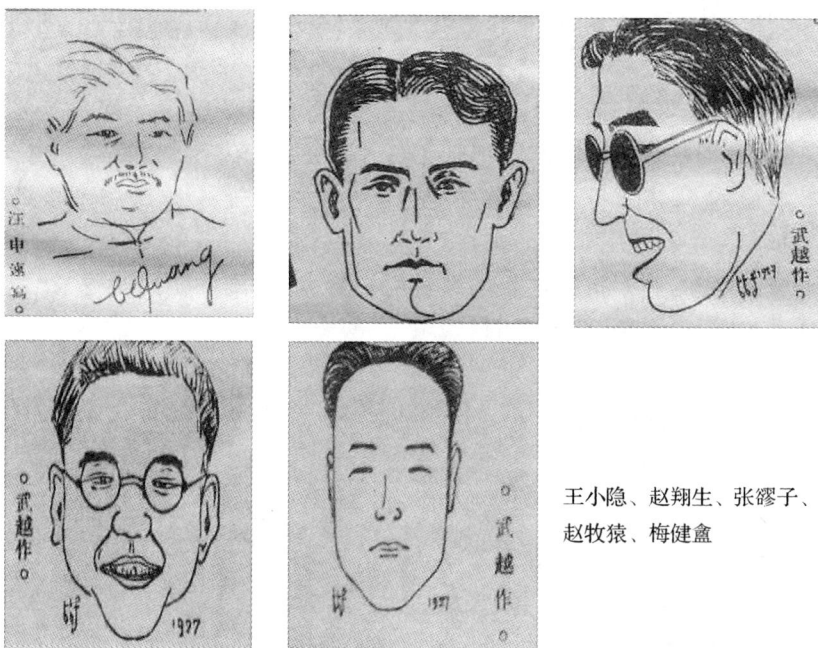

王小隐、赵翔生、张镠子、
赵牧猿、梅健盦

北画曾专文介绍编辑王小隐:

　　王小隐氏,山东费县人,初在北大习土木工,后改入历史系毕业。方肄业时,即有盛誉;在平大任讲师,同时任《京报》记者及《上海时报》特约通讯员。后曾赴西安西北大学任暑期讲演会讲师,漫游秦豫之间,登华山而还。旋居津埠,致力于新闻事业五年于兹,今为商报古董摊主编者。性伉爽,一望知为齐鲁间士。虽受新式教育,而淹贯旧闻,时罕其匹。又善肆应,所往来皆一时知名之士;且其门人,亦多供职于各埠报界云。(1929年5月28日,324期)

北画三周年纪念刊中又介绍了几位编辑:

　　"寒云"迩来心广体胖,以唱戏为消遣,虽热不怕也;下期有其裸体上装照片刊出。"大风"因《上海晶报》诬其受章遏云赠银百元,闹得满城风雨,因之愤慨激昂;但近以白牡丹行到津沽,气当稍息。"梦天"富于情感,日常慷慨悲歌,不失齐鲁健儿风度;毁誉不计,嬉笑一生;友朋偶聚,无此君辄不尽欢。以其博学广知,记忆力强,因尊之为"大字典";以性情论,又可称之为"哈哈笑"也。现以其高足"秋尘"高就北平,商报所有副刊,悉归统制;大材小用,为梦天惜;而发扬光大,又不禁为商报庆也。"斑马"现主干大公报游艺栏,公余则奔走各娱乐场所,应为上"娱乐场上行走"尊号;尤注意富于"肉感"之跳舞与影剧,苟有机会,百不失一;斑斑之首,必于万头攒动中得见之。"木寿"为读书健将,是为"书虫"。旧学淹博无论矣,新学亦喜研求,新出杂志无一不读,又可称为"杂志研究专家";在最近之将来,将发行一种杂志,现正在进行中也。木寿于学问上几乎目空一切,新旧圣人,都不在其目中,实学术界中之革命者。"云若"少年得意,于今潦倒,小心翼翼,忠于所事,其文字感人甚深,则尤余事矣。现一目患疾甚剧,而仍力疾从公,可称为"独眼龙"。"笔公"以生而头尖得名;若论其笔,既不能书,又不能作;其体亦不笔直,立时辄作鞠躬状,大若礼多人不怪与!(1929年7月7日,341期)

寥寥几笔,勾画了报社这几位编辑的身容脾性,配以小照画像,让读者们一睹这几位"形形色色"新闻者的尊容。

寒云、大风、木寿

斑马、云若、梦天

北画四周年纪念号(1930年7月7日,495期)登载"秋尘"主笔的《纪念宴追纪》,提到四周年纪念之际报社举行纪念宴会,邀请旧友,譬如曾任编辑的张谬公、刘云若,创始报戏剧专页的沙大风,以及"袁寒云、方地山、李直绳、潘经荪、赵松声、苏吉亨、唐立厂、赵道生、谭林北,及柬约而未出席之陈赣一、叶庸方、王镂冰诸先生",这些人不一定都任职,却能"时以诗文图片相惠者",因而也被视为"我画老友"。北画五周年纪念号(1931年7月7日,647期)的《编者之言》中提到主编"四易其人","谬公之渊博,漪珊之书画,云若之文彩","编者"自叹弗如,并称"滥竽充数,忽已逾岁","庶无负于师友之期许"。联系四周年纪念号"秋尘"主笔的《纪念宴追纪》及六周年纪念号张恨水提到的"秋尘在平津文艺界正负盛誉,出其余力,以编北画,于画报中,称雄华北",由此可推知,这第四任主编当是吴秋尘。

北画六周年纪念号中,吴秋尘老友张恨水为北画写了一篇文章,追记二人相识相知的往事:

> 民十四年,北平《世界日报》出版,予任明珠版编辑。因自知力不胜任,乃觅文人帮忙,而私拟有数条件:一须学生;二对新闻事业有趣味;三勤苦耐劳,至文字佳,脑筋清楚,又其本分也。于是费一日之力,得于通信中,罗致四人,其一为君,其三则张友鸾、马彦祥(凡鸟)、朱贻荪(虚白)三兄也。合作凡数月,甚相得,明珠版竟轰动一时。旋报社以减薪裁员,吴君他就,虚白亦入他报,凡鸟则南入复旦大学,惟鸾共事较长;然吾五人,则对新闻文艺事业继续努力如旧。友人中乃诨号吾人为明珠党,恨水虽忝陪末座,固引以为荣也。至于今日,鸾而作官而留学日本,现为《世界日报》编社论,并在燕大任讲师。虚白在南京驻京记者中,为最红角色,月入五六百金。凡鸟为左翼作家,以戏剧名文艺界。秋尘在平津文艺界正负盛誉,出其余力,以编北画,于画报中,称雄华北。事业固皆不足以比大人先生之万一,顾回视恨水以一元数角,邀吾同党小嚼时,则小有进步,非老王卖瓜,自卖自夸也。秋尘在平大新闻系读书时,无大衣,于风雪中偕其夫人步行,穿过十刹海而上课,虽饶佳趣,其耐清苦可知。今之能砚田自活,非当年努力之结果乎?君方盛年,而其勤苦又不减往昔,前途当未可限量。君之未可限量,亦即北画之未可限量也。是亦读者所乐闻与?恨水近有诗答宗子威诗文曰:"哭儿偏是忧时泪,卖赋终非报国才。"又曰:糊口文章随俗好,白头岁月(恨水有少年白之病,三十以来,星星恒露矣)逼人来,唐颓可想,视老友事业文章,两两上进,自觉'今女画'矣。虽然,同学少年多不贱,亦人生一乐事也。"(1932年7月7日,801~802期)

吴秋尘曾求学于平大新闻系,家世不宽裕,故"无大衣,于风雪中偕其夫人步行,穿过十刹海而上课",他有"耐清苦"的品质,正因如此,民国十四年,张恨水担任北平《世界日报》明珠版编辑时,对外招聘,提出若干条件:"一须学生;二对新闻事业有趣味;三勤苦耐劳,至文字佳,脑筋清楚,又其本分也。"时为学生的吴秋尘理当符合以上要求,才得以和张恨水相识并共事,虽短短数月,从短文却能感受同为文友同志的二人,其同事之情已化为"惺惺相惜"的好友情怀。

谭林北

九周年纪念刊刊登了姜公伟写的文章《〈北洋画报〉九周年纪念日》,《北洋画报》后由谭林北接手,调整了风格,"对于新兴的艺术,如绘画,漫画,话剧,音乐,都能随时地介绍而给予批判;在文字方面,亦较前充实,有力"①。北画把每年的七月七日视为纪念日,纪念号上总会刊登一些关于北画记者的短文或者配相关的小照或绘像。但从七周年后,纪念号的风格改变,不再配以编辑小照,或关于编辑的短文,只能从之后发刊的文章中去发现。他们是编辑,记者,或仅仅是积极的投稿者,我们已很难去追溯。

赵杜声　　　　　　　　　唐立

四、办刊背景

独资经营,持续发展11年,北画实属不易,在民国二三十年代的天津这一动荡的环境里维持这样一份画报,更不知要多少智慧与生存技巧。

(一)时局动荡,内忧外患

1928年,北洋政府垮台,国民党在南京建立国民政府,天津被确定为特别市,由国民政府直接管辖,一些国家机关、河北省政府各机关及县机关仍然设在这里,天津成为华北的政治中心。近代的华北,战事不断,成为军阀混战的主要战场。据调查,1928—1930年,冀、晋、鲁三省有260个县遭兵匪之乱,民不聊生。1931年,日本制造"九一八事变",东北沦为日本的殖民地,日本不断制造事端,直接威胁华北的安全,"北画出世以来,华北日处于热烈战争之中,交通梗塞"②,华北地区天灾连年不断。据调查,1928—1930年,华北各省469个县遭水旱、风雹和虫灾,财产损失约二亿余万元,灾民总数达1669万人③,饿殍遍地,人们流离失所,无处安身。"我华北外伺强邻,内蒙国难,人民则酗

①　姜公伟.北画画报九周年纪念日[J].北洋画报,1935-7-7(2)

②　北画真正价值之所在[J].北洋画报,1928-7-7(3)

③　周俊旗.民国天津社会生活史[M].天津:天津社会科学院出版社,2004:43

嬉泄沓，一如平时，社会则百业萧条，几濒绝境"①，北画用文章与照片反映现实，"四省的失掉，平北滦东的混乱，鲁冀十数县的水灾，寒冬快到了，千万同胞尚短褐不完"②，面对"百孔千疮"的现实，北画记者颇感无奈："我们所过的日子，是甜，酸，苦，辣，只有自己的心里知道罢了。"让北画人感到心慰与高兴的是，"幸喜北画依然一期一期的风雨无阻，照旧送到我们眼前，我们虽受了种种激刺，还能得著十分钟的安慰"③。面对这样的现实，只能展望未来。北画千期纪念刊中，编辑把"千疮百孔"写为"千锤百炼"，既是对现实困境的感慨，也是对未来的期许，"真的，中国现在是需要良好的目标，恒心地去安排"④。北画同仁担起新闻人的职责，"欲于此狂涛震憾之中，忍辱负重，以旁挑侧击之异军，用齿默微讽之文字，以唤国魂，而启聋聩，是在北画同人之努力，与读者一致之动员"⑤。

（二）竞争激烈，社会地位堪忧

五四新文化运动发生，国共两党合作，给天津新闻传播业带来活跃民主的气氛，也为民营企业化报纸提供了生存空间，民营报纸的数量和规模都得到发展，私营企业报刊出现令人瞩目的变化。据统计，天津出现中外文报刊 90 余种，发行量大幅度增加。新闻通讯社、广播电台数讯也成倍增加，这个时期是天津新闻界的黄金时期。报刊鱼龙混杂，此起彼伏，朝生夕灭："彼时画报之崛起，如春潮带雨，奔腾澎湃，凡百数十种，每入报贩之肆，五光十色，神迷目炫，未几淘汰殆尽"⑥，"华北画报界会极一时之盛，惟能久持不替者，殊寥寥无几，大半均已覆亡，堪称不幸，然而语云'失败乃成功之母'，固未始非后继者殷鉴也"⑦。报刊竞争之惨烈，不亚于商品。以上海画报业为例，"即就画报一业而论，如上海、三日、摄影等，有已满百号而停刊者，除三数图画杂志，尚拼命换气而外，其他画报（三日刊），销声匿迹久矣。由此推知弱肉强食之公例，犹吞噬迈进未已也"⑧。当然，报业有激烈的竞争，但时人的办报冲动也是报刊竞争激烈的原因，有的画报"或限于资本，或窘于材料"，"相继夭折"只是时间的问题；同时，若无确实的根基与正确的办报理念，其结果也意想可知，"画报失败之原因，实录无坚固之根基，无适宜之组织，而办画报者之观念，尤多根本错误者，盖或以为有大利在期，故趋之若鹜，或以为可以任意攻讦社会，故借此取快

①⑤　伯龙.祝北洋画报出版千号纪念序[J].北洋画报，1933-1-19(3)

②④　林北.安排[J].北洋画报，1933-10-19(2)

③　　读者的责任[J].北洋画报，1934-7-7(2)

⑥⑧　周俊旗.民国天津社会生活史[M].天津：天津社会科学院出版社，2004:43

⑦　　卷首例言[J].北洋画报，1929-4-4(2)

一时,此其所以未能持久,无疾而终也"①。此外,速生速灭的报业景象与人们喜好模仿,从众心理作崇有关,"缘国人好奇,善于模仿,见异思迁,浅尝辄止,稍遇跌蹶,便舍之他去。此任何事业不能凌驾欧美;仅此一途,即足致命,遑论其他哉"②。短文《报海奇观》用图片展示报刊多如牛毛的景象,深刻揭露办报冲击、自相残杀、恶性竞争等现象。

> 万叶君自京师以《海报奇观》一篇见示,属刊报端,藉广闻见,是盖记者所乐从也;然吾窃有所感焉:吾国人喜竞争而不能合作,故大而国家,自相残杀,造成不可收拾的分裂局面;小而文艺,亦居然各拓"地盘",竞事出版,其能否久持,初非所虑,其目的不过"寻出路","谋宣泄"而止,未尝真有地盘思想也。吾以为凡事之发展,宜取纵行式,聚多数人之精神通力合作,造成一种健全之事业,若横行式,如今日所见,既不经济,亦鲜进步,终且周归于尽而后已,可不慎乎。(1927年10月19日,130期)

这一则"海报奇观"的出现与时人的国民性息息相关。"善于模仿,见异思迁"是其一,"喜竞争而不能合作"是其二,在这样的报业环境与氛围中,报业的生存境遇的艰难可想而知。北画"丁此内忧外患,风雨飘摇之顷,不知历几许艰辛,费若干心血,由一积十,由十积百,由百积千",尚能"与上海画报南北颉颃",正是因其坚持不懈的努力,"以积极之精神,取此范围内应用之事物,继续贡献于读者,始终不渝,于他人之毁誉,置之不

报海奇观

顾",所以北画才能在其他报纸"相继夭折"的情况下,"独能久持,不胫而走也"③。

(三)办报程序复杂,成本居高不下

民国十七年,北画二周年纪念刊中用"北画产生之程序"栏且名义详细描绘画报制成的整个过程,从材料到编辑到发行,让读者清楚了解画报从零碎的材料汇集成册的辛苦,读者能从中品味出办报的艰辛与不易,"凡每纸之出,必经三四十人之力,不可等闲视也",当装订成册的北画"置之案头,以供暇时浏览,每与青灯嘉茗,相为伴侣"时,当然让人觉得"俨如名葩芬

---

①　林北.安排[J].北洋画报,1933-10-19(2)

②　读者的责任[J].北洋画报,1934-7-7(2)

③　卷首例言[J].北洋画报,1929-4-4(2)

馥,历久而弥馨"。

　　北画产生之程序:摄影—制版—编辑—排印—发行—摺封—交邮—递送—保存—贡献。凡一纸北画之得贡献于读者之前,其间所需要之手续,至为繁多,"来去不易"一语,未尝不可用之于此。北画原料以摄影绘图为大宗,有若干外勤记者努力搜罗绘制,寄致本报,经过审选,然后规定尺寸,制为铜锌等版。至于文字,亦由若干撰述担任之。每期报纸底样,于一星期前即约略拟定,将图画文字地位,先期排妥,然仍不免变更。因印刷份数太多,底样制成后,须于出版之前四五日即交印刷所排样。且至少须经两次校对,然再经垫版、磨字、上板等手续,舛误即所难免。发行一事,分躉批与零寄二种。直接订阅,均由本报营业部迳行封寄,所有订户姓名住址期数,均有详细记录。印戳、摺叠、装封等手续完竣后,即运至邮政总局,照立券报纸例收寄,所以不须粘贴邮票,此邮局为销路广大之报而设之特例也。邮局按住址将报投递,于是本报乃得与读者相见。凡每纸之出,必经三四十人之力,不可等闲视也。故读者慎为保存,迨每至半年,本报出过五十期,作一结束时,即装订成册,置之案头,以供暇时浏览,每与青灯嘉茗,相为伴侣,实生活享用中之一段清福,足与衣食住行四端,共存于不敝;俨如名范芬馥,历久而弥馨也。(1928年7月7日,201期)

办报程序之复杂,尚能以时间与人力去克服,"编者之努力进取,数年如一日,未尝或懈,所以报答读者之期望,想早在洞鉴中矣"。对北画而言,所必须正视的现实是极其艰难而难于回避的:一是实业不发达,画报广告的推广极其艰难,"在这个不安定的环境里面,一切实业都不能发达,广告的推广的希望是极微极微的了";二是日益飞涨的物价,"纸张,印刷,人工,一切开销,都是一天大一天,成本既大,售价就不能便宜,销路的推广也感到困难"[1]。对于报纸而言,首先要解决纸的问题——国产纸质量堪忧,西洋纸又过贵,日本纸虽便宜但却难于在情感上接受。编辑与记者何去何从,"本报'纸'的问题:现在印报再用日本纸,是太计不通了!用日本纸,记日本暴行,这种以子之矛,攻子之盾的办法,实在不是办法"[2],"兹者日军以占我东北,凡属人类,莫不悲愤,敝报同人激于爱国热忱,拒用日纸日墨,已在改用他国印刷材料之中"[3],"在最近一月中,本报曾用国产宣纸试验过,印出来的确不错,只是纸价要高过两倍半,一来无如此多量之货可以供给,二来太不经济,本报诚又不愿再加重读者的负

---

①　吉语.无可奈何[J].北洋画报,1930-7-7(3)
②　本"报纸"的问题[J].北洋画报,1931-11-10(2)
③　请求介绍本报[J].北洋画报,1931-12-24(4)

担。国产的道林纸,已经有货样送来,正在试中,如果可以,当然换用,不成问题。假定不行,也只有退一步而用西洋纸,这是要请大家格外原谅的"①。除时局紧张、战事未平外,北画还要面对从天而降的灾难:"惟是他国材料昂于日货,敝报只可甘受损失,以尽国民天职。此外东北自被日军强占扣,内地报章,强被扣留,敝报大蒙损失。在此各方面经济压迫之下,敝报实已艰于维持,然尚不欲遽尔增加报价,加重读者负担。"形势所迫,成本上涨,蒙受损失,而这些又不能转嫁到读者身上,北画"因思唯一善策,在于推广销路;增加收入,可以调剂,敝报既借以维持,而读者于公余闲暇之际,亦得一安慰精神之伴侣,宁非一举两得之事乎"②。成本不能再低,经济紧张不能提价,扩大销路是唯一出路。

北画定价曾几次调整。增加副刊,版面由四版变为正张四版副刊两版,零售价格由大洋四分变为五分。副刊停办,价格变回大洋四分。1928 年 7 月 201 期时,北画又因为物价上涨而不得不调价。为了维持老客户和吸引新客户,北画对订户给出优惠政策,但因原材料涨价,成本提高,这些优惠措施最后也不得已而停止。北画尽量维护读者的利益,但却难以对抗现实的严峻,为了维持生存,只能用涨价来应对成本上涨的压力。

第三节 《北洋画报》的经营

一、经营状况

北画的处境是"内忧外患,风雨飘摇之顷",竞争激烈,南北颉颃,报刊旋生旋灭,北画③能延续 11 年之久,外人猜测颇多:"或有疑吾报资本雄厚,故能久持者。"有人说,北画由奉系军阀资助,资本雄厚,其创刊号上确实登载大量奉系军阀照片与时事新闻,但冯武越多次否定这种说法,坚持说是"独立的画报":"五年前吾创此报,亦极困窘","且吾报一则未尝投机诈取他人分文"④;"北洋画报创刊于九年前的七月七日,是华北历史最久的独资定期画报,而且

---

① 本报"纸"的问题[J].北洋画报,1931-11-10(2)

② 请求介绍本报[J].北洋画报,1931-12-24(4)

③ 天津市政协文史资料研究委员会.近代天津图志[M].天津:天津古籍出版社,2004:178

④ 画楼主人.五周纪念感言[J].北洋画报,1931-7-7(2)

是现在华北惟一的独立的画报"①;"在国内独立经营之同类刊物,其得维持如此其久者,可谓除敞报外,尚未之有也"②。

冯武越认为北画"幸创办独早,能得风气之先","未尝阿好娟妓,为对社会不良影响之宣传",因此,得到社会大众的拥护,读者的厚爱,"此亦吾报所以博得社会同情之处,而大雅君子之所以乐为臂助,使吾报得臻今日之盛境者也"③。"得风气之先"被冯武越视为报纸成功的首要原因,北画开北派画报的先河,与上海《良友》画报同年创刊,被视为铜版画报的代表。北画三周年纪念刊中,冯武越回顾经营三年来的成绩:

> 三周例语(笔公):三年以来的北画,进步的速,似乎无须记者再事鼓吹,那是有目共睹的。单就自第一期迄今三年,中途未尝辍刊一次,出版未尝误过一期,并由半周刊改为周三刊,每年出版至一百五十期之多而论,已占全国画报界首席。上海的画报,最多每三天出一期,北平则均为周刊;每周出版三次者,确惟有北画一家而已。若论材料,精否自有公论,亦不容我们自家鼓吹;我们只认定读者的需求,而作相当的贡献!销路日广,便是读者承认本报取材得当的明证。我们常说:画报为消闲读物,不作任何宣传。故我们所取的惟一方针,便是迎合读者的心理;所处地位,偏于客观。然而一方面却立出几个范围,便是"传播时事,提倡艺术,灌输常识";我们以为一个以画为报的报,至少必具此三项条件,始能算得是个完全的画报;而读者对于我们同情,那便是我们所见不谬。常人多不明报纸为一种营业组织,有要求本报减少广告,增加读料者。不知本报不附属于日报,为完全独立之营业,一切开销,均恃广告以为调剂;故广告减少,颇不可能,惟力求其不侵越报材地位而已。故惟有对于取材一端,力图精进,总期报面"美化",凡不能引起美感之图画,避免不用;即时事照片,亦不求全,而求其精与美;此当为读者全数所乐许者。实效如何,尚祈拭目以待,容有未逮,敬乞勿吝指教,是则同人所祷祝者也。(1929 年 7 月 7日,341 期)

相较于同类画报,北画在下列四个方面成绩突出:

一是刊期。北画从半周刊改为一周三刊,实属少见,"确惟有北画一家而已",刊期不减反增,说明北画的成功。

二是材料。北画取材围绕"传播时事,提倡艺术,灌输常识",定位是"以画

---

①　姜公伟.北洋画报九周年纪念日[J].北洋画报,1935-7-7(2)

②　请求介绍本报[J].北洋画报,1931-12-24(4)

③　天津市政协文史资料研究委员会.近代天津图志[M].天津:天津古籍出版社,2004:178

为报的报",做一个"完全的画报",取材方向确定,目标明确。

三是办刊导向。"迎合读者的心理"、"认定读者的需求",这是北画的办刊原则,也是其立足基础。没有读者的拥护与追捧,没有读者的厚爱与怜惜,在竞争激烈的画报市场中,即使有雄厚的资金也只能昙花一现。北画了解市场,了解读者,以读者为导向,故有此今日之"辉煌"与"成果"。

四是广告的发布。广告与报刊的关系是鱼水关系,广告的收入支撑报社的经营,"一切开销,均恃广告以为调剂;故广告减少,颇不可能",在北画的发展中,广告起到重要的作用。

除冯武越总结的以上四点外,北画积累的独到经验与经营策略,灵活的编辑、印刷、发行手段,也是成功的原因。

二、编辑

(一)编辑章法

画报的编辑与报纸、杂志的不同。画报不但有"平面",而且有"容积",既有"画"又有"报",在画报的编辑中,"画"与"报"各占比例多少,选取什么样的"画"与什么样的"报"也有讲究。北画自有体会:"画报之编辑,如拉杂为之,诚非难事,然欲使其成为留传价值之册籍,则于编辑之上,不能不讲求章法与次序,使人易于检阅,抑亦能增加读者之美感与愉快也。编辑画报之守章法者,当以本报为首创矣。"①北画的编辑称为"守章法",主要表现在以下三个方面。

1. 关于画报的新闻性与艺术性

画报,望文生义,容易使人想到堆砌图画,图画附带的艺术趣味更使人认为画报应该偏重艺术性与趣味性。民国时期许多昙花一现的画报正是如此,"迩来国中画报多偏重艺术与时事照片"。北画认为两者皆重要,不偏不倚,画报的新闻性,让人从中了解时事与生活;画报的艺术性,让人以艺术提升生活、陶冶生活。这有"画"的艺术趣味,又有"报"的新闻价值,成为"完备"的画报。"报纸为传播消息之利器,以时事真相,披露于众,使国人借图画之介绍,了然于各种时事之经过,因推测其发展之趋势,是其所影响于社会之观听,至巨且大也。某新闻学家之言曰'画而不报(偏重艺术者),何成其为报。报而不画,又何贵其为画',可见既以画报为名,应有画报之实;偏重一种一类者,不能挤画报之列也"②,"所以我们不要忽略了画报只是在'美化'上展开它的面目,它

---

① 编辑者言[J].北洋画报,1926-9-18(4)
② 北画真正价值之所在[J].北洋画报,1928-7-7(3)

还具有更深记得的意义和价值"①。

2. 关于画报的图画与文字

画报的编排要有体系,首先必须解决好"图片"和"文字"的关系,既要以图画引起读者了解新闻、欣赏美术的兴味,还要通过文字来诠释图片、介绍背景、增加知识。这两部分要搭配得当,两者缺一不可,同等重要。北画文字和图画并重,以印刷精美见称于读者。但就画报而言,显然应"以图为主",不过不应简单地理解为数量上的优势,不应表现为"多",而应表现为"好"②,"图"应该是真正具有冲击力或耐人寻味的图片。"以图画为主体"的画报,其文字与一般报刊的不同,"是以此种文字,与一泻千里之论评既不相同,与典雅朴实之传述更异其趣。不尚铺张扬励,尤忌琐细雕饰;下笔清峭,自饶雅趣。净恶胜于谩骂,奖善不用阿谀,庶乎近之矣",画报中文字的目的,用以"补图画之不足","所以记一事之变迁,一人之事迹,阐人群玄妙之理,示谐谑讽刺之旨"③。因而,图画是画报的主干,文字则是点睛之笔,对于思想、观点、经历、背景等深刻而复杂的信息,图画的表现力就远远不如文字。画报的图画和文字应该相辅相成、相得益彰。

3. 关于《北洋画报》的章法

图片与文字仅是画报编辑的原材料,编排还要充分考虑版面设计等因素,不仅包括版面上图片的编排、标题的设计、色彩与线条的运用,刊物的整体包装也应讲究赏心悦目或震撼人心,令人过目难忘。仅有好图片、好文章还不够。北画创刊时,就确定好四版的版面设计,每版的内容也有规划:

> 本报每期的细目及编辑的章法,大约如下:以最精美、最有价值或最与时事有关系的图片登于封面上方中部。第二页登新闻照片、时事讽画及与时事有关的人物风景照片,小品文字亦取切合时事者编入此页内;是可名为动的一页。第三页登美术作品,如古今名人画画、金石雕刻、摄影名作;艺术照片,如戏剧、电影、游戏;闺秀及儿童等照片;文字则取合于艺术方面的;是可称为静的一页。第四页即底封面,刊科学发明、长短篇小说等。遇有重要时事照片,必需赶速刊入者,则牺牲广告,登封面广告地位内。此编辑之章法是也。然而因材料之有彼多此少之时,则地位上稍事变更,亦所常有。但种类之支配,必以均匀为主,以期能满足各种阅者之希望。计每期图画至少十二三幅,多则十五六幅,平均分配如下:封面画一,本国时事及人物三,讽画一或二,外国时事及人物一或二,本国名人

---

① 姜公伟.北洋画报九周年纪念日[J].北洋画报,1935-7-7(2)
② 李莉娟."读图":终结画报的时代[J].对外大传播,2005(7):21
③ 微晒.略谈画报文字[J]北洋画报,1932-7-12(3)

书或画一,古物或雕刻一,名闺或儿童照片一,摄影名作一,戏剧或电影一或二,时装或特殊风景片一,科学发明一。是为图画平均支配之标准也。(1926 年 9 月 18 日,22 期)

北画每版内容均有定式,每期刊登的图片也确定约数:十二三幅或十五六幅,图片的内容与种类也均衡划一地作了计划,"每期所登照片,种类支配,十分均匀,不偏于一种一类",这样安排,考虑了读者的需求与喜好的不同,"缘乎社会上嗜好各异,欲使人手此报,均得其所乐观之照片也"。北画公告版面的设计与内容的安排,目的在于把它作为版式的模式,以后各期均按此设计,根据要求选取材料。这样安排,考虑迎合读者的阅读习惯与需求,"至于各项材料,亦均有其一定之位置,非不得已,不轻移易,所以使读者一展报章,即知何自而获睹所最注意之部分"①。读者一展报张,就知道自己感兴趣的内容与位置,能照章索骥,无疑也算是"投读者之所好"。这样,北画建立自己的风格与个性,"此种办法,画报中,亦惟北画独有"。以其独特的编排让读者易于识别,既吸引读者,又留得住读者。无怪乎,一年之后,冯武越傲然地说:"北画编辑的方法,的确是比较有统系,有精彩,其所以战胜之处亦在此了,现在的销路比较初出版的时候,超过五倍以上,这是何等可喜的事啊。"②

(二)取材

1.《北洋画报》的材料来源

北画的图片与文字来源有三个,记者稿件的撰述与收集、征稿、约稿。记者根据主题有目的地撰写稿件,或通过通讯社直接获取:"北画原料以摄影绘图为大宗,有若干外勤记者努力搜罗绘制,寄致本报,经过审选,然后规定尺寸,制为铜锌等版。至于文字,亦由若干撰述担任之。"③

北画向社会征集稿件也分两类,其一即是广泛征集稿件,不论种类,不计内容。第一期中在刊头登载二则"酬例",一则是关于广告发布的,一则是征集稿件的布告,征集的稿件类别包括照片、图画、小品、文字,稿酬也进行公示:

一,凡以照片图画见寄者,不拘种类尺寸,每张致酬如下:甲,三元;乙,二元;丙,一元;丁,五角。二,凡以小品文字见寄者,不拘字数多寡,每条致酬如下:甲,二元;乙,一元;丙,五角。三,以上两项,如有特别优点者,另行重酬。四,凡已送他报发表之件,请勿惠寄。五,来件如原件收还者,请预先声明,并附寄回件足数邮票,无论用否,均当寄还。六,来件刊

---

① 北画真正价值之所在[J].北洋画报,1928-7-7(3)

② 武越.过去未来[J].北洋画报,1927-7-6(2)

③ 北画产生之程序[J].北洋画报,1928-7-7(2)

后奉酬,寄件者须将姓名住址详细开示。(1926 年 7 月 7 日,1 期)

照片图画不计种类尺寸,文字则以小品文字为主。北画还会根据编排计划指定主题征集稿件,如 1928 年 12 月发起的"本报第十次征求象征天津照片",指明此次征集"足以切实象征整个天津市的照片",标准是"不论其为人物名胜均可,但必须具有天津特殊色彩,以一片而能代表整个的天津市者为合格",征集的照片将于"明年首期发表"。此次征集为明年新年刊作准备。

北画约稿对象很广泛,多是政客、官绅、戏剧家、演员、画家、学者、文人,约稿内容有照片、图画、文字、个人小影、美术作品、小品文章、时论短评。创刊五月,北画公示约稿的对象:"兹并约定天行室主、小隐、谬子、狂屈、谏果、王郎、涤秋、小迁诸名家,按期撰稿刊登,是于精美图画之外,更有极饶趣味之文字,可资传诵,谅必读者所欢迎也。南方著名画家涵美之可风室主之仕女画,早已脍炙人口,本报已约请其绘女子三百六十行画稿,现在制版之中,明年岁首,开始刊登。"①每年新年刊、纪念刊或专刊刊出之前,也会例行地用内容预告的形式公布即将刊登的内容,既吸引读者的兴趣,也预先推广,以吸引新的读者。1931 年的新年号上,刊登文章《今年之北画》公布画报本年度的打算,强调将要安排一个新栏目,"本报对历代古物书画,按期作有系统之介绍",此栏目专门约请许琴伯、王汉章两位著名的考古家参与鉴定和介绍②;戏剧专刊聘请新旧剧的专家"熊佛西先生、王泊生先生、言菊朋先生,评剧专家张谬子先生、王小隐先生、梅花馆主等"分期担任剧刊撰稿工作。③ 这些约稿提高了北画的品质,满足了读者对时事、艺术的需求,又拥有一手材料、独家的新闻,使其独树一帜。

北画风行,稿件日渐增多,"本报现所搜集材料,甚为丰富,精品甚多,断无缺乏之虑"④,"各方赞助者,复有增无已,故收藏材料,久压不发表者,殆如山积,应向投寄者道歉"⑤。稿件数量多,良莠不齐,"只有娼妓小照一项,请勿惠寄,关于花界之文字亦然"⑥;"来稿以具有裨益且富趣味者为合格,惟不得攻击私人,涉于淫秽……替人宣传者及抄袭家,请勿赐教"(1934 年 2 月 27 日,1055 期)。稿件增多,编辑们解脱"无米之炊",但陷入"大箱小篓"的窘境:"但是现在食料堆积甚多,若果不设法消纳他,甚是可惜。原来北画存照片文稿之大箱小篓中,因为年来本报十分发达,所以海内外帮忙者不计其数。稿件之

———————————

①　编辑者言[J].北洋画报,1926-12-8(4)

②　今年之北画[J].北洋画报,1931-1-1(2)

③　恢复剧刊[J].北洋画报,1932-8-18(2)

④⑥　编辑者言[J].北洋画报,1927-1-5(4)

⑤　笔公.三周例语[J].北洋画报,1929-7-7(4)

来,日可斗量,而报章发刊,每星期仅止二次,日积月累,于是许多名什佳片都如锥处囊中,不得脱颖而出。"① 为帮这些稿件寻找出路,北画编辑们穷尽办法,于 1927 年 7 月增加副刊一张,"创刊《北画副刊》,专载长篇文字、小说、笔记,以及锌版图画、漫画之类;如此,正张上可以腾出地位,多登铜版图画,以免将稿件积压过甚。因为老实说,我们的材料有的是,只可惜地位太少,不能尽量登载;现在只就制版未刊之件而言,尽可供十几期之用。其中属于投稿者,久未登出,屡受责备,实在无法应付,所以想出创刊副刊这个法子去疏泄这积滞"②。副刊发行 20 期后停办,为了消纳多余的稿件,采用增加第二张的办法:"现在仍加出第二张,性质与副刊完全不同,所有为第一张不及容纳之件,均登入此张之内;而以新闻照片为主体。一言以蔽之曰,'本报扩充篇幅'而已,报价暂不增加,即使增加,已向本报直接订阅之户,亦绝对不受影响也。"③ 即使这样,这些稿件还是没办法全部刊登,画报只能向这些热心的读者致歉:"承各爱护本报的读者惠赠了许多礼品,有图片,有文字,真是琳琅满目、美不胜收。便我们感谢极了! 本期增刊了一张,仍是编排不下。并有很多不遗再远的朋友们,寄到的稿件稍迟,临时已来不及制版。因为上述的两种原因,所以不得不把一部分的图来割爱了。在编者当然是万分抱歉的。"④

　　2. 取材标准

　　热心读者不断供稿,画报得以选材广泛,不为材料缺少而捉襟见肘。可见,"取材之广"是北画成功的原因之一。"北画印刷之精、纸张之美,此皮毛事,皆易募仿,可以勿论。惟取材之广与善,实为造成北画真精神之原素。北画取材,包含一切时事,如民众运动、国家大典、国耻事迹、战争实景、各项发明、社会游艺、各种集会等是;至如人物,则闻人、学者、艺术家、体育家、闺媛、伶工等之照相,罔不加意搜罗,随时刊布,举凡金石、书画、戏剧、电影,均广为登载,此取材之广也"⑤。材料多未必都是好材料,北画稿件众多,但也良莠不齐,"娼妓小照"、"花界之文字"这些"涉于淫秽"或"替人宣传者及抄袭家"的图片文稿,北画一律不受。材料堆如仓廪,必须审慎选择,"审慎精美"是北画办报成功的原因之二。"故惟有对于取材一端,力图精进,总期报面'美化',凡不能引起美感之图画,避免不用;即时事照片,亦不求全,而求其精与美;此当为读者全数所乐许者。"⑥

　　①　大小子发胖了[J].北洋画报,1928-9-26(2)
　　②　百期结束宣言[J].北洋画报,1927-7-2(4)
　　③　发刊第二张宣言[J].北洋画报,1928-2-1(5)
　　④　小蘧.编者的话[J].北洋画报,1935-7-7(2)
　　⑤　北画真正价值之所在[J].北洋画报,1928-7-7(3)
　　⑥　笔公.三周例语[J].北洋画报,1929-7-7(4)

至若取材,则事不伤雅,人不过衰,斯为至上。伧俗之言,虽大人先生所言不愒,韵味之论,即贩夫走卒所论亦采。娼妓非不可谈,应及于淫秽;剧优亦可以评,要免流于谬滥。善固当传,恶岂应讳?褒贬之旨,在留意于字句之间而已。晚近画报刊行多矣,其文字能近于此者,殆不多睹。非笔下拉杂生涩,即取材猥亵俗冗。传人则不发其隐私,即诣其起居;记事又不指为下流不足齿数,即奖作空前未曾或见。于是执笔者一喜怒之间,奸邪可以升天;德者亦能入地;画报之价值乃为之败坏无余矣……(1932 年 7 月 12 日,803 期)

无规矩不成方圆,选材上"审慎精美",确定明确的目标,趋于"美化",且"力图精进",恪守此规则,"行于所当行,止于所当止",精彩图片与文字标题、图注、文章合奏成强有力的"画外音",引导读者捕捉美,享受美。

(三)《北洋画报》的印刷

北画的印刷屡为读者与同仁所赞美,"从来识与不识,莫不以'印刷最精'为吾报誉"。但就技术而言,北画的照相铜版技术并不是最先进的,对此,冯武越有自知之明:"盖印刷术日有进步,海上同业固有改用胶皮版者矣,吾为资力所限,愧有未逮。"①但在照相铜版印刷中,北画确实有代表性。一是开风气之先,早在照相铜版印刷术传入我国后,冯武越多次创办画报,在北方的照相铜版画报中,北画是铜版照相技术应用的高峰期,起承上启下的作用,占重要的位置,"惟独北画当平津文化鼎盛时代出现于北方,至今屹然独存,在中国凹凸面版印刷术的画报史上占一个重

北画 264 期封面

要的位置,虽然同业中已有不少后起之秀,但北画一向是老当益壮的"。技术不够先进,所以在印刷技术的改良上下了不少工夫,"本报内容印刷,逐期改良,当为读者所亮察,不待赘言"②。

年终的几句话:明年是本报两岁的开始,所以要大来一下。第一期正张完全用铜版纸印刷,封面完全五彩精印,有崔子西画的茶茶双兔图,并印有新旧合历月份牌,简明新颖……单单那张增刊,就可宝贵得很,是用珂罗板精印的……(1926 年 12 月 29 日,50 期)

---

① 画楼主人.五周纪念感言[J].北洋画报,1931-7-7(2)

② 编辑者言[J].北洋画报,1926-8-28(4)

编辑者言：本报为迎合阅者心理起见，不惜牺牲资本，将原购铜版画报纸移作别用。自本期起，仍改用去年所用之模造纸印，凡观望未购者，请从速购取，存报无多，将来恐欲补不得，千祈注意为幸。（1927 年 1 月 26 日，58 期）

编辑者言：本报自一零一期起，即增加铜版不少，文字印刷亦均力求精美，谅为有目者所共睹。以后即拟按此做去，便阅者益为满意，惟本报封面，本定用套色印刷，已试行两期，只因石铅套印，殊不易精。本报半周出版一次，时间短促，天气甚潮湿，印刷不易干，印刷局方面要求约改一色，本报只得仍用一色，现试用墨绿色印刷，似较蓝色为幽雅，如读者多数造成，当决用此色。（1927 年 7 月 13 日，103 期）

……

北画大体使用照相铜版技术，但早期封面沿用石铅套印技术。为了追求"益显精美，图画格外鲜润"，报社在印刷纸张的运用与颜色使用上颇费心思，铜版画报纸虽然色泽鲜艳，但"纸质较脆，不耐多摺，并易破裂"；套色印刷"殊不易精"且"印刷不易干"；在京订制的"时事铜版"因为邮政延误而导致画报出版延迟……北画在印刷改良上费了不少周折，想尽办法呈现印制的精美，其纪念刊更是尝试各种工艺，如"用五彩套印"的龙年月份牌，"用金色印刷"的 264 期新年号。

北洋美术印刷所广告

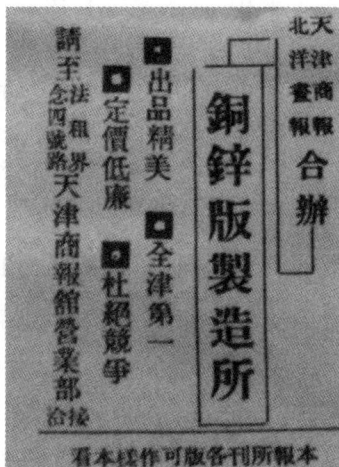

铜锌版制造所广告

报刊的兴盛映衬了印刷技术的进步，报刊的繁荣更刺激印刷行业的兴盛。北画之后，照相铜版技术普遍，各大报发行日盛，使印刷技术得到普及，各大报购制机器与设备，自设铜版部。"数年来印刷业发达，刊物怒苗，铜版已为最流行最普通之物。以本市言，专门制版之工厂有景明、协华；以摄影而兼制版者有鼎章;各大报如大公、益世、庸、商,亦均有铜版部,盖亦成为必要之供给与设备矣。"①北画的印刷初由光华美术印刷公司印制,304期之后则由北洋美术印刷所承印。北洋美术印刷所是否归属北洋画报社,没有文章专门详述,但从北画304期的一则启事中可以略见端倪:

> 本社印行书籍展期出版启事:本社发行报章及附属出版物,原在他处代印,现该印刷所发生事故,本社自设印刷所,即将就绪,在此移转期间,除本报仍按期发行外,各附属出版物,只可略为展期,《山东七怪》改四月底出版,名伶影集及摄影年鉴改五月底出版,特此启白,兼向读者致歉。
> 北洋画报社启(1929年4月11日,304期)

北画300期中见到一则"铜锌版制造所"广告:"天津商报、北洋画报合办铜锌版制造所,出口精美,全津第一,定价低廉,杜绝竞争,请至法租界廿四号路天津商报馆营业部接洽。"广告下方备注小字"本报所刊各版可作样本看"。310期北洋美术印刷所的广告上方加备注小字:"承印《北洋画报》";第341期的文章《北画发展之步骤》中提到北画的三年规划,其中所写,"第三年自立印刷与制版部分,完成整个报馆之时期",但是,"因受时局影响,未能完全实现","但印刷制版,均已能独立指挥,预料一年之后,即可完全收归自办,而成立一完备之报业组织矣"②。由此可见,北洋美术印刷所与北洋画报社联系密切。北画印刷讲术精求精,从技术改良到纸张购买,再到颜色选择,都非常讲究。随着北画的发展,增设印刷与制版所成为增加销量、扩大发行的必然,印刷所的设立不仅能使印刷日益精进,还带来报社的多元化经营,把更多优秀的、精挑细选后的文化附属品带给广大读者。

三、发行

201期上的文章《北画产生之程序》介绍过北画的发行情况,文章并不直接解释"趸批"与"零寄"等发行方式,只能据其发布的启事来推测。

> 本报营业部启事:齐齐哈尔新民晚报分社,吉林新民晚报分社,沈阳华兴派报社维新报社均鉴,贵社积欠报费,屡次函索未蒙寄下,不得已暂将报停寄,以待款到再为补寄。(1929年12月18日,412期)
>
> 本报紧要启事:敝社于上年十二月十四日发寄沈阳新民晚报社本报四百十期二卷,本年一月五日发寄营口亚洲派报社四○八期一卷,又一月廿五及廿八日先后发寄桑园通利社四二八及四二九期各一卷,均接各

---

① 秋尘.最初制铜版的国人是谁[J].北洋画报,1932-9-6(2)
② 北画发展之步骤[J].北洋画报,1929-7-7(5)

社来函声明并未收到；查敝社每次发报，均有表
册连同报纸送交邮局盖戳为证，是发出与否，一
查可知，绝无问题。但以报纸寄出不加挂号，邮
局亦不负责；倘向邮局追问，必答以"如曾交寄，
必已寄出"，至如何失落，及何故受人之托而失
落，似均非邮局素常所顾虑，此在中国今日情形
之下之邮政，似亦均可奈何者也。（1930 年 2 月
15 日，434 期）

北洋美术印刷所广告

亟批的对象是各地的报社与代销处，通过这些报社
或代销处行销各地。

　　1878 年，李鸿章在天津英租界设立"华洋书信
馆"，由招商局免费代为运送邮件，1879 年改称为"拨
驷达"（post 译音）信局，即后来的天津邮政总局。它
以天津为中心，投送北京、牛庄（营口）、芝罘（烟台）、
上海等地，也投送南北重要口岸以及内地各处的来
往信件。天津共设有 7 个分局、10 个柜，天津以外的
信件主要通过航运寄交，冬天封河后改由陆路快马投递，天津成为"我国近代
邮政事业发展的起点"①。1906 年，作为"新政"的内容之一，清政府成立邮传
部，近代邮政业务在全国蓬勃发展。天津所在的京、津、冀地区是国内邮政发
达的地区，以 1928 年为例，全国邮政局所 12126 个，京、津、冀地区有 1436 个，
超过江苏、上海的 926 个，东北的 893 个，广东的 1184 个。② 近代邮政系统的
普及与发展，大大便利了信息交流，为天津新闻事业的产生与发展提供了条
件，推动了天津报刊在全国的发行。北画充分利用天津的邮政设施，除在本埠
发行外，在当时全国的各大城市设有代销处，甚至国外也可订阅。但这种发行
常常遇见问题，"兹因邮寄本报，常有遗失，订户啧有烦言，本报为维持信用起
见，自本日起，停止收受本埠直接订阅"。停止直接订阅，减轻了报社的工作压
力，也避免了因邮政发行失误引致的声誉危机，"此种决议，系录邮寄常有遗
失，订户时相责难，本报实不胜其烦，故立意逐渐停止定阅，以维信用。其实办
报是要人看，收了人钱更是要寄报；敢信世间绝无不寄报而骗人钱之报馆，所
以因订报而向报馆提信用二字者，适足见其度量之不广。又如怀疑于后，何若

① 马艺.天津新闻传播史纲要[M].北京:新华出版社,2005:22
② 张静如.北洋军阀统治时期中国社会之变迁[M].北京:中国人民大学出版社,
1992:62

勿信用于先,此本报之所以劝人勿直接订阅也"①。

时局不稳,"战争未定","交通不便",再加上邮政行业业务的不完善,"京津所距咫尺,寄一包裹,竟须费四日之久,吾国邮政之日趋腐败,于此可见"②。因而,北画发行虽然遍布全国,但却常常丢报、失报,"躉批"邮寄的报费甚至难以收回,这一损失成为北画发行中最大的问题。

四、经营策略

北画的成功,还在于采用诸多有效策略。

(一)科学的企业规划

外商资本的介入与民族资本的经营都刺激了近代媒体行业的发展与繁荣,但"华北画报界会极一时之盛,惟能久持不替者,殊寥寥无几,大半均已覆亡,堪称不幸"③,生存是很现实的问题。画报瞬生瞬灭,很重要的原因是"缘国人好奇,善于模仿,见异思迁,浅尝辄止,稍遇跌蹶,便舍之他去。此任何事业不能凌驾欧美;仅此一途,即足致命,遑论其他哉"④。有的人"或以为有大利在期,故趋之若鹜","或以为可以任意攻讦社会,故借此取快一时",并无深思熟虑,就轻率介入。冯武越则不同,北画之前,他还办过《图画世界》、《图画周刊》,从业经验丰富,规划十分成熟。

1. 建立适宜的组织

301期中指出,"画报失败之原因,实录无坚固之根基,无适宜之组织"。北画早期,冯武越独自经营两年,后回家奔母丧,北画成立报社,"所有社内事务统归北洋画报社出名负责"。之后,北画又与天津商报合作创办铜锌版制造所,设立北洋美术印刷所,得北洋画报社日益完备,画报的编辑、印刷、发行、广告等事务有统筹的、完善的安排,从组织上提供了保障。

2. 制定画报发展规划

北画制定了长期计划与短期计划。341期中提到创刊时的发展计划:"北画最初计划以三年为成功期限:第一年为投资牺牲时期;第二年为不再亏蚀时期;第三年自立印刷与制版部分,完成整个报馆之时期;节节进行,不遗余力。第一二两年预定步骤,均已做到;惟第三年度,因受时局影响,未能完全实现。

① 本报重要启事[J].北洋画报,1927-3-19(4)
② 声明[J].北洋画报,1927-9-10(4)
③ 卷首例言[J].北洋画报,1929-4-4(2)
④ 伯龙.北洋画报出版千号纪念序[J].北洋画报,1933-10-19(3)

但印刷制版,均已能独立指挥,预料一年之后,即可完全收归自办,而成立一完备之报业组织矣。"①从实施结果看,当初的规划考虑到经营的实际情况,虽然第三年度的计划因时局的影响尚未能完全实现,但初见成效,足以证明其规划的可行性与操作性。在短期规划制定上,北画也不拘泥于计划,而根据读者需求适时调整,每年合刊的总结、新年号的展望都邀请读者参与画报计划,每年新年号的内容预告更勾人心魄,让读者充满期望,翘首以待。

今年之北画:岁首,记者谨以最简单之语句,报告本报今年预定计划于读者之前:一,在最近过去,本报又略觉偏重记事,此后每期当撰极有兴趣之短评,以资调剂。二,自开年起,本报对历代古物书画,按期作有系统之介绍,约定许琴伯、王汉章两考古家鉴定介绍。三,决定介绍女作家作品,以简短文字,讨论妇女问题、家庭生活及文学小品,并附刊作者铜像,按期刊登。四,发行不定期之《儿童专刊》。五,我们十二分的决心,打算在本年,把本报改成日刊。不过这个开中国画报界未有之纪录的试验,还须要读者的帮助与鼓励。(1931年1月1日,571—572期)

年终的几句话:自己鼓吹的话和改良计划,暂且不说,留待明年再见;如今且先把一个好消息宣布出来,大家请听:明年是本报两岁的开始,所以要大来一下,第一期正张完全用铜版纸印刷,封面完全五彩精印,有崔子西画的茶茶双兔图,并印有新旧合历月份牌,简明新颖;内面插画,有汉石刻"疱厨"图,毛公鼎及铭文,杨文愍公像,都是最珍贵之古物复形。此外有上海影片公司摄制中之《盘丝洞》新片里的一幕《裸浴》……文字格外精彩,这都不说;单单那张增刊,就可宝贵得很,是用珂罗版精印的,有上官周的人物山水、慈禧皇太后御笔《九天乘露图》中最精美的一幅、新罗山人《嬉春图》、贾全《和风紫燕图》、王永江题词,都是绝不多见的珍品,这样一个的增刊,可算是从来所未见。定阅长期各户,一律赠送,零售正张连增刊共售大洋八分,先此预告。(1926年12月29日,50期)

(二)准确的定位

北画创刊之初,正逢天津报业兴盛时期。新记《大公报》起死回生,再造辉煌;《益世报》、《庸报》、《商报》等迅速发展起来,画报也如雨后春笋般破土而出,出现中外文报刊90余种,发行量大幅度增加。② 报业竞争激烈,报纸过剩,报纸没有准确的定位,找不到自己的读者群,很难生存。准确的定位、明确的办刊目标促使画报利用图片、文字、版式设计,甚至营销,来实现其定位,拓

① 北画发展之步骤[J].北洋画报,1929-7-7(5)
② 马艺.天津新闻传播史纲要[M].北京:新华出版社,2005:11

展与维持读者群与生存空间,北画在天津报业中占有一席之地,避免"被终结"的命运。

作"完全的画报","传播时事,提倡艺术,灌输常识"是北画的目标,但要想做到这三点似乎不易,北画认为:"吾报虽有'时事·艺术·常识'之标语,亦不过以示内容之范围,非欲效大言不惭之流,借题欺人也,盖以时事图片,足使民众明了国内外大势,则广罗而刊之。至言艺术,则同人非艺术专家,亦不敢妄言有何特殊贡献,不过提倡赞助,则不敢有后于人,亦不何家何派也。普及常识云云,非使人明相对论,辨龟甲文之谓,日用常识多矣,然固无需乎长篇大论,只偶于图文之间发挥之足矣。"①"完全"的画报只是理想,"言不及政治,语不涉专门,只为遣兴消闲之读物"才是北画的自我准确定位,"最高使命,乃在救济社会生活之烦闷,畀以滋润之剂,又在矫正社会观点与行为之错误,为作正途指示,故于端庄之中,杂以诙谐,总期谑而不虐、乐而不淫而已"②。北画希望能在这样特殊的时代背景之下,"百事诚不免于凋敝,文物与干戈,若似乎其不相容也","使中国以外之人亦得略窥中国艺术之过去成绩与未来之发展,不复以'无文化'相訾謷,并介绍东西两方之作品,用以放开新旧之范围,成为世界的艺术之汇",通过"美育的涵融"唤醒人们"美的赏鉴之本能",以"美育的力量"来"溶解无数悍戾之气质"③。

"不过报纸能使人人满意,最是难事,犹其是画报一类,因为看日报的人只有一种共同的希望——得到迅速确实的消息——看画报的人,却分为若干种,他们各有各的眼光与要求:有专注意时事照片的,有偏重美术的,有喜欢看奇异事物的,种种不同;只就美术一项而论,又分国粹派、东西洋派、金石派、雕刻派……因此编者想要调剂各方面之需要,甚不容易。"④要满足各色人等读者的需要,似是不可能,面对读者提出的各种办刊建议,北画也只能围绕着既定方针进行调整,有则改之,无则加勉。能持守自己的目标,办刊定位明确,面对读者的诸多需求适时进行调整,但不随意跟从读者的建议,这也是北画能维持的一个重要原因。

读者与编者:本社接到王郎君来函,希望本报副刊多载各国社会与政治新闻,蔚成世界政治画报,其立意甚为正大,本报极为感佩。惟本报倡办时,本以游艺为宗旨,现在增设副刊,系容纳静的方面之文艺作品,如果多刊世界政治新闻,深恐不能引起读者兴味。好在本报已有中外时事照

---

① 卷首例言[J].北洋画报,1929-4-4(2)
② 画楼主人.五周纪念感言[J].北洋画报,1931-7-7(2)
③ 王小隐.一年以来[J].北洋画报,1927-7-6(2)
④ 岁首宣言[J].北洋画报,1927-1-1(2)

片及国内外时事日记,似可不必再事多求。盖本报之唯一目的为注意艺术,而对于社会,亦惟求其艺术化而已。此后深望各界读者共起赞助,此本报所最欣幸者也。(1927 年 7 月 23 日,106 期)

拓展读者群是编辑挖空心思思考的问题,报业五光十色,稍不留神就有可能湮灭其中,如人一样,能够坚实人格个性,保有独立显得难能可贵,"报纸之有报格,亦犹人之有人格,报格一落,信仰消失,补救无从,本报编者虽屡易其人,然始终能维护吾报报格,使其荣誉日臻光大,洵可感也","吾报出版迄今,三载于兹,以积极之精神,取此范围内应用之事物,继续贡献于读者,始终不渝,于他人之毁誉,置之不顾,此吾报之所以独能久持,不胫而走也"①。可见,报业兴盛时代的北画,坚守办刊目标,视之为生命,这也是其在"再度涌起"的华北画报界成为"历史最久"的唯一代表的原因。

(三)积极的读者互动

北画视读者为"生命线",以读者为导向,围绕读者兴趣组织材料、展开编辑,力图为读者提供最美的精神食物,"画报为消闲读物,不作任何宣传。故我们所取的唯一方针,便是迎合读者的心理;所处地位,偏于客观"②。北画这样做,正是因为清醒而理性地认识到读者的作用:"本来一个刊物,自己是没有生命的,其生命都是由读者所赐予的。又好比刊物是鱼,那么读者的同情与热心便是水;史称汉君臣金玉满堂,我盼北画与读者也有如此相得。北画的生命线就寄托读者中间了"③。北画把刊物与读者比作鱼水,花尽心力来维持这种鱼水关系。

1. 设置"编辑者言"栏目

"编辑者言"是编辑与读者沟通与交流的栏目,"表白编者的意见"或"与阅者交换意见",这在民国报刊中并不少见,北画编辑也认为"其法至善"。但有些报纸使用过滥,出现"废话连篇"的"编辑者言",为了避免这一现象,北画确定了"只于必要时一刊之"的方法。

北画的"编辑者言"栏目中,除了"表白编者的意见"、"与阅者交换意见"外,还向读者征询办刊意见,回复读者来信来电,预告内容,介绍办刊情况,推销刊物。

自从本报新年发行后,本报于两日间,所接京津两埠阅者欢迎赞美的来函,不下百二三十件,道远者尚未寄达,谅必超过此数。读者对于本报

---

① 画楼主人.五周纪念感言[J].北洋画报,1931-7-7(2)
② 笔公.三周例语[J].北洋画报,1929-7-7(4)
③ 湘如.北画的生命线[J].北洋画报,1934-7-7(2)

的热心,实在出人意料之外,说出来也恐怕难得人家相信,必以为阅者无此闲心,但是事上确实如此,并可见本报能得社会之欢迎,本报同人,实在欣幸。来函赞奖诸君,请恕本报未能一一答复,只有在此处道谢而已。此次新年加印千份,业已全数售出,本报所存无多,恐怕再过数天,必定无法补购,凡已有者,务请妥慎保存,未购者则请从速购入,勿谓言之不预也。定阅长期者,多来函电询问能否代为装订,本报为利便定阅户起见,愿代任其劳,装订式样,与本报出售之合订本同——硬皮金字——暂定收费大洋二元,回件寄费或脚力均在内。现在预定五十期合订本者,已过定额半数,欲购全份者,除此以外,别无他法,务请从速,迟来恐怕不及了。本报自本期起,改用画报纸,格外鲜明悦目,如阅者不表示反对,以后即专用此纸,不再变更。本报现所搜集材料,甚为丰富,精品甚多,断无缺乏之虑,但如阅者热心投寄各种难得之照片以及社会奇趣之见闻稿件,均极欢迎,酬例一切仍旧。只有娼妓小照一项,请勿惠寄,关于花界之文字亦然。(1927年1月5日,52期)

2. 征询读者意见决策

除“编辑者言”,北画还设定“特别启事”、“重要启事”、“开场几句话”、“百期结束宣言”等临时性栏目,转达编者意见,征询读者意见。北画曾就本刊风格、颜色向读者求解、征询,引起读者的兴趣,了解读者的想法。北画曾设立副刊,以容纳读者的投稿。就副刊的创立与停刊,报社与读者之间积极对话。如1927年9月7日121期,北画刊登《本报特别启事》,就“停止副刊”问题征求读者意见,停刊的原因乃是“本报前因稿件拥挤,增加副刊。现在销数骤增,印刷方面赶印不及,出版时常误期,而印刷费负担太重。拟即将副刊停止”,创办副刊的原因是稿件积压,而现在该问题并未根本解决,“关于积压稿件,如何容纳疏漏,本报尚在考虑”,“故副刊究竟停否,亦尚未决定,因特征求读者意见,以资取决”。启事发出后10天,北画以“恢复旧观报告”为题公告读者“自本期起,将副刊停止”。

3. 举办各类竞赛活动

北画认为自己是“只为遣兴消闲之读物”,因而,编辑、版式设计与稿件特别强调“趣味化”,“来稿以具有裨益且富趣味者为合格”。这顺应了画报的潮流,“因知世上画报最近潮流,群趋‘趣味化’,本报当于国内首倡此旨,今后多登富有趣味之图文”,满足了读者的需求,“我爱看北洋画报的曲线新闻,因为这玩意儿新鲜有趣事,而绝未伤人”①。为了丰富趣味,北画策划了多起“富于趣味之游戏”,设计各种主题的竞赛,引起读者关注,设置各种奖品来吸引

---

① 枭公.读画报的感想[J].北洋画报,1932-7-7(2)

读者积极参与,其中一项奖励必是《北洋画报》。北画举行各式悬赏竞赛,涉及风景、戏剧、媒体、电影、文字、诗句、美术。这些竞赛的目的,要么"广集众意",如第一次竞赛竞猜北画的味系、颜色,实是向读者征询画报的风格与画报的主色调;要么为了"纪念周年",如第三次"美术摄影春季悬赏大竞赛",以此来征集"摄影界最近最佳之作品";要么"引起读者之兴趣",如北画剧刊200期纪念时举行的名伶竞猜,以"男伶之眼"、"女伶之口"来展示登载过的名伶,让读者竞猜人名。竞赛不仅点缀画报,"以引起读者之兴趣",征集到的美术、摄影作品既补充了画报的稿源,又激发读者参与的兴趣,可谓一举两得。

表 1-1 《北洋画报》举办的竞赛

序号	期号	竞赛项目
第一次	17 期	本报的味系、颜色、参赛人数
第二次	60 期	莫非是她(本国电影明星兑猜)
第三次	86 期	美术摄影春季悬赏大竞赛
第四次	120 期	庆祝中秋猜诗句竞赛
第五次	122 期	十字谜请猜
第六次	133 期	请猜字数
第七次	151 期	庆祝新年:龙形十字谜
第八次	183 期	西洋电影明星之画像人名竞猜
第九次	247 期	征求天津市花
第十次	254 期	征求象征天津市照片
第十一次	382 期	中国南北十大名胜
纪念竞赛	901 期	名伶竞猜

(四)灵活的促销措施

定价是报纸经营的重要环节,价格过高读者不买账,价格过低报社入不敷出,定好价,既让读者买单,报社又能维持运行,还能扩大影响,北画为此采取多种措施。

1. 免费赠阅

创刊之初,为了拓展读者群,北画对"多数友朋同志"、"投稿诸君"进行赠阅,不收报费,赠阅虽然要遭受经济损失,但能使读者了解画报,用这种方式能建立起读者群,但随着销路日广,北画难以承受赠阅的负担,"印得之报,往往不敷分配,致使纳费购报者常常无可补购,实属有碍销路",故在64期时发表

《本报特别启事》，敦请享受赠阅的读者"照章纳费"，"本报为维持营业与声誉起见，现定于下期起，凡非确实义务赞助本报者，此后一概停止赠阅。曾享长期赠阅权利诸君，如仍表同情于本报，应请早日照章纳费，以示始终爱护本报之意，本报即当继续将报寄奉不误"。

北洋画报广告

2. 订费优惠

创刊之初，北画的定价为"零售每份大洋四分，定阅：每大洋一元，本埠二十五期，外埠二十二期，外国十七期，邮费在内，报资先惠，邮票代洋每一百零五分作一元计算"（1926 年 7 月 7 日，1 期）。之后，北画多次调价，如 1927 年 7 月 6 日 101 期说："本报新订价目一览，正张四版副刊两版共一张半，全份零售大洋五分，增刊临时加价。"1928 年 7 月 7 日 201 期说："本年加价及优待直接订立户广告：本报现因各项工料一律加价，只得亦将每张零售定价由四分改为五分。"1930 年 8 月 26 日 516 期说："本报九月起恢复原价：本报前曾优待常年订户，削减报费，现因原料价格飞涨，成本过巨，自九月一日起恢复原价，事非得已，并希鉴原。一元廿期，半年三元七角五分，全年七元五角。"导致画报定价不断调整的原因有许多，成本上涨是重要原因。为了维持生存，又要维持读者群，北画用多种定价来优惠客户。

北洋画报广告

（1）给直接订阅者或长期订阅者以优惠。画报都采用这样的措施，"上海各画报每逢得到周年纪念等机会，便学一般商店大廉价以广招徕的法子，以折扣优待直接定阅户"①，北画虽然自称"货真价实，信用昭著"，不愿意"减价平沽，自贬身价"，但也使用此法，一方面吸引新的读者群，另一方面延续老客户，使读者群建立较为稳定的忠诚。如 1926 年 8 月 21 日 14 期的"大赠送"中，"兹为奖励长期订阅者起见，特定例如下，凡订立本报一元以上者，按期赠阅电影杂志一份"；1928 年 7 月 7 日 201 期的"凡于七月一个月内，直接向本社定报者，照新价八折，即全年四元，半年二元，一元廿五期，与旧价无异"；1928 年 1 月 1 日 151 期中的"长期订阅，普通各行省每大洋一元二十五期不

---

① 百期结束宣言[J].北洋画报,1927-7-2(4)

收邮费"。

(2)给特殊群体以特别优惠。为了扩大读者群,北画针对特定的读者群采取积极有效的促销措施来刺激消费,取得显著的效果。如1928年2月1日158期加页增出《学校专页》,内附"本报优待学界直接定阅附赠奖品章程",直接订阅画报全年的学界人士一律"定价八折收费"(原价四元,八折三元二角),订报的学界人士还可以参加抽奖,奖品设置丰富,极具诱惑力,"头奖赠华英音韵字典集成一本(值洋七元五角)。一二两奖各赠辞源一部(值洋五元)。三四两奖各赠新字典一本(值洋贰元四角)。五六两奖各赠'人体美'一本。七至十奖各赠值洋贰元书券一张"。

(3)给推广销路以特别优惠。为了扩大销路,北画还让老客户介绍新客户,增加报纸发行,以实际的利益来鼓励老客户推广,老客户介绍的新客户也可以得到优惠。1931年12月30日720期的广告《请求介绍本报,可得种种优益》中提到,由于日军侵占东北,国人同仇敌忾,拒用日纸日墨,可是,"他国材料昂于日货","敝

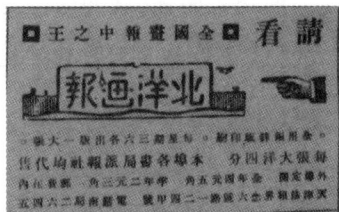

北洋画报广告

报实已艰于维持,然尚不欲遽尔增加报价,加重读者负担",不能把报社遭受的损失转嫁到读者身上,因此,"唯一善策",只能是"在于推广销路",所以请求新老客户"不独广为吹嘘,并请切实介绍新读户",北画为此制定了详细的优惠措施,恳请读者们"予以赞助"这个活动。

介绍北洋画报普通酬报章程:

一,介绍新读者至少以五户为限,每户至少须订阅半年。一户订阅全年者可作两户计算,再多类推。

二,介绍人所得利益,以下任择一种:

甲:五户全按九扣收费,以一成酬报介绍人。如不愿得现金,得折合报价,改赠本报,日期任意指定。转赠他人亦可。

乙:介绍人不愿得现金酬报时,凡介绍至五个半年户者,可得以下赠品,计:本报布面金字报夹一个,廿一年本报月份牌一张,廿一年怀中月份牌一份,超过五个半年户者,加赠仿宋名片一百张(姓名等请开示,如自备字样亦可)。介绍五个全年户者,除以上物品外,加赠新发明皮面金字词卡片匣一个,带卡片二百张,最适实用,为文人与事业家案头之新奇需要品(匣面可加印人名金字)。介绍十个全年户者,除以上物品外,如介绍人愿意,得将照片制版登入本报,但尺寸与地位不能指定。用过铜版奉赠。

丙:如介绍人本人不愿得任何酬报时,得按户照下列赠品:半年者赠本报月份牌一张,怀中月份牌一份,仿宋名片一百张(或自备字样亦可)。

全年者赠本报布面金字报夹一个,怀中月份牌一份……

为了吸引新客户,吸引长期订阅客户,北画用赠送月份牌等形式来吸引客户,如 1927 年 1 月 22 日 57 期的"本报优待本埠订阅户赠送精美月份牌简章"说可赠送各种杂志,1926 年 8 月 28 日 16 期说"本报赠送电影杂志,除已定阅各户得享利益外,只备一千份,赠送新订户",这些措施吸引了新读者,也引导老客户长期订阅。

3. 发行广告

广告与发行是支撑报业发展的两大顶梁柱。北画对此有着清醒的认知,因此,北画创刊页发布广告章程,明文规定广告的刊登方法、程序、规格、价格、折扣及更正方法。北画不仅在外报上刊登广告,也在自己的版面上刊登广告进行自我营销,"使君家庭幸福增进,应订阅本报"(422 期),"使君亲友永远感激你,应赠送本报"。北画还联合《天津商报》举办"出一份钱看两份全年报"活动(226 期),这些都是有效的措施。

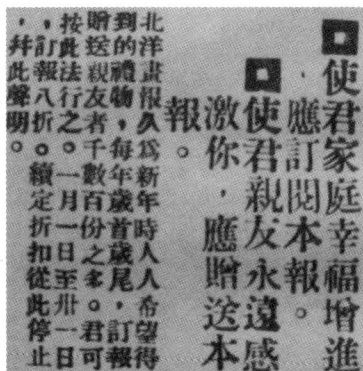
北洋画报广告

(五)多元化的报业经营

为了满足不同层次、不同需求读者群的需要,北画进行多元化经营,充分利用资源,为读者提供更多的精神食粮。

1. 筹办副刊、周刊、月刊与日报

北画之《图画日报》　　北画之《电影周刊》

100 期后,北画筹办副刊,"专载长篇文字,小说、笔记以及图画、漫画之类","以免将稿件积压过甚",用副刊来"疏泄这积滞的毛病",但 20 期后就停刊。之后,又创办与北画风格各异的《图画日报》,"以补北画之所不及",后也停刊,筹办的《北洋画报》月刊也夭折于襁褓。值得庆幸的是,《电影周刊》因"印刷精美,材

料充实"而得到读者的拥护,尤其是得到电影院的支持,"本报最近发刊之电影周刊,因印刷精美,材料充实、大受读者赞许。开封华光电影院首先订定长期报一百份,可见欢迎之一斑"(1932年8月30日,824期)。

　　2. 刊行单行本、合订本

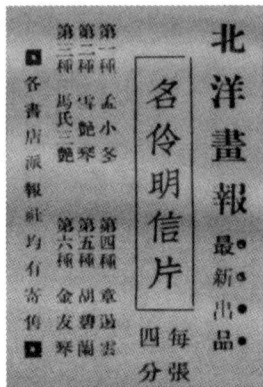
"名伶明信片"广告

　　北画积累大量稿件,因版面有限未能刊发,编辑曾多次道歉。许多优秀作品也因报纸时限而未能得到充分展示,"盖零星之报,人争取阅,易于散失,及后拟装订成册,则往往无法添补,不成书,甚为可惜"。为此,北画曾筹划发行"月刊单行本",取"上月发行十数期报中所有之图画文字,分类汇印,饰以美丽封面,俾读者便于收藏检阅"①。虽然因读者反对而未施行,但其后单行本却成为北画的主要附属产品。这些单

《世界电影明星小史》广告

行本将北画曾刊载的作品汇集成册,内容包括美术作品、摄影影集、长篇小说、杂文影评,如长期连载的老宣的《妄谈》、《山东七怪》,北画上刊载的摄影、美术作品,如名伶影集、摄影年鉴、人体美影集等。同时,北画每出50期即将其合订成册,以合订本形式进行推广,在交通不便、信息不畅、战事未平的时局下,这不失为有效传播的好办法。之后的《电影周刊》也用这一方式来进行推广。

　　3. 开辟代售业务

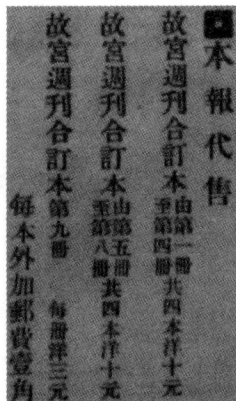
北画代售广告

　　北画不仅代售故宫博物院发行的《故宫周刊》,还代售故宫博物院出版的新书,如《故宫月刊》合订本、《文献汇编》、《宋四家墨宝》、《沈石田画册》。社会上流行的名家著作——李涵秋的《涵秋笔记》,包天笑的《慧琴小传》、《降城痛语》,陈冷血的《侠客谈》等也在代售之列。

　　北画以受众为本位,不断满足受众的需求。不过其受众并非"大众",仅限于把其作为"消闲读物"的受众,画报编辑与记者费尽心力满足读者的需求,但依然逃不过大时代的命运,1937年日本侵华战争爆发,北画未来得及画上圆满的句号即草草终了。

───────────────

　　① 北画之新计划[J].北洋画报,1928-12-1(3)

第二章
《北洋画报》广告风貌

第一节 《北洋画报》中的广告时貌

一、民国二三十年代天津的广告形式

广告以商品经济和市场化为基础,它是商品经济的标志。广告间接反映城市经济发展的面貌,近代天津广告见证了近代天津城市的发展与近代化。

1860年,根据《〈中英北京条约〉续约》的规定,天津成为北方的三个通商口岸之一。西方国家的先进生产方式和经营方式从这里进入,殖民逐渐加深,导致天津进出口贸易畸型繁荣,催生天津的商品经济和市场化,棉纺织品、食品、烟草、西药、火柴、肥皂、煤油等洋货倾销入天津市场。受洋务运动的影响,天津是北方主要港口城市中近代工业发展最早的城市,30年代以后,天津的工厂数、工人数、资本数和生产净值等各项工业发展指标都最高,规模仅次于上海。经济迅速发展,天津的地位进一步提高。经济地位的提升,政治地位的彰显,天津城市近代化步伐加快,二三十年代的天津已然是"以工业为基础,金融业和商业发达的具有先进的交通通讯的近代开放型城市"①。

见证天津经济的繁荣景象,广告无疑是很好的介质,通过近代天津广告的面貌描述,我们以点窥面,管窥天津商业市场的繁盛。北画上的小文章《平津商人之广告术》描述了北平天津两地的广告主们利用广告利器巧构心思、花样百出的推销之术。

> 靧世商战剧烈,一般商人咸依广告为招徕利器。近更争炫新奇、花样百出。平津一带,普通以广播无线电扩音机壮门面者,几不可胜数。平市

---

① 罗澍伟. 近代天津城市史[M]. 北京:中国社会科学出版社,1993:433~435

绸缎庄,春秋两季,多喜搭彩牌坊,高逾数丈、直矗云际,但在津市,则惟药材庄喜用此法。东马路特二区之药庄栉比处,即恒搭数丈高彩坊以示竞争。绸缎庄虽间有搭彩坊者,实尚倚他项广告以为宣传。缘自南中各绸缎业衰落后,绸货跌价奇廉,竞争遂烈,益以社会经济恐慌,购者绝少,绸商乃重视广告为推销货物无上妙道。其时门前大书"原码若干折"者固多,而揭橥"本号不折不扣,真实大减价","不尚虚伪买去比较"……者,亦不乏人。前在故都见骡马市某绸庄,门前树布制标语曰"本号不搭彩牌坊,真正廉价",意法正同。津市绸商之广告,近益科学化,有设广播电台者;有以广告文字标奇立异者,如号称"耍大刀"、"英雄赛卖"者是。更有利用轻气球将广告高曳空中者,远隔数里,抬头可见。其以赠彩为号召者,都无足奇矣。(1933年12月4日,1175期)

文中可见平津药材庄、绸缎庄广告主惯用的广告手法,北平绸缎庄以"高逾数丈、直矗云际"的彩楼牌坊广告见长,天津东马路特二区的药材庄"恒搭数丈高彩坊"招徕顾客。由于绸缎业的衰落,绸缎价格下跌,商家利润聚减,加上市场经济不景气,人们购买力减弱,为了不积压货,商家们想方设法来吸引顾客注意和购买,都把广告视为"推销货物无上妙道",打折、降价、搭彩牌坊等手段无其不用,应用广播无线电扩音机等时尚设备来装点门面吸引顾客的招数已不足为奇,甚至有商家"利用轻气球将广告高曳空中",推陈出新且出奇不意,夺人眼球,"标奇立异"成为广告的王道。北画上,此类短文尚多,从中能窥见当时天津的广告形态、广告创意、广告技巧等相关问题。

(一)天津传统的广告形式

中国古代为自然经济,商业不甚发达,广告形式古朴,不能与近代广告形式同日而语,但也承担信息告知与传播功能。除原始口头叫卖(市声)广告一直沿袭外,标志性广告(如招幌)也有诸多形式,用图案、造型和文字符号传播信息,招徕顾客,其表现形式与创意内容成为近代平面广告的雏形。天津的商家很注意购物环境的美化,通过购物环境的精心设计和安排潜移默化地影响消费者的情绪心理和购物行为,消费者可以购物,可以逛店,在逛店的过程中购物,店堂装饰成为重要的广告手段。商店、门市到处张挂牌匾,店堂悬挂张贴楹联,既富古典文化意味,也传播商业广告信息,形成独具特色的中国楹联广告。商业卖场招牌林立、雕梁画栋,店家伙计富有韵味曲调的招徕声极具诱惑力,这种将历史传统、文化韵味注入商业买卖中的广告形式,言简意赅地宣传了商品,吸引了顾客,宣传了产品,沟通了消费者与商家的情感。

1. 市声广告

各地语言不同,风俗互异,故平、津、沪、粤等地,市声各有其独立之风格,凡异乡之客,初到是邦,聆之不知所售何物也。津市穿街走巷之担夫行贩,往来接踵,租界繁荣,尤多此辈。卖冰激凌者,必曰"凉的败火";卖水萝卜者,必曰"好大把";卖桃必曰"一兜水";卖青萝卜必曰"赛鸭儿梨";卖红薯必曰"新出锅的热",卖圆瓜必曰"老头儿乐,几个钱(读如单)一个";卖西瓜必曰"管打管换,败心火";卖糖者亦如笔记所述卖面者之唱诗,有辙有韵,如"橘子蜜柑,疹药仁丹,清痰去火,西藏青果"之类,不胜枚举矣。(1934年7月3日1109期)

2. 木板广告

　　如是我闻:光明电影近于其塔楼上,设一白色木板广告,大书"本院屋顶不收门票"字样,适与劝业场之天外天游园遥遥相对,意欲吸收对过游人。(1929年8月6日354期)

3. 店堂装饰广告

　　曲线新闻:老九章因望衡对宇之大纶改门面,举行大廉价,近日亦大作其广告,门前除遍扎采花外,更在各窗口绘有狮子头,大可数尺,上披绒毛,颇能引人注意,与大纶门上之两条白龙,恰恰映照。(1930年11月22日554期)

4. 楹联广告

　　曲线新闻:在法租界一号路新由北平分来之正阳银号,有贺联一副,颇可诵,文曰:"接济民生全仗诸位,流通国宝又多一家。"(1932年9月6日827期)

(二)天津的印刷广告

　　明末清初,沿海一带出现彩色招贴画。在华的外国洋行在国外印好广告运到中国来赠送给客户,他们乘船靠岸后派人四处张贴兜售商品的宣传画,因其从海上而来,故称"海报"。彩色招贴广告给中国人带来耳目一新的视觉享受,后来,中国上海文明书局进口彩色印刷机,开始自己印刷彩色广告。由于使用新的技术,广告色彩艳丽、形象悦目,有单色广告无法比拟的宣传效果,平面广告进入以图像为主的新阶段。彩色印刷技术与中国文化结合,催生了自成一体的月份牌广告、年画广告、海报、招贴广告,它们是近代彩色招贴广告的主要形式。民国初期,以国画山水、民俗历史、戏曲典故、时装美女为题材的月份牌广告画使老广告焕发出前所未有的光彩和魅力。月份牌广告一般形式为,中间画面,两边有十二个月节令的年历表,画的上方或下方印上商品或厂商的名称。其上下边缘一般镶有铜条边,间或仿照国画装裱形式,上下各有一轴,便于悬挂在墙上。北画中记载,北平曾有人制作国剧脸谱月份牌,"用道林纸五色套版印成,极为美观,由北平艺术新闻社总销"(1933年9月14日,985

期）。这些广告图文并茂、赏心悦目，商家促销商品时附赠顾客，印刷广告随商品一起发放，不但风靡城市，且深入农村，影响很大。

1. 海报

曲线新闻：本市光明电影院之新片《美利坚惨史》将于十九日公演。该院广告宣传上十分努力，马家口一带商店，玻璃窗上均贴海报。（1932年3月17日753期）

2. 月份牌广告

岁聿云暮，有一物焉，极易动人流光如驶之感，则"月份牌是也"。"月份牌"今则大抵改用日历，每日一撕，使人颇致慨于"来日无多"；幸而"革故鼎新"，来日方长，则又有"锦样年华莫使空过"之兴奋。虽兹一物，而使人有各种不同之观感，诚哉其异事也。三十年前，有历书而无日历，月份牌则过渡的东西也。在昔所谓"教授民时"，由钦天监颁布刊行，于是乎在过年之前，识字的人家，都买一本。但是大部分的农民，不见得都能有买历书的力量，然而他们是和节候最有关系的。于是有所谓"皇历头"者，刊之于竈的边，将二十四节气及每月大小建，以至于"几牛耕地"、"几龙治水"，都模糊地印在上边。这可以说是最古老而又最普遍的月份牌。这种月份牌，大约至今还流行于低檐户之内，至于美术印制的日历，其普遍性，视此固远有所不逮也。（1935年1月8日1190期）

3. 年画广告

腊残，新春将到，虽然不过旧年，而"娘娘宫"确已较平常热闹，各小贩均已大陈列其所谓"年货"，以广招徕矣……娘娘宫应时货品中之最足使人注意者，厥为"年画"。记者来津五六载，无年不看画以为乐。而所谓画者，本不值一看，但就研究民间美术及社会情形，则此画所在，固为不应漠视者。年画之种类中分为下列各种：

一，神像。如"财神"，"福禄寿三星"，"五大家"（狐、黄鼠狼、刺猬、蛇、鼠，为天津一种带有地方色彩之信仰，所谓"狐黄白柳灰"也）。二，颂画。如"吉庆有余"、"连生贵子"、"平升三级"、"招财进宝"。三，戏画。如"虫八蜡庙"、"溪皇庄"、"三娘教子"、"过昭关"。四，故事画。如"猴抢帽子"、"老鼠娶媳妇"。此外，"梅兰竹菊"、"琴棋书画"、"渔樵耕读"，则已是名贵之作，裱而出之，不能视为普通之年画矣！

以上各种，大半出自杨柳青之画店，皆完全国货也。其所表现者为求神，求吉利，哄小孩不哭，有正当之意义者，十不得一焉。近年有所谓"新年画者"，有名贤故事，如"岳母教忠"、"孔融让梨"，多因袭十年前小学之修身教科书。有成套小说，如《红楼梦》、《水浒传》，多套自纱灯。亦苦无甚精彩。更有东洋派之年画，颇似出自日人之手，如"吴佩孚将军阁下"，中国人便不会如此称呼;"无线电"、"话匣子"之一类胖孩子画片,其印刷与绘制,更可一目了然。各种高跟鞋皮领子之美人,则直接是英美烟草公司一类之月份牌,更不能视为"年画"矣!年画价值甚廉,销路最多,一般女人小孩,无不年年买几张回去。画能得其法,诚不失为一种教育,或宣传之机会。而坊间所制,能期望其具此能力,诚不可得,年年求神,年年想财神叫门,想黑猪进元宝来,此所以国人之年年凭天由命也。前年,本市画家赵松声、苏吉亨诸人,曾受社会局约,任改良年画之事,事终未成,颇可惜也。例如今年"年画",材料最多,画长江水灾,可以动怜悯之心,画东北外患,可以生爱国之念,画马将军大战江桥胜于"岳武穆威镇檀州",画朱将军南北施赈,胜于"包文正陈州放粮",画"救国勿忘读书",胜于"斗大黄金印,天堂白玉堂"。画"绝食救国"胜于"日进斗金"。美术家只知画模特儿,曲线美,只知开个人展览,"每幅定价一百元",谁又肯画每张铜元两三枚之年画耶?(1932年1月21日731期)

(三)新技术与新媒体广告形式

生产力的发展为广告转型提供了必要的物质技术支持。广告的繁荣兴盛,与近代众多报刊及其他传播媒体的出现相辅相成。报刊广告成为近代最具特色的广告形式。除此之外,霓虹灯的出现,也使广告更加引人注目。1926年,上海南京东路伊文思图书公司的橱窗内首次使用霓虹灯,宣传皇家牌(ROYAL)打字机。霓虹灯以新颖的形式和绚丽的色彩吸引人们注意,取得良好的广告效果。天津繁华的商业区中,高悬空中的巨幅广告牌随处可见,色彩鲜艳、闪烁不已的各色霓虹灯,在夜晚格外引人注目。北画中有中国无线电业有限公司的广告"化学电光招牌"(1931年3月7日,595期)、"氛光化学电光招牌"(1930年11月27日,555期)等,说明霓虹灯广告的使用已日益广泛。

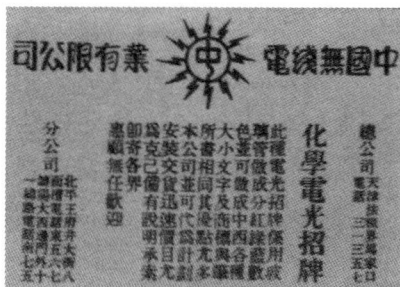

中国无线电业有限公司广告

中国无线电业有限公司广告

1. 霓虹灯广告

天津英国工部局戈登堂前及电灯房大烟囱上,均扎有"五洲同春"电灯字,大放光明,毫无意识。(1930年2月10日432期)

本埠英租界中街屈臣氏药房屋顶,并有闪光电灯中西字,华文曰"捐助水灾",入夜发光,效用甚广,惟文理欠通耳。(1931 年 9 月 15 日 677 期)

光明电影院日昨新装丽安电气广告灯,入夜,特一区中街愈形辉煌热闹。(1932 年 2 月 16 日 740 期)

除了在不同种类的报刊上登载广告,精明的商人还采取其他措施多渠道地发布广告信息。天津的许多商店在商品陈列上吸收了中外商业文化的精华。1928 年中原公司落成开业时,仿照外国百货商店在商场大楼的底层沿街设立大面积的玻璃橱窗,首开天津商店中以大型玻璃橱窗陈列商品的风气。这些橱窗分门别类地陈列商品,经过艺术性布置,配以不同的图案为烘托,每个橱窗都是一幅生动的立体图画,吸引路人驻足观看。这种商品陈列方式缩小了商品与顾客之间的距离,增强了商品宣传的效果。此外,随着建筑、油漆、喷绘、印刷等技术的创新,路牌、车体、电话簿、菜单、信笺、贺年卡等成为广告的新媒介;照相技术的引进也丰富了广告媒介,相片、相片架子等成为广告的新媒介,广告的发展借助于这些多样的新媒介而呈现兴盛之势。

2. 橱窗广告

曲线新闻:法界新闻之某书店,于开幕日在玻璃窗前陈列新颖裸体片及泥制裸体人像多种,围观者极众。租界当局以其有伤风化,科罚金二十元云。(1930 年 3 月 13 日 445 期)

3. 菜单广告

曲线新闻:大华饭店之菜单,印有各大商号广告,颇为新颖。因该饭店营业素盛,故往登广告者颇多。并定十月一号,另招登新广告,每月每二方寸只收一元,定价亦极便宜。(1930 年 8 月 14 日 511 期)

4. 贺年柬广告

今年所见之贺年柬:贺年柬之投寄,其用意不仅于善公布与多礼而已,实能使久不通讯之戚友,知己之行踪所在与近况尚佳,故一年一度之礼貌,有不容不尽者也。今年所接年柬,为数尚不多,而形形色色,已属可纪。如供职秦王岛之工程师赵群蕾生,以手绘秦王岛地图,用黄纸石印,上盖红色"恭贺年喜"之章,颇觉别致。左君次修,则集东坡画"国冠"二字,注曰"邦也,礼之始也",隐示提倡国历之意。惟背面印某某大人,则官气特重,因而知此美术家已为官矣。中原公司之年柬,上印日历,兼志朔望,颇得人欢迎。大陆货栈则于柬之背面印其大洋楼之绘图,兼印广告文,是善于经营者。大华饭店之年柬为横行式,其下方印一英尺,闻系商业美术家梁宝和君所绘制,于商业中心之天津,实最得其用……(1931 年 1 月 1 日 571~572 期)

5. 信笺广告

标语笺:有投书本报投稿之李秉符君,所用信笺,颇有一记之价值。盖笺之四边,皆系劝用国货标语,字字着实,针针见血,与一般空洞不着边际者不同,兹为介绍如左:上边为:"买十元的东洋货,日本可赚二元,就可以造成炮子二枚,而杀两个中国人! 你若再买卖日货,就是枪毙自己的子孙!"下边为:"不贪目前小利,可免将来大害。"右边为:"同胞每人多用一元的中国货,按二分利计算,就有八千万元的实力在中国。"左边为:"同胞要明白救国不是救别人,是救自己! 爱用国货,捐助忠勇将士,全是救国的重要工作!"此笺为国产白粉连纸印,并不精美,价当甚廉。惟李君函上书明:"此信纸系小儿街上购来,不知何人制印。"可知对此笺亦极为注意也。(1932 年 5 月 10 日 776 期)

6. 人力车广告

曲线新闻:本市人力车座背已发现商店广告,第一家登载此项广告者,为卖绸缎之花旗商店。(1931 年 6 月 13 日 637 期)

7. 相片架广告

法租界同生照相馆,新制有"旋转相片架"一种,用相片十四种,制成七棱纸架,共分两层,远望如塔,中有机括,可以自转,制造颇见匠心,允为最新之广告方法。(1932 年 4 月 12 日 764 期)

8. 照片广告

曲线新闻:新新电影院近出售《歌场春色》及《最后之爱》电影之相片多幅,均极美观,尤以宣景琳之入浴图为最出色。每幅售价一角,系大华照相公司所影印。(1932 年 5 月 7 日 775 期)

曲线新闻:此次马连良、朱琴心出台明星,该院印有马朱最近小影,分送观客,印刷颇为精美。(1930 年 8 月 16 日 512 期)

(四)创新的广告形式

20 世纪 30 年代,在天津繁华的商业区中,高悬空中的巨幅广告牌随处可见,色彩鲜艳、闪烁不已的霓虹灯在夜晚格外引人注目。各大商业百货公司更是挖空心思装扮公司大楼,给消费者留下深刻印象,精心布置各类大型商品促销条幅和展窗,营造兴盛繁华的浓厚商业氛围。除上所述,传统广告形式加上新技术,不断推陈出新,往往能够获得意想不到出奇制胜的效果。如古有"文君当垆",今有"美女当道";古有"招牌幌子",今有"电灯牌额"……新旧合体的商业广告手法为传统广告注入新血液,使其焕发出奇光异彩。

1."文君当垆"

曲线新闻:北平中原公司售化妆品部,近日新添女售货员一人,作学

生装束,颇为顾客注意。(1933 年 5 月 2 日 927 期)

2. 招牌广告

曲线新闻:法界马家口冠生园近将铺号用电灯制成牌额,每字皆用一玻璃泡特制,甚为新颖,此事在欧美近颇流行,在津门则为仅见。又同生照相馆美术部即分设于该园旁,已特制一巨大招牌,将于开幕日悬挂,其巨为津门前所希有,足与冠生园之电灯相辉映云。(1930 年 3 月 20 日 448 期)

3. 叫卖广告

曲线新闻:劝业场旁之胜利唱机公司,每当播送唱片时,一班戏迷及曲辨之流,皆驻足立听,因之光明戏院前,门庭若市,其门前附设之凉食"BAR"以此利市三倍。(1930 年 7 月 24 日 502 期)

4. 海报广告

曲线新闻:光明影字中秋起演薛发黎麦唐纳合演之《红楼艳史》,印有剪成草帽形式之广告,请商号贴在窗门上,背后印有优待券,剪下可用,惟只能于十八日起有效。(1932 年 9 月 13 日 830 期)

5. 店面装潢

大华之灯:本埠大华饭店,于上元节夜布置灯彩,极为绚烂。计楼外壁间,悬红色串灯十有二挂,楼头高悬四十九盏宝塔灯,光烛霄汉。店内通道及广厅,则遍悬各式花灯,五色纷呈,至为悦目。阅以各式鱼虾蟹蟆诸灯,栩栩生动,吾入出处其下,几如身入龙宫贝阙,游行水底。第"虾宫"远游塞外,际兹佳节良宵,不禁有独少斯人之感也。(1930 年 2 月 18 日 435 期)

曲线新闻:马家口同生照相馆,最近改换门面,红白相间,于白地上并漆绘照相师图案画,矮小精悍,神气活现,惟颇似日本人。系该馆谭馨圃经理自绘。(1931 年 8 月 6 日 660 期)

(五)另类广告形式

由于经济的发展,商品种类丰富,商品交换也极为畅通,商业广告异常活跃。广告形式千篇一律或简单模仿,就不能吸引受众的注意力从而达到促销目的。成功的广告应不断突破旧模式和传统,不懈追求鲜明的个性与特色。近代广告是西风东渐的产物,在融合中国商业传统的基础上,对外国商家的洋派作风,中国企业热衷于"拿来"就用。中国企业家别出心裁,学习西风作派,如下文介绍的商品预约券与开业典礼,算是新兴的另类商业广告。预约券以价格优惠、商品紧俏为前提,在商品"出炉"前先锁定客户,在当时不失为有效策略。开业典礼是门面工夫,传统上,商家点挂鞭炮、悬挂牌匾,亲朋好友竞相庆贺为开业之盛事。西风东渐后,商家的"奠基礼"、"揭幕礼",不惜"银瓶乍破水浆迸","又是剪线呀,掷瓶呀",只是洋为中用也闹出不少笑话。下则报纸中记载的新闻中,所掷的"绍兴酒瓶"非他国之香槟瓶子,扰得"手无缚鸡之力的贵妇人"费了老大的力气也摔不坏,无怪乎作者笑言"将来女学校如能新添这么一种新式体操,那就好了"。

1. 预约券

"指腹为婚的"预约书:我国书店的销货术,除了什么奖学金读书会专门向青年的学生骗取以外,一般的还有一种便是预约,现在差不多稍为价钱大一点的书,都发售预约

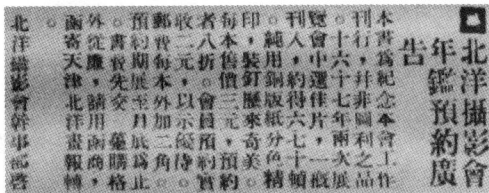

北洋摄影会年鉴预约广告

券;预约是正规而零售倒成为例外了,甚至有幽默地诈称不零售的,例如上海某半月刊的某次广告上的某书。或以为这是因为我国书店资本小的缘故,不得不设法先收到一部分预约款,以补助印刷的本钱。但是外国书店的资本虽然足,如果在外国也是可以书没有印出来先就卖到钱,则又何苦而不为呢?难道外国书店的顾客们对于书店老板的信用,还赶不上我国书店的老板吗?美国书店常有将出版新书寄给顾客试阅十日,然后买不买听其言观其行随尊便的办法;这是先看书后付钱,我国的预约恰恰相反。这原故我想并不是我国出版业资本小,乃是外国出版业看利薄。因为外国文化发达,生意好,所以看利不妨薄。看利既薄,书籍的普通定价便是最低的平价,无可再减,不能因预约而更廉;我国则普通卖的是高价,预约的是平价,已有钱可赚了。但看良友公司发售的《中华景象》,共印四千本,预约三千余本,剩下零售的不过三百余本,就可知零售的是例外的高价了。但是预约虽是不像广告说的给了买客多大便宜,省了多少钱;但是期限若不太长,出版若不愆期,确是全书已经脱稿,而后发售预约的,那便与买客也没有损害,也就没有什么说的。所为遗憾者,便是有一路学者,著作的材料还在图书里旧书摊上,即先预约预约。这种预约,有人称作指腹为婚式的预约,便于郑振铎氏的插图本中国文学史见之矣。(1934年10月9日1151期)

2. 揭幕礼

银瓶乍破水浆迸:二十世纪的摩登年头儿,新鲜事儿真不少,也教我们老大的民族开了眼。什么奠基礼呀、揭幕礼呀,又是剪线呀,掷瓶呀。这许许多多,我们上从周公、周婆、二戴、叔孙通,下至"妈妈大全",都找不出类似的仪式。尤其是剪线和掷瓶,都要淑女或名媛举行,把好好的一条

锦带,付之并州一剪,聒叫的一瓶香槟,击得飞溅。有人说这是因为破题儿第一遭的事情,总要小小的带点一破坏性,必得由女人赞礼,方足表示其美妙庄严。据闻每次举行飞机命名礼时,被约定去掷瓶的那位夫人,为着要练得手法驯熟,以便届时可以击得淋漓尽致,少不了在家时要把厨房里的油瓶酒瓶甚至醋瓶练习一番,以免临时失手。这一回上海举行五机命名礼,有某夫人,因腕力甚小,连击数下,方始破裂。原来某夫人练习时用的是香槟酒的瓶子,不料吴市长为提倡国货,贪图便宜起见,临时换了绍兴酒瓶,瓶颈较短,拿着不得劲。何况练习时是空瓶,实行时却装了酒,又重了许多;这若是从上往下砸,自然是越重越得力,无如机高人矮,向前横击,手腕纤弱,就不大轻快。而且酒装得不满,酒在瓶中摇晃,重心点不能固定,这在男子原都不成问题,只是手无缚鸡之力的贵妇人,就费了事。将来女学校如能新添这么一种新式体操,那就好了。(1934年4月7日,1072期)

二、天津广告市场中的问题

(一)户外广告泛滥

城市商业文化兴盛,广告效用愈显卓著,商家与消费者都能接受广告,广告的普及势趋必然。随着广告的普及,广告满天飞,触眼所及、触耳所听莫不是广告,广告形式多样化,广告创意屡出奇招,带来的问题也日趋增多。首先是户外广告的自由发展,无疑给城市管理带来难题,正如贴在城市脸上的狗皮膏药一样,成为卡在喉咙里的鱼骨头,颇让人头疼。30年代的天津城也颇有同感,北画就曾登载短文《清明刷墙记》描述天津城市整治招贴广告的情形。

近日"中国地",忽由警察挨户通传,饬商铺住户将住处墙壁及附近电杆上所贴广告标语一律洗刷,务要清白。虽贴者自是有人,而洗刷当由住户负责。四月三日下午,河北首先著手,由警士督夫役担水桶铁铲,细加刮磨。至西头河东,则责铺户代除,时已入夜,多有入梦者,骤被拍门唤醒,颇吃一惊。询其故,则云上峰传知,问胡为如此,则云不知。市民因而纷纷揣测,岂又有调查团贲临乎,要人经过乎?神经过敏者,且将黄郭南下、唐山工潮、日方态度、租界情形等事团图联想。此实有关疑之必要也,顾时人多持慎重、好机密,即对时事有所说明,亦属官样文章,人不置信也。为之诗曰:"清明时节乱纷纷,忽听巡警夜敲门。标语广告皆刷掉,莫道欢迎壁垒新。"(1934年4月7日,1072期)

(二)广告命名"小题大做"

广告文化的兴盛,不仅表现在广告形式日渐多样,还表现在广告创意出奇出新、夺人眼球,饱受中国文化蕴育的人们在商品取名上也屡出奇招,真叫是"不怕做不到,就怕想不到"。

市井中人,近亦颇知附庸风雅,平津冷食如"情人梦"、"礼拜六"、"一捧雪"、"月团圆"等,名称标新立异,而制法不过冰激凌、菠萝蜜、奶油冻、栗子粉、鲜果汁等数事而已。若上海冠生园新出之所谓"航空救国",则未免拟于不伦,有风马牛之诮矣。读《两般秋雨笔记》载:"猪耳朵"名曰"俏冤家",猪大肠名曰"佛扒墙",皆苏人市井食色名单。知古今之人,有相同处。酒家菜单之中,有"东坡肉"与"五柳鱼",然子瞻靖节未必便嗜此也。南北菜单名称有不尽同者,如苏菜之"狮子头",北方则曰"南煎丸子"。同一物事,称谓之雅俗如此。传粤俗以蛇与猫合烹为"龙虎会",愚曾询之粤人某君,据称事诚有之,仅限一隅,并非广东人所同嗜也。由此观之,则百里不同风之语,岂其然欤?林主席喜以"一品锅"赠人;锅名一品,华贵可知,然亦与拾锦锅无殊,第名儿漂亮,遂动人涎美耳。(1934年8月11日,1126期)

中国人喜欢附庸风雅,起名更是讲究品味,食品虽是世间俗物,也要根据食料、品类有所区别。更讲究的是吃时的情调,无外乎平津冷食叫"情人梦"、"礼拜六"、"一捧雪"、"月团圆",乍看都颇有韵味,要么古典,要么时尚。上海冠生园的食品冠以"航空救国"名头,颇让人摸不着头脑,与食品相去甚远。中原公司冷餐部将食品取名为"情人梦",被爱国人士斥为不识时机,并因此受到警告,不得以把"情人梦"改成"爱国热"(1933年8月22日,975期)。"情人梦"变成"爱国热",确实"小题大作",商家的不合时宜受到警告,顾客却不一定都为此买单。一则广告说,"女子脸上的义勇军","呼之欲出",如作者所言,当时的商家、广告人们,确实敢于"小题大做","语不惊人死不休"。

没有学过广告学的人,似乎不必拿着大商店老板们花了五六块大洋登一方寸的广告来加以非难,但是我看见的这个广告上的措词,很吻合我当初在三家村读书时一位秀才老师传授我的"小题大作"的为文秘决。不过我这老师究竟是个秀才,他无论如何小题大作,总及不上老板们的"吹牛"。有一家卖雪花膏之类的商店,在报纸上登着很大的广告,第一个大题目就是"女子脸上的义勇军",这是怎样引人去看的警句。可怜那出生入死的义勇军,终日栉风沐雨、一战再战的汗马功劳,只替这家大商店作了个醒目的广告。"匈奴夺我燕支山,使我妇女无颜色",为了替妇女夺取化妆品而拼命打仗,已是自古有之。惭愧的是义勇军打仗的目的,似乎连直接为了夺取化妆品都说不上；好像只是为着替卖化妆品的间接的作个广告而已！爱国的老板们，把义勇军看作了什么？终于是老板们获得胜利了，我是大上其当了。要不是老板们广告上的小题大作，怎么会引起了我的注意。现在我又替广告作了广告，老板看见以后更要"语不惊人死不休"了。（1932 年 11 月 12 日，856 期）

(三)"滑头广告"充斥

广告促进销售，不良商家大行其道，30 年代时，利用报刊登载广告实施欺骗，成为不法商家的主要手段。

请您学我：上海报纸中的滑头广告，我们是司空见惯的了；然而上当的人尽有的是；最可怪的是官家不取缔，报界又不问有信用否，只要有广告费可收，即使读者上当，亦所不惜。所以不管那些大报牌子如何老，销路如何广，一字批评："贱！"外国也有这事，不过法律对之，却是不肯放松的。于是有人变相地广告，说："包你坐在家中每日可赚若干钱。"等到你请教费纳过以后，复信来时，带着一本小册子，不值一角钱，却要你邮票一元之多。这本小册子虽不值几文，却是"致富锦囊"之类，上面有什么制皂、制腊、养鸡、养蜂的方法。你要是真个拿些资本去实行起来，也未必不能够发些小财，所以他们要你一元整，也不能说他们是骗子，法律是不能干预他们的。最可笑者，他们给你的回信上末了带一句话，说："您若果筹不到资本去兴办实业，你不妨学学我，也来这么一手啊！"（1930 年 5 月 27日，477 期）

妙哉广告：有人在报上登一"传授包管治死臭虫的方法"，等到感觉需要和兴味的人们把若干分邮票寄去之后，便接到一个小包，里面只有小木板两片，却是刨得光滑整齐，附有说明，说的是"请将臭虫夹在两板的中间，包管杀死不误"。原来并不是什么稀奇的方法，不过他包管杀，不管捉，他的答案却与广告中所宣传并无不符；然而人们终归是大失所望！又有一个比较更滑稽的，就是"可使皮鞋寿命延长两倍以上"的传授。际此物价高胜、生活艰难的时候，自然有人要化几分邮票去请教那位"救星"的。你道他的方法如何的巧妙，他教我们走路，平常应该迈一步的时候，放宽脚步，迈他们的三步，这不就可使皮鞋减少两倍摩擦的机会，自然地皮鞋的寿命可以延长到两倍以上了吗，算他有理！（1930 年 8 月 21 日，514 期）

对于此类"滑头广告"，如作者所言，"官家不取缔，报界又不问有信用否，只要有广告费可收，即使读者上当，亦所不惜"。政府与报纸监管不到位，报馆为了招揽广告，收取更多的广告费，不核实广告内容的真假，一律照登，使奸商轻而易举得逞。虚假广告的盛行,不仅表现在骗子行骗,也表现为商家屡屡发布不真实信息。

宣传与矛盾(金羽人):咱们中国人根本上不懂得宣传,往往矛盾百出,反失其效用;此在政治上然,在外交上然,在军事上然,在商业上亦无不然。如今且不论大者,只论小者。上海书商的宣传总算可以的了罢?我在这两天内就发现了他们露的马脚,计有两只之多。一,因故被封的北新书局又重张了,这无怪他们努力;所以他们竭力想方法推销,如大减价之类(中山先生的《三民主义》减到一折)。此外就是征求《小学生》的订户一万户。在那旬刊第四十一期中第十八页,我们可以看到一个引人"注意"的广告,说:"《小学生》订户已由三万份而增多至五万份了!"是!咱信你!谁晓得编辑先生偏不争气,竟在刊末他打给小学生们的"无线电"里印上了以下的几句话:"……《小学生》……单是订户倒有一万多;若不是暴日在闸北踩躏一下,我们相信《小学生》订户一定会发展到二万至三万以上呢!"这不是一只马脚吗?如今说到《良友》杂志了。《良友》自"一二·八"后,印刷受过影响,销路再不如前,人人皆知,而且善于吹牛,也是出版界所公认。他们在二月的一期的底面登着大广告,说"销路由二千已增至四万,今年推进至少达五万份",好,咱又信你!反正东北四省脱出了中国版图,于你是不发生关系,因为你的销路始终有长无落呢!"然而马脚呢",读者要问我。我在那里的封面又见到一个大广告,是良友文学丛书的,其所宣布的五大特点里,有一条说:"本丛书备有作者签名本一百册,以直向本公司购买者为限……"您试想:假定《良友》有四万份销数,以平均每份有五个读者计,那不是有二十万个读者了么?他们印行丛书,有心赠书,以广招徕,何以仅仅预备一百本,这有点不近理罢?这岂非又是一只马脚么?(1933 年 4 月 18 日,921 期)

发行量直接影响经济收入,更直接影响着杂志声誉。文中所言及的《小学生》与《良友》,在世事艰难的境遇下生存,其困难可想而知,出版人通过夸大发行量提升声誉从而吸引广告商投入,虽然广告大力鼓吹,但露出马脚,结果是"矛盾百出,反失其效用"。

(四)不健康广告

药业历来是广告大户。一些报刊单纯为了收取广告费,滥登内容低下的不健康广告,医药广告这方面的问题尤其显著,凸显了时下新闻职业道德与广告职业道德的失范。

上海之特殊营业:青年男女血气未定,当此春色撩乱之候,无不心猿意马,对于性的尝试,渴望尤为密切。但其所鳃鳃顾虑者,厥惟尝试以后之孕不孕问题耳！设或春风一度，而孽障已种，在此旧礼教尚未完全破除之下，女固身败名裂，男亦罪有攸关。于是一般投机市侩、无聊医生，利用此青年男女欲行不前之心理，而发售所谓保险打胎等春药，广登不道德行为之广告于各报，以鼓励青年勇于为性的尝试。上海市社会局以此种广告有关地方风化，向租界当道磋商取缔办法；但各报以金钱关系，宁可贻害社会，而不甘牺牲此数十元之收入，故取缔之声浪高唱已及匝月，而卖春药之药房，依然门庭若市云。（1929 年 5 月 16 日，319 期）

（五）虚假广告猖獗

天津的历史、政治环境特殊，电影、戏剧等行业昌盛，报刊上此类广告也颇为壮观。天津剧院颇多，客源紧张，戏院之间的恶性竞争不可避免，为了招徕顾客，其广告多"宣传过当"，言过其实。北画的一则"曲线新闻"就报道了天津蛱蝶电影院在爵士歌王的宣传上言过其实，招致观众不满（1931 年 4 月 7 日，608 期）。短文《煌煌钜观之天津电影院标语》，列举明星、皇宫、光明、平安等戏院的标语广告。为表明抵制虚假广告，各影院纷纷标明立场。从标语中可以看到，当时影院、戏院有以"淫邪"、"诱惑欺骗"等为招徕，虚假广告猖獗。为了与这些行业不正之风拉开距离，明星、皇宫、光明、平安等戏院独树一帜，显示其正面立场，以义正辞严的标语表明戏院的经营理念、宣传目标，可谓独出心裁、另辟蹊径，反其道而行之，不能不说是一种新颖的广告手法。

> 煌煌钜观之天津电影院标语："各有花样""似乎言之有物"，各大日报所载明星大戏院之广告，上有标语曰："一，不以假道德作换汤不换药之宣传；二，不作损人利己之无聊宣传文章；三，誓死不受托辣斯主义者之征服；四，凭独立之精神，在荆棘途上奋斗；五，以勇敢锐进之真诚中花果。"另有三家电影院，即皇宫、光明、平安，则刊标语曰："一，不以淫邪说为招徕；二，不以诱惑欺骗为广告；三，以提倡艺术为使命；四，以辅助教育为职志。"记者曰："观电影界同业竞争之热烈，可以窥见此业之危机，而益足证前期记者之论为不虚矣。"（1929 年 5 月 21 日，321 期）

广告信息不完整，亦如虚假广告之利害，尤其是广告宣传商品之利而不显其弊端，也可视作虚假广告，这类广告蛊惑人心，使不明真相者纷纷上当受骗，导致血本无归，甚至家破人亡。这种现象，追根寻源有多方面原因，并不能完全归咎广告，但不能否认，广告起了十分恶劣的作用。下文《关于航空奖券的杂感》也是一则广告，作者巧用文章写作的"抑扬"笔法评论航空奖券的活动信息，有"抑"有"扬"，扩大了购买航空奖券的"利"，使人相信"天上真会掉馅饼"，"航空奖券发行四万万期，国人皆成富翁"的虚假信息画了一个大馅饼，把人们对航空奖券的期望发挥到极致，如作者所言："把赢钱的、帛头的都揭出来，而把输钱的却隐隐藏起。"此般诱惑,引致人们挤着进入"富翁"行列,终以悲剧收场,这种结果难道和作者尊之为"广告文学"的文辞渲染无关吗?!

关于航空奖券的杂感:写文章是有用"抑扬"的笔法的,如《史记·游侠列传》:"今游侠,其行虽不轨于正义;(抑)然其言必信,其行必果,已诺必诚,不爱其驱,赴士之厄困,既已存亡死生矣,而不矜其能,羞伐其德,盖亦有足多者焉。"前面微微一抑,后面却大扬而特扬,就会把游侠捧得高高在上了。今人却以为这种笔法太笨,于是只扬不抑,把应当抑的部分藏起来。时常看到彩票门外贴的卖航空奖券的蓝纸广告,上面印着"既助航空建设,又得奖金",猛然见了,真会想到这两笔钱(航空建设费和奖金)会像飞机上扔炸弹一样,是从天上掉下来的。但再一想,就会知道这是只扬而不抑的文笔。他把赢钱的、帛头的都揭出来,而把输钱的却隐隐藏起。这或者可以尊之为"广告文学"的吧,我们应当致其钦敬。记得见过一张漫画,画着许多人都拿了航空奖券,欣欣鼓舞,都是中了头奖的神气,其中有一张奖券是第四万万期。题字是"航空奖券发行四万万期,国人皆成富翁"(大意如此)。这画虽然幽默,但国人未尝没有这种梦想。如果真成事实,只要有两个条件:一,每人不许中两次头奖;二,每人有四万万个月的寿命。这样并没有奖是必中的,但是否富翁却不敢定。有人以为买航空奖券不算是赌,但其毁身败名的影响却与财无异。南京市政府的会计主任,因为每期买两三百块钱的奖券,以致亏空过巨,竟挟款潜逃了。于是就有人非议;其实他是想把他从前捐助航空建设的金钱,从公家再取回来。在法律上是罪无可挽,就事实说,是情有可原的。(1936年8月8日,1436期)

(六)辱华广告出现

30年代的天津,华洋杂处,表面太平,内里矛盾重重,外商洋行在租界地内享有特权,自然地位高人一等,在用洋货倾销中国市场的同时,对刚进化成近代化城市的天津自然是看不上眼的,对华人的歧视亦是如此。下面两则短文是当时国民对辱华广告的评论,这类广告属于另类,但发人深省。

又是中国人的耻辱:下为德国一卖果子盐商广告。用四种人表示东西南北四方,言其货畅销之远也。西南北之代表人,皆红种黑种之野蛮民族,代表东方者,则顶翎袍褂垂辫之中国人也,宁不可耻?而有人焉,甘受人之利用,犹复大作其红顶花翎之梦,又宁不可恨也哉!(1931年11月28日,709期)

一个侮辱中华民国国民的广告:新年某报登本埠英商惠罗公司的启事一则,我们很愿意替他们义务的登载出来——大注意:敝公司从未遇东西洋仕女作鼠窃之事,惟年有少数我中华民国之男女国民,不为国家争体面,往往犯此毛病,殊失华人人格,为外人耻笑。以后倘有此等人物,敝同人定为摄影登报,不留情面。(英商惠罗公司洋行帐房启)

　　对于这词的来稿甚多。王荆荷君那一篇说:我看见了这段词,几乎羞出泪来。像他这段带着谩骂而讽刺的词,真是比打我中华同胞几万嘴巴还难过! 民国十四年五卅沪案,印捕开枪打死我中华同胞。现今呢,他们又在中国报纸上宣传他们的盛德了,并且还拿东西仕女作比较;又拿我们神圣不可侵犯的"中华民国"四字,登在他侮辱我国的文字上面。斯其可恶,较之"五卅"沪案,何多让焉?"五卅"沪案不过打死我们热血同胞,现今他又拿什么"国家争体面"、"失华人人格"、"为外人耻笑"这些侮辱的言词来作我中华民国的头衔,岂不可痛? 不睁眼的小偷先生们呀,为什么你单向熊口内拔牙去呢? 既知我国现在这等光景,何妨多走两步,到中国地再展本领呢? 为什么因你们反牵连多数中华民国之男女国民呢⋯⋯(1928 年 2 月 1 日,158 期)

　　综上所述,不良广告不断出现,造成不良影响,全国报界联合会第二次常会曾讨论通过《劝告禁载有恶影响于社会之广告案》,报界和社会上的有识之士不断批斥不良广告,引起社会关注,也有报社以此为号召,"本报收登广告,其措词与体裁,以宗旨正当不越法律范围者为限;其有关风化及损害他人名誉,或迹近欺骗者,一概不登"。① 即使如此,虚假广告依然盛行,这从侧面折射广告行业的繁盛状态。

三、天津的广告活动

　　外商向中国输入大量商品,西方的销售理论、广告技术也随之传入中国。民国之初,经济繁荣、城市商业化、生活消费化都促进了广告的繁荣。活跃于大众文化消费市场的广告,其发展轨迹借用徐百益《广告简史》的观点来分析,是"清末明初的孕育,二十年代的发展,三十年代的繁荣,四十年代的衰落"。传统的广告形式——招牌、幌子、招贴、标语、叫卖等,随着新媒体新技术的出现而百花齐放,报刊广告、橱窗广告、邮寄广告、广播广告等更是崭露头角,到20 年代,天津的广告行业已粗具规模。由于报馆多、新闻业发达,广告社也相应发达起来。广告社靠拉广告从报馆提取折扣。天津第一家广告社是华洋广告社,创办于 1920 年以前,开办后业务兴旺,带动了这一行业的兴起,新中国广告社、北洋广告社、大陆广告社等相继出现。据统计,1937 年以前天津的大

---

　　① 戈公振.中国报学史[M].北京:商务印书馆,1927:221

小广告社达 30 余家①。这些广告社有时会在北画上登载文章介绍广告人及广告活动,可简略了解广告行业的发展情况。

地处法租界的北洋广告公司已有 10 多年历史,是天津较早的广告社,其创办人和经营人是胡稼秋、胡少杰兄弟,胡氏兄弟是广东人,开办广告社,主要刊登广东药品的广告,大都投放在当时天津有影响的《大公报》和《益世报》上②,也代销广东药品。1937 年,日军侵华,天津沦陷,各大报相继停刊,胡氏兄弟只好经营广东药品,不再经营广告业务。

> 曲线新闻:本市法租界北洋广告公司开设十有余年,信用最著,最近在蓝牌电车道租得门面一处,布置辉煌,日前已移入新址,其梨栈之分社广药部等亦一并并入。为纪念迁移,举行廉价,营业甚佳。(1931 年 8 月 4 日,659 期)

> 曲线新闻:北洋广告公司新由粤运到暑药数十种,共约数万瓶,为答谢主顾,买一送一。闻该公司所售药品确系由粤采办,与自制而伪称广药者不同。(1935 年 5 月 25 日,1248 期)

广告初创期,因其多仰赖于美工设计,时人把它称之为"商业美术",与传统美术的区别仅在于"为美术之致乎实用者"。商业美术画师梁宝和留学美国,学成归来,在大华饭店举行个人作品展览会(1930 年 11 月 27 日,556 期)。据展览会作品而知,梁宝和擅长制作模型及绘制广告画,其广告主遍及天津的名流大家,下文提及的开滦煤矿局、启新洋灰公司、基泰大楼、华北明星、天津印字馆、意大利云石公司等都是他的广告主。

梁宝和君赠北画之美术广告一

> 商用美术广告展览:(专家梁宝和氏之个人作品)以美术供人玩赏,小道耳,能使美术归于实用,然后有益于人世。商用美术(commercial art)、工业美术(industrial art)为美术之致乎实用者,吾人所当亟为提供者也。吾常为青年美术家言:"毋徒流连于高超之艺术而不求实用,清谈无补于建设之画饼式的艺术,于个人既不能

---

① 周俊旗.民国天津社会生活史[M].天津:天津社会科学院出版社,2004:100

② 刘璀.《益世报》广告研究[A].天津:天津师范大学硕士论文,2008:17

藉以生活,于社会亦毫无实益。吾辈亟宜认定实用目标,努力做去。"然而以"艺术之家"自许者,殆无不以吾说为迂腐而带铜臭之味,则吾欲无言。粤人梁君宝和,殆今日艺术家中之与吾有相同的见解者,故留学美国四年,专攻商业美术,为人所不为,即亦能人所不能,洵可佩之才也。梁君擅长广告画而外,更能制作种种模型,是皆商业美术中之主要科目也。君之画,最早见于刊物中者为"一乐夜"游艺会节目册之封面及本报第十二卷之封面。最近三月

梁宝和君赠北画之美术广告二

中,君于公暇绘制广告画三十余件,均用大张色纸彩绘而成,于上月二八至三十日在本市大华饭店公开展览,是真能发挥美术实用之主旨者矣。展览中之作品,当以开滦煤矿局、启新洋灰公司、基泰大楼、华北明星、天津印字馆、意大利云石公司数幅为最佳。此数幅布局格外均匀,浓淡各自适宜,堪称完璧,至其字体之精奇,图画之佳妙,则其余事也。其构意之甚奇突者,尚不多观,惟大华照相材料公司之飞机式镜箱,用以表示出口迅速(大华西名 Express,快,因能于十二小时内交货,故名),为比较特别者耳。(1930 年 12 月 2 日,558 期)

商业美术虽然兴盛,但其地位如何？如上面短文所言,在当时的"艺术之家"眼里,商业美术充斥着"铜臭味",当然是下九流的事,看不上眼。因此,新中国广告社发起的广告画竞赛,虽然类别众多、奖项设置丰富,但却因无人响应而一再延期,原计划一月之内的竞赛竟然拖至第二年的 2 月,最后终以约稿的形式来完成这次竞赛。比赛的作品最终以展览的形式进行展出。从结果来看,比赛已不重要,重要的是这次作品展为商业美术作了一次广告。

报纸上广告画竞赛大会:

广告画类别:绸缎呢绒、化妆品、钟

梁宝和设计的北画封面

表、眼镜、汽车、罐头、电影、药品、自行车、无线电、香烟、医院、书画、减价特卖、银行储蓄、赠券、电料、桌椅木器、五金、照相器、酒类、糖果、鞋帽、旅馆、饭店、剧场、轮船。

　　颜色:墨线条一色画,用西洋白画纸。

　　尺寸:限于(一)大报之全版,(二)半版,(三)全版之四分之一。

　　三种数量:每人以"广告画类别"中之三种为限,每种数张不限。

　　评判员:约请天津新闻界为本竞赛会之评判员。

　　收件处:天津法界恒和西里三十六号新中国广告社。(1928年10月13日230期)

　　新中国广告社,地址在旧法租界24号,经理是李唐民。李唐民毕业于南开中学,在"五四"时期是一位活跃分子,他与马千里、时子周等人过往甚密。"五四"后,他到马千里等人办的《新民意报》当广告部主任,以后脱离报社,自己开办新中国广告社,专门办理英、法租界各戏院、电影院的广告。[①] 广告画竞赛大会的举办与作品的展览是适应当时报业发达、广告创作需求而举办的,但从举办的结果看,虽然广告观念深入人心,为人所知,但广告行业依然受人轻视,相对于美术、摄影方面的比赛而言,广告画比赛的境况要冷清很多。新中国广告社的广告画大赛促进了广告的发展。

四、《北洋画报》中的京沪广告与西方广告

　　天津是北京的"后花园",皇城根的影响挥之不去,另一方面,它又接受外来文化的影响。京都文化、海派文化、西方文化都影响天津,除了观念与技术的影响,也包括广告形态与思想的影响。天津的广告形态非常丰富,得益于吸收了中外商业文化的精华。北画中刊载各地的广告形式或商业营销方式的文章甚多,我们可借此了解京沪与国外的新兴的广告形式。

(一)北京的广告形式

1. 氖光灯招牌

　　曲线新闻:王府井大街,现已有两家用氖光灯作招牌。一为金城分行,一为大陆分行。入夜为王府井大街增加美丽不少。(1932年1月5日,724期)

2. 店面装潢广告

　　曲线新闻:北平东安市场以完全由女性经营之紫罗兰女茶店,近日大

---

① 刘瑾.《益世报》广告研究[A].天津:天津师范大学硕士论文,2008:17

搭其彩棚与花牌楼,谓与一兴隆茶店合作而提高茶叶成色,且由磅秤改为准觔。因此该店门外之参观者,更是风雨不透。(1930 年 8 月 5 日,507期)

曲线新闻:漫画家蒋汉澄与张恨水、吴范寰等合组之大华书局近已开幕。门外油饰作图案花纹,此为北平应用图案于门面修饰之第二遭(第一遭应用者,为艺专毕业生等在西单所组之某照相馆),已渐成为一时风尚。(1930 年 10 月 7 日,534 期)

3. 美人画广告

曲线新闻:平市近发现一种"摩登美人糖"系列产品,用透明纸裹糖一块,内装有裸体美人画片一张,销行甚为踊跃。现已遭公安局取缔。(1934 年 7 月 17 日,1115 期)

4. 布告

曲线新闻:国立北平图书馆最近贴出一张极富幽默性之布告,文云:"天气渐热,服装或有好简;此虽无碍于创优,然而殊觉不雅。本馆为文化机关,中外人士观瞻所系,于外表务顺讲求,故对阅览人士之服装,不得不加以限制。中装者须着长衫,西装者须着外衣,至不得已亦须着相当之衬衣,且须系于裤内云。"(1937 年 4 月 24 日,1546 期)

5. 橱窗广告

曲线新闻:北平同生照相馆之窗间广告,本陈列单色之胡蝶、严月娴、夏佩珍等影星照片,近因得画家李育灵为之任照片设色工作,故窗间一致改为着色之照片。其中本有一幅为女师大八美之一王蒂澂之结婚半身照片(即本报前曾刊登者),最近忽改易为一林樱女士之结婚照片。据闻王之照片,系因其丈夫恐爱妻抛头露面,故特出重价购去。(1932 年 9 月 1 日,825 期)

(二)上海的广告形式

1. 戏院广告

上海之"戏报":戏院之戏目,最为顾曲者所欲快睹,于是梨园在报纸上之广告宣传,自关重要。而报纸刊载剧团广告,一方可增加销路,一方可收入刊费,亦为两得之事。近闻沪上各报因地位关系,拟全将戏院广告取消,移广告费而合组一种戏报,日出两大张,随报附送,内容除戏院戏目外,兼及文字图画。沪上戏院之广告费,月在万元以上,以之办一报,当必精彩可观,吸引读者由阅报进而观剧,亦平津报剧两界皆宜模仿者也。(1930 年 3 月 22 日,449 期)

2. 广告画

　　曲线新闻:大栅栏西口外路南某钟表店,门前摆一广告画,上绘一男一女均著睡衣,男子一手搴帐幕,一手挽女子,傍注大字"青春可贵,光阴为宝",颇为动人。说者谓此广告张之娼寮门首,较为适宜。(1933 年 8 月 15 日,972 期)

3. 月份牌

　　曲线新闻:现有人发明一种国剧脸谱月份牌,共有脸谱二百余种。用道林纸五色套版印成,极为美观,由北平艺术新闻社总销。(1933 年 9 月 14 日,985 期)

4. 电台广告

　　曲线新闻:今年无线电事业十分发达,全沪已有六十余处电台,放送音乐、新闻演说等。最为显著者,为全市卖糖炒栗子之小摊,均安置无线电放音机,以代留声机器。(1932 年 12 月 10 日,868 期)

5. 电话簿广告

　　电话簿之另一用途(妙):上海居民达三百万,为世界有数之大城市,电话用户之多,自无待言。商人往往有按电话簿上所登用户地名户名邮寄广告者,惟是住户繁多,不能尽用手写,今商人之欲邮寄广告者,乃先购电话簿两本,按户剪成细条,贴领土之上寄出,洵妙法也。(1932 年 9 月 13 日,830 期)

(三)国外广告术介绍

1. 美国广告术

美国之奇异广告一　　　　美国之奇异广告二

美国之奇异广告术:从来铜像之建立,系为表扬往古豪杰或纪念功绩,惟美国国民极端商业化,故竟有利用竖像以为广告术者,抑亦奇矣!附图所示之牛像为一乡村咖啡店所立,所以广告其牛肉排之精美者也。又图之骑像,为法国女杰贞德,乃罗桑城附近一旅店,取法国一省名者所建。均所以引起旅行者之注意者也。(1931年8月4日,659期)

2. 荷兰广告术

明自荷兰寄:西方新发明之事物,有利不能无弊。通行于世界各巨埠之 neon 玻璃管灯,上海人音译作"年红"。此灯利于作永久之广告,而极不便信手盘成文字与画图。最近荷国海牙市为期两旬之荷公主大婚庆典,所见灯景,皆用荷国自制之灯泡盘成。亦有于半透明之薄片后,藏多数电灯泡,形成通明之柱者。而上燃煤气,若庭燎之远烛层霄者。更有潜置灯泡于暗陬,光射巨厦,皎然若白石之殿壁者。荷王室此种设置,既甚俭约,且助国营电气厂及市政府骤增大宗收入,为计至善。我国如遇庆典,曷一仿效之。(1937年1月30日,1511期)

3. 日本广告术

日本人之宣传与中国之不宣传(妙观):……日人在天津是设有宣传机关的,叫做日本新闻社。他们在辽变以来,已发出四十多次英文宣传品,有时还贴有各种皮作佐证。我所得到的,有什么高丽人给中国人杀害的照片,谁都想得到是假的。关于津变则照得铁丝几条,破木栏杆数架,便说什么中国地段内的坚固军事防御物,简直不怕笑死人!最近又翻照南方某报所载日军暴行照片,指为伪造的,诋为"儿戏"、"无耻"。不知他们种种举动,何尝不儿戏,并且认得这"耻"字怎样讲否?诸如此类,他们拼命宣传,反宣传。至于我国方面,则官家消息很不痛快地发表,又至今未见有自摄足以证明日军暴行的照片。就是本报今日所载,也还是日货,真是可怜可惨。不知我们的宣传机关在那里,有没有还是问题!张副司令堂皇皇的宣言,竟由路透电社发出,也是奇事;许多报纸未登,想是对于来源有了疑问。在此国难紧急到十二分时,于此最有利的宣传依然不顾,那又焉能怪人家不帮我们忙呢?(1931年11月26日,708期)

4. 德国广告术

德人以能"标示"著名于世,各项标志牌在德国几于无处无之,外人之入其国者,有无须问道之虑;最近门里客城大车站前,更建一形如大手之建筑物,上绘全城冲要地图,其下又有若干招贴,指示可供游观各地点之详情,游客得此指导,深觉便利;有心于都市繁荣者,大可取法也。(1929年4月30日,312期)

北画刊载的各种广告术见证了同时期不同区域中的广告时貌,从这些不同广告术中也能窥见城市中店堂沿街林立、商品五花八门,各式各样的广告成就近代都市化中消费者的消费观念,见证了近代城市商业贸易的繁荣。刊载在北画上的他国广告术为读者带来新闻趣闻、奇闻逸事,展示了同时期各国的新兴广告术,为本土广告业的发展与兴盛提供了借鉴。

德国门里客城市车站前之大手

第二节 《北洋画报》广告概貌

一、广告经营理念

北画是华北地区经办时间最长、影响最大的画报,也是刊登广告最多的画报,是研究近代中国广告的重要媒介。从创刊开始,北画便为广告留出版面,广告一直占据重要地位,广告数量随年增加,成为北画的重要收入来源。北画初创时,作为华北唯一的“独资定期画报”,处境相当艰难。近代报业的发展与商业经济的畸形繁荣刺激了近代广告的兴盛,报人看待广告时更加现实,“试言发达商业,盖广告为商业上有力媒介,新出货品之出售,各处商品削价,某种物品之优点,均由此而传达于全社会,因而引起世人购物之心,商业即由是而推广发达。再言便于人事,则广告实为人事之有力传达者。夫世途辽阔,人事纷纭,欲求所需者自然遇合,盖为人世所难能。若者人浮于世,若者事浮于人,常相求而相左,例如,某大商店欲请经理而不得其人,事浮于人也。亦有抱经理之干才,而欲担任其职而不可得,是则人浮于事也。若欲二者各如其愿以偿,则莫善于新闻纸上各登广告,使彼此得有机会可互相接洽,以终抵于成。故新闻纸为发达商业计,便利人事计,均有谋发达广告之必要也"①。

广告与发行同为报纸的生命线,这个论调在当时的新闻人中已不新鲜,发行量直接影响广告效果,人们认识到,在发行量大的报纸上登载广告,其作用与影响更为突出,"一纸风行,不胫而走。故报纸所到之区,即广告势力所及之地。且茶坊酒肆,每藉报纸为谈料。消息所播,谁不洞知。永印脑筋,未易磨灭。非若他项广告之流行不远,传单之随手散佚也。是故新闻愈发达,广告之作用亦愈宏"②。广告是报纸的"衣食父母","广告为新闻社团收入最大之源泉,新闻之生命几全赖之以维持。故新闻为自身利益计,实有谋其广告发达之必要"③。对此,冯武越及同仁深有感触,极力赞同。

北画曾在其报头标语中推广广告,"本报占画报界第一席"、"本报上之广告效力伟大"。在北画三周年的纪念刊中,冯武越针对读者削减广告版面,增加"读料"的意见,阐述了报纸登载广告的必要性,"常人多不明报纸为一种营业组织,有要求本报减少广告,增加读料者。不知本报不附属于日报,为完全独立之营业,一切开销,均恃广告以为调剂;故广告减少,颇不可能,惟力求其不侵越报材地位而已"④。广告是报纸的"给养",报纸的发展壮大除了精彩的内容、精心的编排,还需要广告的财力支撑,对于这一点,北画有清醒的认识。因而,北画登载广告的原则是"惟力求其不侵越报材地位而已"。无奈于时局不济,"在这个不安定的环境里面,一切实业都不能发达,广告的推广的希望是极微极微的了"⑤,"此亦缘年来工商业不振,广告收入敷抵偿消费之故"⑥,因此,北画面临广告与"报材"的两难选择。为了满足象棋爱好者的兴趣,北画曾增设象棋专栏,"请蛟川钱梦吾君担任拟局,按期登载一局",并且"选登古今名手对局,征求关于象棋之一切讨论"(1927 年 11 月 9 日,136 期),但因广告日益增多,发表声明停掉象棋专栏,"本报现因广告拥挤,象棋一门,暂停登载,一俟稍有余白,仍照旧刊登,恐有误会,特此声明"(1928 年 1 月 7 日,153 期)。尽管出现广告"侵越""报材"的事例,但 11 年中的北画,总体而言,编排版式还是遵循一定的章法,广告与"报材"各占其位,互不侵占,而在副刊、增页上尽量增加阅读内容,少登或不登广告,由此赢得读者称许。

---

① 曹用先.新闻学[M].北京:商务印书馆,1924:83

②③ 薛雨孙.新闻纸与广告之关[A].上海:上海书店,1987:3

④⑥ 笔公.三周例语[J].北洋画报,1929-7-7(4)

⑤ 吉语.无可奈何[J].北洋画报,1930-7-7(3)

二、广告经营方式

在具体广告经营方面,限于历史文献和材料,我们无法看到北画广告经营的直接材料,但可根据画报上刊登的广告和同时期其他报纸的广告经营方式来推断北画的广告经营制度。天津近代报纸刊印广告和报馆印书的传统,是《时报》开创的。之后,《大公报》《益世报》《庸报》等大报的广告发行蔚为大观,渐渐形成行业规范,这些报刊的广告经营方式直接影响同一时期的北画,北画的广告经营当然会借鉴这些报纸。

戈公振指出,"报纸广告之来源,大约有三种方式:商人直接送抵报馆者;由报馆派人招徕者;由广告捐客或者广告社介绍者"①。从报社来讲,广告经营也就有以下几种方式②:

1. 门市承接

当时,很多广告主直接上门与报馆广告课接洽购买广告版面有关事宜,报馆根据广告主的情况,酌情提供广告创意、广告设计及广告编排和审查,此种方式称为门市承接。③北洋画报社有专门的营业部,

大陆美术广告印刷公司广告

负责办理报纸发行与零售业务,在营业部中,有业务人员负责应承读者与广告主;此外,北洋画报社还通过天津的邮政网络来发行报纸,想来,也应该有广告主通过邮递将广告寄送到报馆。

2. 派报社代理

派报社是报纸的发行单位,负责从报社领到报纸批发给报贩。派报社不仅推销本地报纸,还为代销各大城市的报纸。天津苏启明创办的华昌派报社是规模最大的一家,包销天津《大公报》《益世报》《庸报》《新天津报》,还包销外地在津销售的《申报》《新闻报》等,推销量极大。据统计,抗战前,天津的派报社共有18家。从报纸数量和影响及通讯社、派报社等情况来看,天津是和北京并列的华北传媒中心城市。派报社不仅代销报纸,它也如报纸的门市一样,为各大报纸承接广告。北洋画报社当时的发行范围直通北京,遍布东

① 戈公振.中国报学史[M].北京:商务印书馆,1927:213
②③ 刘瑾.《益世报》广告研究[A].天津师范大学硕士论文,2008:17

北、西南、华北，除在本埠发行外，奉天、北京、济南、营口、上海、青岛、云南、成都、沈阳、张家口、石家庄、包头、烟台、唐山等外埠设有派报社与代销处，这些派报社与代销处也代理其广告。

3. 广告社代理

北画创刊号上登载有天津大陆美术广告印刷公司的广告，虽然广告内容不多，但从广告公司投放广告这一行为可看出这个时期的广告业已较为成熟。天津报馆多、新闻业发达，广告社相应发达起来。广告社靠拉广告从报馆提取折扣，同时为广告主提供广告设计、广告创意、广告策划等服务，广告公司承担着为报社、

大陆广告公司广告

广告主服务的双重职责。报馆的主要精力不再放在广告推销上，而放在报业经营上。这种方式，无论对广告主还是对广告社、报馆来说，都很有利，所需资金少且管理也比较便当。广告社的产生，反映出社会对广告的需求不断增加，它的出现使广告业务逐渐成为新兴产业。广告社制作的广告图案新颖、形象逼真、色彩鲜明，改善了报纸版面的视觉传播效果，减轻了报馆在广告设计、制作服务上的负担。与此同时，广告社还承担着刊登广告的经济责任，广告社集中向报馆支付广告版面费用，减少了报馆由于广告主欠交广告费带来的财务风险和坏账损失。报馆不必担心广告主的信用，广告社为广告主背书，分担风险。报馆通过广告社出售广告版面，要付一定的代理费，通常给七折优待。天津大陆广告公司的广告中写着："大陆广告公司，专办各种报纸广告，收费最廉，信用可靠，如蒙惠顾，无任欢迎。"可见，当时的广告公司已具备广告的承揽、设计、制作与刊发的基本功能，广告代理制已经基本成熟。①

4. 报馆主动挖掘开发客户

1926年9月1日续刊于天津的新记《大公报》，广告收入是报馆利润的重要来源。复刊初期，报社订有广告章程，分发给广告商、备刊户使用。但商户不肯刊载，广告很少，每月每家广告费不过二三十元。为扩大报纸影响，创刊人胡政之每晚派人到戏院去抄戏码，免费刊登，直至后来才收少许费用。同时给予广告公司七折优待，以吸引他们拉广告。到1927年夏，广告收入终于由每月200多元增加到1000多元，发行量也涨到6000多份，由原来每月亏损

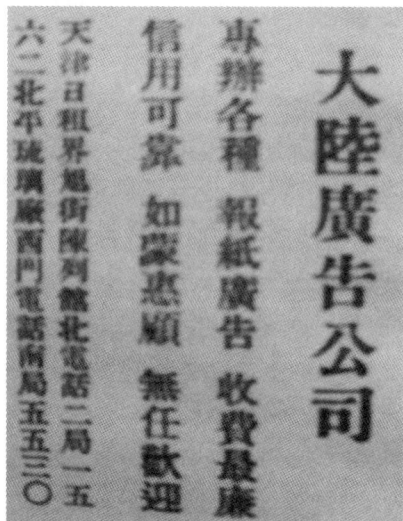

① 刘璀.《益世报》广告研究[A].天津师范大学硕士论文,2008:17

4000多元变为收支平衡。① 有的报纸还专门设置广告科来推广发行广告,史量才主持《申报》之初,就延用了对广告学素有研究的张竹平任总经理。张上任后对广告发行业务进行了大刀阔斧的改革,他首先在馆内专设广告推广科,将招揽广告作为该科的主要业务,科内分设广告外勤组与广告设计科,派出外勤四处招揽广告,改进广告设计,代客户绘制广告图样,撰写文字说明,直至客户满意。这些服务很受工商界的欢迎。随后,广告形式追求多样化,吸引读者。根据报纸版面的地位等级,分别推出不同价格的"论前广告(封面广告)"、"后幅广告"、"中缝广告"、"紧要广告"、"特别广告",这些分类与方法为其后的报纸效法直到今天。② 可见,报社在广告经营与管理上也趋于规范。上海《新闻报》不仅专设广告科,还添设准备科,负责广告的开发、设计与刊登,当天柜台上收进的广告全部送到该科,汇总整理后由主任审查,分成报头下、提要、封面旁、正张分类、本埠附刊分类、戏目等各大类,然后分交各课员,课员再将同性质的理在一起,按次序排列。该报广告与新闻必须经常保持六与四的对比。准备科的任务就在于每晚齐稿时统计当天收入广告有多少,以决定次日所出的张数。准备科事实上就是广告的编辑部,其重要性甚至在新闻编辑部之上。③ 可见,每一份报纸的成功与兴盛都离不开广告的运作与经营,成熟的报刊运作也必然包含着对广告业务的精心筹划与执行。

北画创刊两年后,成立北洋画报社来经营、管理报纸的发行、广告与印务,其发行由营业部负责,其印务由北洋美术印刷所负责,想来其广告当也有专门的部门进行管理,因限于文献材料,我们只能根据当时报业广告经营的方式作如上推测。但从北画所登载的广告看,随着报纸发行量增加,广告日益增多,广告版面日益密集,对广告的管理也日趋加强。

三、广告概貌

北画在创刊期即发布广告,但其《广告刊例》公布于1927年1月,以第二期内页中缝小广告的形式出现,内容为:"每条百字内外,每期收费一元,商店广告不登。"下附几条社会广告,为《征求古画绘手》、《遗失》、《征求中国模特儿照片》、《寻人》。由此推想,初刊之时,其关于广告的管理办法尚未成形,因而未公示,报纸运行50期后,广告刊登逐渐稳定成熟,才形成规程并公布。1927年1月与

① 罗国干.新记《大公报》的经营管理[J].广西大学学报,2006(5):67
② 袁英珍.《申报》经营管理的史量才时期[J].湖南大众传媒职业技术学院学报,2005(5):86
③ 佘绍敏、许清茂、黄飞.汪汉溪广告经营理念初探[J].新闻记者,2005:77

1928年1月分别公布的广告刊例如下：

> 全面四分之一，五元；八分之一，三元；十六分之一，二元；里面骑缝全幅，七元；半幅，四元；三分之一，三元；外面骑缝全幅，五元；半幅，三元；三分之一，二元。长期另议，特别优待。（1927年1月1日，51期）
>
> 全面四分之一，六元；八之之一，四元；十六分之一，三元；里面骑缝全幅，八元；半幅，五元；三分之一，四元；外面骑缝全幅，六元；半幅，四元；三分之一，三元。长期另议，特别优待。（1928年1月1日，151期）

北画广告按照广告所占版面的比例收费，其广告依据大小可分为两大类，一类是版面广告，一类是骑缝广告。版面广告又按大小可分为四分之一、八分之一、十六分之一；骑缝广告可分为里面骑缝与外面骑逢广告，其大小可以分为全

北画广告刊例

北画重订广告刊例

幅、半幅及三分之一。版面决定收费，版面越大，收费越贵，越小则越便宜。对于长期登载广告的客户，北画会给予"特别优待"。北画广告刊例随报纸成本涨落变化，但以版面位置与大小收取广告费的方式则没有改变过。

从广告刊例可看到，版面广告的价格高于骑缝广告，这也是民国时期报纸广告刊载达成的共识。何等位置的广告版面重要，取决于读者的注意力容易被吸引的位置，"所谓广告者，任何方法之宣传，能转移心理，引起注意，以达其目的也"，"广告刊在报纸上，如何使人注目，则地位为一大问题也。今日我国之报纸，其广告刊例，不常有甲等乙等之分乎。此则别其封面或底页与附张，刊广告者必得引人注目之地位，始可收效"①。报纸中什么样的位置易引起读者的注意呢，"报纸广告地位之高下，随新闻地位为转移。英国报纸第二版，为记事之重心，以封面（第一版）为广告最优地方。美国以第一版为记事之重心，即以第二版及其他重要版为广告优越地位。我国报纸广告版，通例在同一版内，刊于上端者为优，下端者次之。刊于上端之右者为优，左者次之。至嵌入新闻间中之广告，以与新闻记者事之方面接触多者为优，少者次之。换言之，

---

① 徐宝璜.新闻学纲要[M].广州：联合书店，1930：204～205

广告地位之优劣,即与读者之眼帘接触易者为优,接触难者次之,此一定之理也"①。版位优劣,决定广告费贵贱。"平津各报纸广告名称不一,有论前广告、封面广告、中缝广告、普通广告、分类广告(小广告)之别:刊于社论之前,最易引人注目者,谓之论前广告,故其地位为最优。刊于第一版者,谓之封面广告,其地位亦易惹人注目者,而尤以接近报并没有者为较优。在两版相并之中间,即新闻纸折叠之处,嵌入广告者,谓之中缝广告,而以新闻记事两版间之中缝为优。刊诸以上所述之地位外者,谓之普通广告。另图一定之地位,限定字数,分门别类,如出售、出让、出版、特聘、招生、声明、聘请、启事、觅房、招租等之小广告,谓之分类广告。"②论前广告、封面广告、中缝广告、普通广告与分类广告为报纸根据广告版位划分,北画虽未提及如此详细的广告分类,但从其登载广告的情况看,广告登载除版面大小不同,确实还存在版位的不同。

　　编辑者言:本报每期的细目及编辑的章法,大约如下:以最精美、最有价值或最与时事有关系的图片登于封面上方中部。第二页登新闻照片、时事讽画及与时事有关的人物风景照片,小品文字亦取切合时事者编入此页内;是可名为动的一页。第三页登美术作品,如古今名人画、金石雕刻、摄影名作;艺术照片,如戏剧、电影、游戏;闺秀及儿童等照片;文字则取合于艺术方面的;是可称为静的一页。第四页即底封面,刊科学发明、长短篇小说等。遇有重要时事照片,必需赶速刊入者,则牺牲广告,登封面广告地位内。此编辑之章法是也。(1926年9月18日,22期)

　　根据"编辑之章法"及"广告刊例",结合北画版面安排,北画报纸内容大致如下安排。

表 2-1 《北洋画报》版面安排

版 面	内 容
第一版	封面图片、广告
第二版	新闻照片、时事讽画及与时事有关的人物风景照片、小品文字
第三版	美术作品、艺术照片、闺秀及儿童等照片,文字
第四版	科学发明、长短篇小说等,广告
里骑缝	广告
外骑缝	广告

　　关于广告与新闻在报刊版面中所占比例问题,戈公振曾作过专门研究,他统计了1925年4月10日起累计一个月北京《晨报》、天津《益世报》、上海《申报》、汉口《中西报》、广州《七十二行商报》每天的广告版面面积与新闻版面面

---

①② 吴晓芝.新闻学之理论与实用[M].北京:和济书局,1933:181

积,发现,这些报纸每天广告的平均面积与全张面积的百分比分别为 43.6％、62％、59.8％、58.4％、52.6％,广告平均面积与每天新闻的平均面积的百分比分别为 133％、315.8％、191％、176％、132.6％。[①] 11 年中,北画的广告与文章在报刊版面的占比略有变化,现把北画中撷取的样本[②]版面分割为广告、文章、刊头三个部分,剔除刊头,广告与文章占的版面面积分别如下:

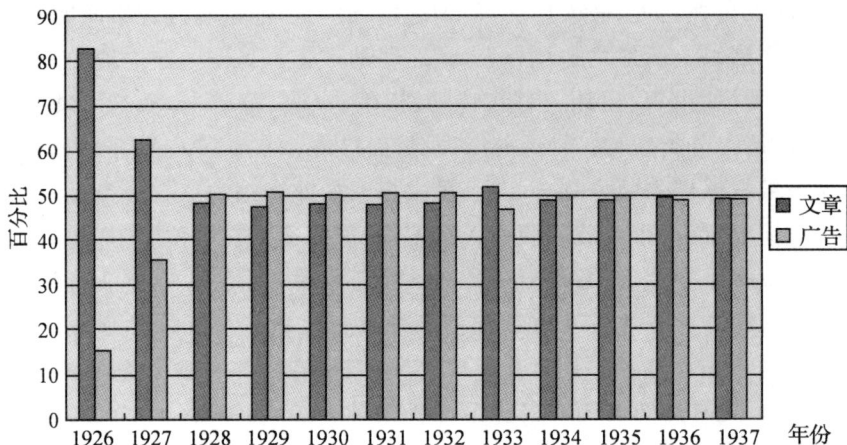

图 2-1　《北洋画报》广告与文章所占的版面面积

由表中数据可看出,广告版面在创刊两年后有大幅增加,原因是办报经验日益充足,认识到广告的重要性,之后广告版面一直多于报纸版面,虽然在后期出现细微的回落,但基本保持稳定局面。总体而言,广告所占版面在第三年出现巨大增量,虽然北画宣称其办报理念是控制广告版面,尽力让新闻版面免遭广告的"逾越",但广告的扩张之势很明显。这种情况在当时的报界并不少见,许多报纸因广告增多而增加版面,统计 1933 年 12 月 1 日《申报》上的广告,发现,当日该报的 30 版中(10 版为增刊),29 版均登广告,总共多达 540条。许多广告占 1/4 版以上,有的更占半版甚至全版。是日的《申报》之所以增出 10 版,实际上主要就是因为广告太多,常规版面无法容纳[③]。广告剧增对新闻版面形成较大冲击,"有时会把新闻地位挤成一小块,或者夹成一条小

①　戈公振.中国报学史[M].北京:商务印书馆,1927:289
②　北画 1926 年 7 月 7 日星期三创刊,1938 年的 7 月 29 日终刊,初为双周刊,为周三、周六出版,后改为周三刊,为周二、周四、周六出版,现为采样科学、完整,我们以七月份的第二个周六取样。其中 1921 年 7 月的第二个星期六未出刊,与周四合刊,即以第三个周六来取样;二十二年纪念刊,周六为二月八日,北画改为周五发刊,因此也以周五刊取样。北画副刊与增页因无周期性而未曾计入样本。特此注明。
③　忻平.从上海发现历史——现代化进程中的上海人及其社会生活(1927—1937)[M].上海:上海大学出版社,2009:439～440

弄堂。而且花样翻新,广告千奇百怪。有的,在版面中央登一块广告,而四面都补上新闻"①。从半周刊改为周三刊,恐怕是北画应对这一情况的办法。由周二刊改为周三刊时,针对已签定合同的广告户,北画专门澄清,"至于登广告户,旧合同中有'每期刊登'字样者亦应作'每星期二次'解释;其有每期连登者,另行注明,以免误会。特此声明"(1928 年 9 月 26 日,224 期)。

　　广告版面的增加间接说明广告数量的增加。依据北画"广告刊例"上的广告分类,我们只能看到其于广告版面标准所作出的封面广告、骑缝广告等分类。随着广告的增加,为了不"逾越"新闻版面,创刊初期的版面留白处均刊登广告,二版、三版的上端,封面报头位置都成为广告版面,"小广告"说不登商业广告的里骑缝也被商业广告占领,再也不曾"空白"。以下是从北画样本中整理的广告数量的变化。

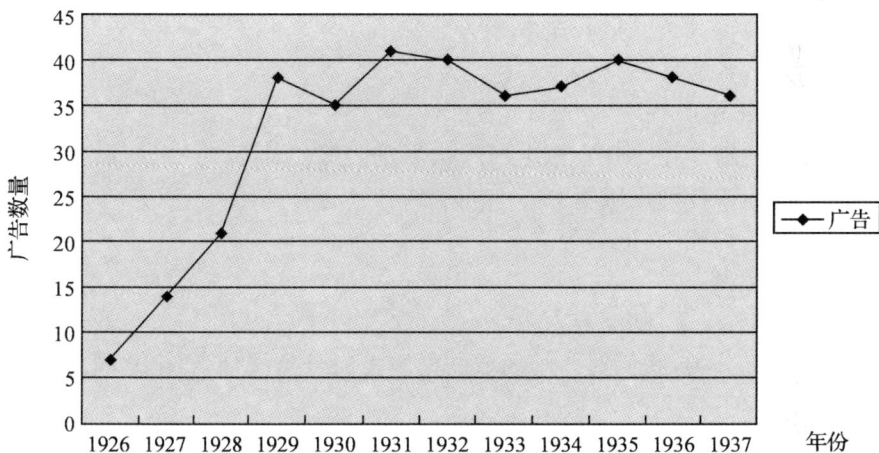

图 2-2　北画样本中整理的广告数量的变化

　　由表中数据可以看出,北画创刊初期的广告很少,前三年广告数量缓慢爬升。三年后,广告迅猛,显示出强劲的发展势头。从 1929 年起,每年每期的广告有 40 条上下。有时条目少于 40,但广告版面增大往往是由于广告主要求扩大登载面积所致,扩大的目的显然是吸引读者注意。

　　关于广告分类,民国时期的新闻人曾有所界定,如"据分析广告者言,现时之广告可分为(甲)商务广告:商事、商品、金融、物价、机器、医药、奢侈品等属之;(乙)社会广告:集会、声辩、法律、招寻、慈善、游戏、赌博等属之;(丙)文化广告:教育、书籍等属之;(丁)交通广告:轮船、火车、邮电等属之;(戊)杂项不能按上述各类分列者属之"②。根据广告刊载情况,我们把北画上的广告分为

---

① 徐铸成. 报海旧闻[M]. 上海:上海人民出版社,1981:231
② 曹用先. 新闻学[M]. 北京:商务印书馆,1924:84

四大类:商务广告、社会广告、文化教育广告、交通广告。

1. 商务广告

(1)商事:指商店开张、迁移、让盘、拍卖等。

(2)商品:指商品之未列入特项者。

(3)金融:指金融界之所告及储蓄招股等。

(4)物价:指市价涨落。

(5)服务:指车辆出租、房屋地基出租、相术、占卜等。

(6)医药:指医生及药品。

2. 社会广告

(1)集会:指各商业机关、商店召集会议。

(2)声辩:指声明、辩正等。

(3)法律:指公布、律师、保障等。

(4)招寻:指寻人、寻物、谋事等。

(5)慈善:指贩济、施舍等。

3. 文化教育广告

(1)教育:指学校、书院、招生、开学、展览会等。

(2)书籍:指各种出版物。

(3)戏剧:指戏剧、电影等。

4. 交通广告

包括轮船、火车、邮电等广告。

根据如上分类,我们对北画抽取的样本进行分类统计,得出北画的广告分类面貌大体如下:

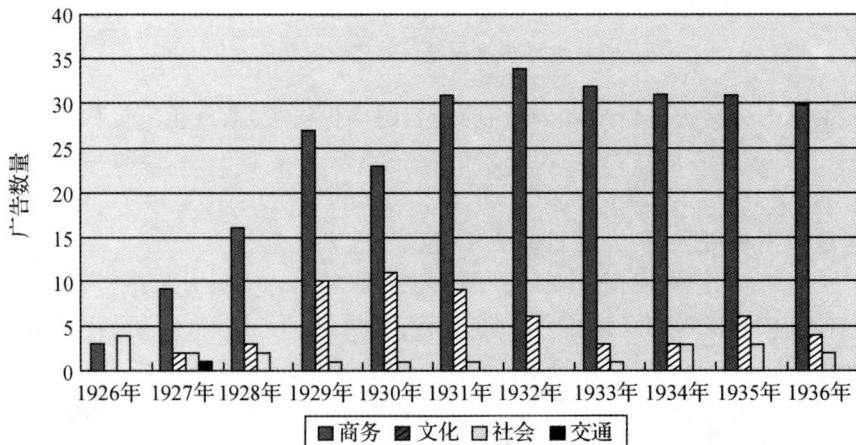

图 2-3　《北洋画报》的广告分类面貌

观察以上数据,遥遥领先的是商务广告,该类广告占总量较大份额,其次是文化类广告,社会广告与交通广告非常少。可以看出,北画显然围绕其报纸定位而进行广告定位,其报纸定位为"传播时事,提倡艺术,灌输常识"的"消闲读物",是一份为"小众"服务的画报,因而,其上就很少刊登为大众服务的交通与社会类广告。交通广告仅限于京奉铁路的火车时刻表,社会广告中早期有租房、寻人广告,后期逐渐转为法律声明、报纸启事,服务于大众的社会广告不多见。相反,在商务类广告中,服装鞋帽商品、奢侈品、工业品、银行金融等广告众多;文化类广告中,尤以书籍、报纸、电影、戏剧类广告居多。这些广告迅速增加,意味着北画实现自己的目标定位,为生活上追求品味、紧追时代潮流并有一定购买力的"有闲阶级"提供读物。商务广告的数量远超他类广告,说明当时天津确实是华北繁荣的商贸中心。

北画曾经登载新中国广告社承办举行的广告画竞赛大会,其广告画类别划分为"绸缎呢绒、化妆品、钟表、眼镜、汽车、罐头、电影、药品、自行车、无线电、香烟、医院、书画、减价特卖、银行储蓄、赠券、电料、桌椅木器、五金、照相器、酒类、糖果、鞋帽、旅馆、饭店、剧场、轮船"(1938 年 10 月 13 日 230 期)。依此判断,这是当时广告社代理的商品种类。浏览北画上登载的广告商品类别,与上述商品类别既有相同,也有不同,有的商品类别多,有的商品类别少,电料、轮船、酒类、五金等广告基本未见,绸缎呢绒、医院、饭店等广告甚多,其中甚至还有上文未提及的广告类别,如理发室广告、舞场广告。根据上文所述商品类别,我们试着把北画中刊载的广告略为归类,服饰用品(包括服装、绸缎、鞋帽等)、医院药品、饭店酒楼、公司洋行、银行储蓄(包括银行、保险、证券、放款公司)、照相印刷(包括照相、印刷公司)、美发美容、游艺娱乐(包括戏院、电影、球场、体育用品)、奢侈品(包括香水、眼镜、钟表、地毯、毛毯、汽车)、食品(包括香烟、茶叶、冷饮)、书画(包括报纸、书籍、画例)及其他(不能列入以上者),以此来窥视北画商品广告的面貌。

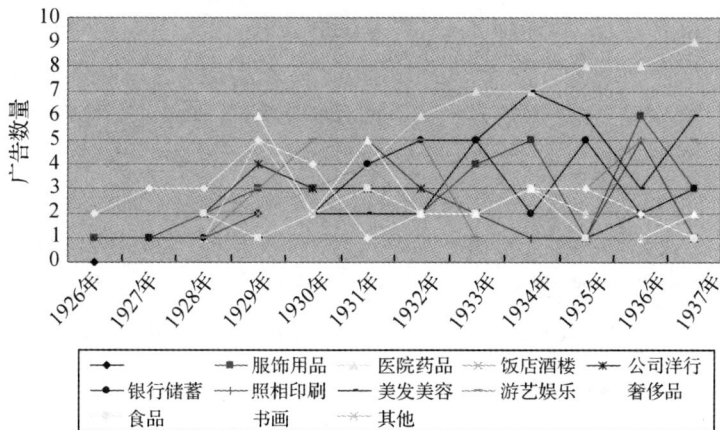

图 2-4 《北洋画报》广告商品类别面貌

表 2-2　《北洋画报》广告商品类别统计

年份	1926年	1927年	1928年	1929年	1930年	1931年	1932年	1933年	1934年	1935年	1936年	1937年
服饰用品	1	1	2	3	3	3	2	4	5	1	6	3
医院药品			1	5	2	4	6	7	7	8	8	9
饭店酒楼		3	3	2	3	4	2	2		2		
公司洋行			2	4	3	3	3	2	3	1	2	1
银行储蓄		1	1	2	2	4	5	5	5	2	2	
照相印刷		1	1	2		5	3		1	1	5	
美发美容					1	2	2	2	7	6	3	6
游艺娱乐			1	3	5	5	5	1		3	5	5
奢侈品	2	3	3	5	4	1	2	2	3	3	2	1
食品			2	1	2	3	2	2	3	1		1
书画			6	2	5	2	2	3	2	1	1	2
其他				2	2					2	1	

上表可见,医院药品的广告最多,位列各类别广告之首,这也是民国时期报刊广告的共同特征。民国时期,人们对于身体卫生、医药保健的知识增多;中西医院林立,民间医生、国外洋医竞争加剧;化工业的进步促进了药品制作工艺的改良,种种原因促使该时期的医院、药品成为广告大户。银行储蓄广告之多折射出天津北方金融中心城市的地位。统计中最显眼的广告还有美发美容、游艺娱乐、服饰用品,总数占比也甚大,这验证了北画的定位——休闲读物,其服务对象为天津的"有闲阶级",这个阶层的人有钱有闲、喜好时尚、追捧潮流、奢靡享乐。刊登这些广告显然是有的放矢,针对特定客户量身定制。

北画上的广告涉及经济、政治、社会、文化,它们传播的信息、宣传的观念推动社会变化,对近代天津社会风气的形成发挥不可小视的作用。分析其上广告的变化发展,结识了近代中国广告变化发展的一般趋势和大致轨迹。依据这些广告,我们得以构建和想像民国二三十年代天津人的时尚生活面貌。

第三节 《北洋画报》的广告创意

一、近代广告观的进步

中国虽早就出现广告,但广告的经营、策划与技巧受自然经济的束缚,其重心仍放在发挥传统广告的功能——告白上。近代广告随着西方的侵略、洋货的倾销、西方文化的进入而发展,时人认为,"吾所谓无心得者,非谓吾商人纯然不知广告为何事,置诸脑后而不顾,正谓吾商人知有广告而不匠心独运,使此广告生有效力也"①;"我国人于广告一门,向乏兴趣和研究。自西商来,亦有仿效利用者。但商人多不能自作,即欲作,亦请一位老学究,敷衍一篇不痛不痒的文章,千篇一律的门面话。所以鸿记茶庄的广告,换上吴德秦茶庄的牌子,仍然可以大家通用。且有一般泥古商人,一味守旧,总不肯稍事改革,以图上进,报纸的广告,更不注意了"②。广博的中国传统文化、久远的传统商品意识,再加之以近代经济的转型化繁荣,促进了中国近代的广告意识的张扬:"商人之营业也,须使世人周知其商品之种类,商店之地址;是以无论中外,皆盛行广告之术,以广招徕者也。现今商品之种类益增,商店之竞争益烈,广告之道,在今日尤为重要!"③广告意识的勃兴催生了广告文化的兴盛,广告日见多样化,不仅手法新颖、用词巧妙,布局也独具匠心。广告策划、广告创意、广告文案是广告表现的重要环节,商家、媒介日益关注消费者心理。

北画上广告繁多,覆盖面广,广告商品类别众多,涉及生活方方面面。其广告制作代表当时广告制作水平,从设计表现到创意思想,从文字编排到图片构思,都涌现许多精品佳作。这些广告形式新颖、特色鲜明、内容丰富,折射出

寿德记服装店广告

---

① 抗白.吾国商人之弱点[J].中国实业杂志,1912(4):92

② 张一苇.中国之广告术.新闻学刊[A].上海:上海光华书局,1930:228

③ 方宗鳌.新闻纸与商业.新闻学刊[A].上海:上海光华书局,1930:136

近代生活的丰富内涵、发展轨迹,我们从中撷取具有代表性的广告作品,分析其广告编排形式、广告创意表现、广告主题诉求,从中探究画报广告的制作经验。

二、广告表现形式

以报纸为媒介的广告影响着人们的生活,广告推销商品的效力已经为人所众知。但报纸广告有两个局限,一是平面化,不比电子媒体使用声光电等先进物质手段;二是单向传播方式,比不上网络媒体的互动传播。

北画上的广告主要依靠文字、图片的组合编排来体现商家的意图、广告人的思想,诱导消费者消费。设计者利用不同技巧编排文字、图画,我们以此二元素为分类依据,把广告表现形式分为二类:以文字为主,以图片为主。

海京毛织厂广告

(一)以文字为主的表现形式

早期的报纸广告承继传统招贴、仿单广告的做法,重在传播店家、商品的信息,详尽描述商品特点、商家面貌,文字广告大多排列紧密且又冗长,时间一长,使读者久而腻,腻而疲,“每不喜详加阅览”,广告效力大打折扣。为了突破这一僵局,重新唤起读者的注意力,广告人开始重视文字广告的构思、设计与编排。构思的艺术性,尤其得到重视,“若能化成艺术,或有文学上之意味,非特尚美于一时,亦可见效于俄顷也”①,“若能化成艺术”、“或有文学上之意味”。强调形式上的艺术化和内容上的文学化。

1. 艺术化的文字广告

排列紧密且又冗长的文字广告不受欢迎,简洁紧凑的文字广告是不是就受读者喜爱,简洁紧凑的标准又是什么？为了简洁紧凑,时人强调“选字。一字如何可以夺目,使阅者注意”,“造句。一句宜长或宜短,终以猎得阅者注意为能事”②。选字、造句以“猎得阅者注意”,成为文字广告的要旨,文字广告的编排、组织以此为标准。同时,为了让枯燥的文字变得灵动与引人注目,文字与空间的互动成为广告构思着力表现的方向。海京呢绒的广告充分利用文字

---

① 徐宝璜.新闻学纲要[M].广州:联合书店,1930:204～205
② 徐宝璜.新闻学纲要[M].广州:联合书店,1930:204～205

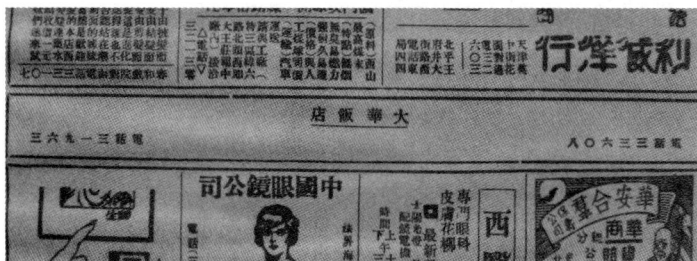

大中华饭店广告

祥记时装公司广告

与空间的留白来凸显文字的醒目,广告版面四周的空白很容易就使人的目光不由自主地聚集在中心的商标文字上(1927年6月1日,92期)。大华饭店则反其道,其广告大量空白,一行小字填充其中,让人的目光避过拥挤严塞的文字,寻求"呼吸"空间,"大华饭店"四字因此迅速进入人们眼帘(1929年9月19日,373期)。字体变化也可吸引人们的注意,使字体扭曲、变形或艺术化,通过编排使其图画化,文字不再一板一眼使人枯燥,图式化文字令人耳目一新,易于留意同时让人难于忘怀。如上海祥记时装广告,以"时"为中心的表盘上,以周边文字分别组成"时装大衣"、"时花斗蓬"、"时色皮毛"、"时时反新"、"时髦女服"、"时男女服"、"时样旗袍"、"时式服装"的圆形图案(1932年10月20日,846期),独特新颖,吸人眼球。

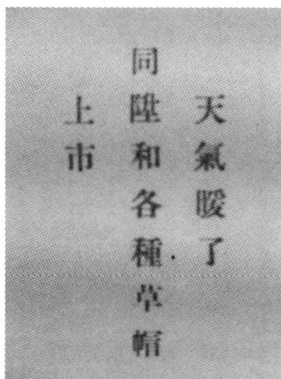

同升和帽庄广告

大华饭店广告

此类广告效力明显,简洁醒目,易于受众搜寻目标广告,同时简短易记,容易给人留下印象。话不在多,一句点睛是广告创作中最能体现技巧的要旨,"天气暖了,同升和各种草帽上市"(1926年7月31日,8期),如同亲戚朋友闲谈私语,但广告传递的信息与情感却十分充沛。这种文字广告已有文学构思,突显广告文案"一字拨千斤"的魅力。

2. 文学化的文字广告

文学容易触动人的情感,表现形式也多种多样,古有诗经、论语、唐诗、宋词,今有小说、杂文、诗歌、戏剧。这些形式为广告借鉴,以旧瓶装新酒,旧貌换新颜。《新三字经》、《新论语》、《诊治失眠之三段论法》用中国人熟知的古籍经典或逻辑推论形式,把商品信息编入文中,让人领会新鲜的内容。

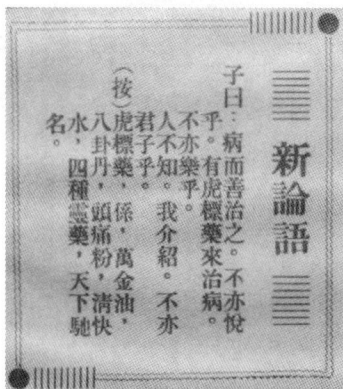

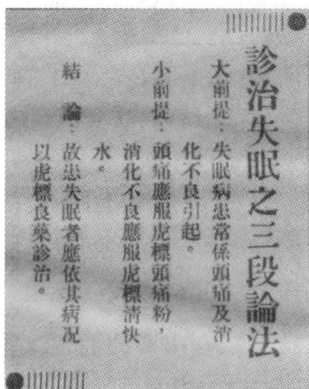

新论语 诊治失眠之三段论法

新三字经:麦精粉,世所珍。无论素,无论华。一经用,味美芬。既适口,又养身。一人尝,万人称。国货好,价公道。厨师傅,佐烹调。家家户,奉为宝。人人说,妙妙妙。(1932年5月7日,775期)

新论语:子曰:病而善治之。不亦悦乎。有虎标药来治病。不亦乐乎。人不知。我介绍。不亦君子乎。(按)虎标药系万金油、八卦丹、头痛粉、清快水四种灵药,天下驰名。(1936年3月7日,1370期)

诊治失眠之三段论法:

大前提:失眠病患常系头痛及消化不良引起。

小前提:头痛应服虎标头痛粉,消化不良应服虎标清快水。

结论:故患失眠者应依其病况以虎标良药诊治。(1936年5月9日,1397期)

诗歌是中国文化的经典代表,以特殊的情趣丰富着人们的生活,如广为流传的藏头诗。郭有恒袜子店巧妙利用这一形式,其广告文案说:"郭外青山楼外楼,有声有色是春游,恒心恒意君须记,袜履常新有兴头。"打油诗的句头组成"郭有恒袜"店号(1931年3月3日,593期)。再如"天天人人要穿袜,

天津郭有恒袜子广告

津津乐道是郭家。郭家袜厂念余年,有为有守有真传。恒产恒心理固然,袜子事业犹小焉。子曰诗云落伍了,最切民生技为宝。有志竟成天不负,名利兼收好不好。"打油诗字头组成"天津郭有恒袜子最有名"字样(1931年4月11日,610期)。藏头

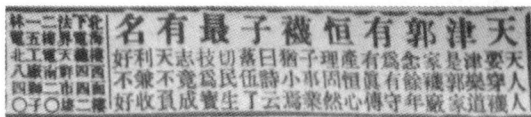

诗广告,形式独特,信息量很大,可从中得知商品种类、店名信息,还附带知道店家历史悠久。白话运动催生"新诗",打破旧体诗体例,更自由灵活地表达思想、情感,以新诗体为载体的广告也渐渐出现。这些诗歌外表时髦、表达时尚、情感柔情蜜意但推销淋漓尽致,这可看作文字版的植入广告,将商标、商品名称、店名、商品功效等信息植入诗歌,使人在作品阅读欣赏中触及广告。

　　春雨曲:春雨连连,春意绵绵,红杏梨英酿酒天,芒草如茵万卉妍。红楼窗外,远景如烟,春雨闷人也,头痛难擘诗笺。记起了——虎标良药,头痛粉善治头痛,服下了仰天长啸,壮怀激烈!(1935年5月7日,1240期)

　　海边杂泳之一:满天里紫雪漫漫,横抹着黄金色的光焰;太空静默底在转动,太阳慢慢底移开了海边。一对摩登的青年,喁喁地情话绵绵,口里含着虎标八卦丹,一丝丝吐气如兰!(1935年7月16日,1270期)

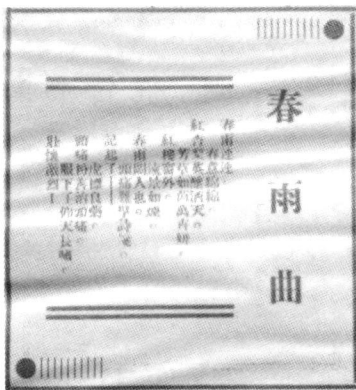

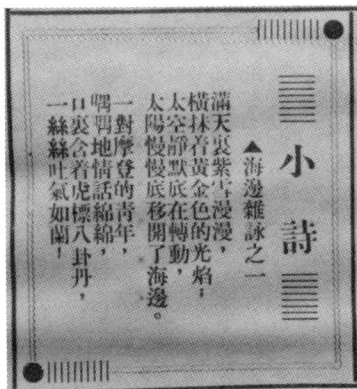

春雨曲(虎标广告)　　海边杂泳之一(虎标广告)

(二)以图片为主的表现形式

　　图片比文字生动,文字加以图像,附以丰富内涵,能引人遐想。读者接受附带图画的广告易于只有文字的广告,"独于图画广告,致其欣赏之意,或注视甚久,不肯舍去,以其具有艺术气韵,能引人入胜也"[1]。插图广告是图片广告的第一种变化发展。《申报》中刊载的第一则插图广告"成衣机出售"中,广告配一幅缝纫机的实物图案,用文字说明:"恐文之无功,增画图以吸阅者之眼

---

① 赵君豪.中国近代之报业[M].北京:商务印书馆,1940:210

光,此亦广告中重要之成分不可忽也。"①使用商品图像,呈现商品实物形象,能让消费者留下直观印象,图画本身还能美化报纸。随着报纸中开始大量使用插图,画报更是以其图画、照片来表现其兼具"画"与"报"的特征。画报中以图为主的广告越来越丰富,广告中的图像也越来越多元化,图片中的形象有商品实物,如服装、食品、汽车、香烟;也有各种人物形象,儿童、妇女、男人、老人;当然也有山川湖泊动物植物。有绘画的艺术作品,更有摄影艺术照片,表现形式丰富。图形广告中,图像与文字的配衬,不仅传递信息,以视觉形象给人以温馨、幸福、和谐、甜蜜的感觉,使消费者在阅读广告时,联想到实际生活中的体验,想像消费后的效果,从而直接影响

同升和帽庄广告

消费者对商品的渴望,而最终促使消费行为的产生,这正是图画广告的效力所在。

大华饭店广告

三、广告创意形式

民国时期的新闻人吴晓芝认为"优美的广告稿本"有三个要素,"一曰动人心目,二曰引人兴味,三曰令人信服"②。传统的早期广告以直白式的语言,以广告主的身份,直接传递商品与销售的具体信息,但是,随着市场的活跃、商品的增加,企业间的竞争日趋激烈,广告形式千篇一律,或简单模仿,都不能吸引受众的注意力,更难说"引人兴味",所以,成功的广告要不断突破旧模式和传统,不懈追求鲜明的个性与独特的表现方式,对广告信息进行创意化的设计,以多色调、多样化、多类型的广告创意形式来传播广告信息,使消费者产生强烈新奇的视觉刺激与消费体验,从而取得效果。北画广告中有许多巧妙创意,

---

① 徐宝璜.新闻学纲要[M].广州:联合书店,1930:204～205

② 吴晓芝.新闻学之理论与实用[M].北京:和济印书局,1933:175

使用了许多表现优秀的广告形式。

（一）系列广告

商品广告的投放有周期性与延续性。消费者是健忘的，商品广告不断出现在人们经常接触的媒体上，消费者才能注意并且记住它。因而商品广告需要长期投放，这催生系列广告。系列广告可进行连续性的、有规律的系列传播，其作品设计较有规律性、相似性且组为系列。但系列广告也要适当变化，"久则腐，久则腻，此恒情也。广告为求不腐不腻之故，当时常变换，或文字不同，或地位移异，使臻新颖，用夺人目"①。这也是投观众之所好，变化要有原则，变换的内容与形式必须围绕其所传播的企业商标、品名、企业精神。如"中国无线电公司"的广告中，其广告作品的模式基本一致，以电冰图形为外框，上端或是企业的品牌商标，或是商品的商标，该系列广告以此为基本模式，里面的文字内容可以根据其产品种类、产品性能、企业信息、促销信息变化。广告出现在固定的报纸版面位置上，消费者每拿到报纸时，都能习惯上找到它。

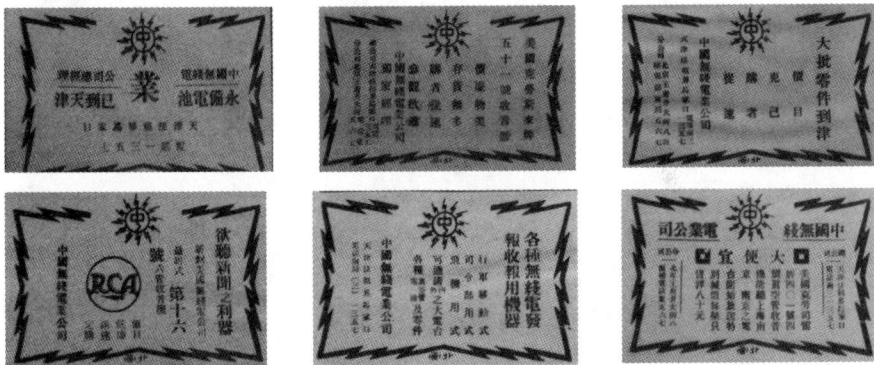

中国无线电业公司录制广告

元兴茶庄的系列广告可分为两类，一类是新年的应景之作，新年到了，茶叶是送礼佳品，元兴茶庄图文并茂的广告以"新年礼品"为主题，衬之以放鞭炮的小孩场景，场景不换而中间的文字变换，读者在似曾相见的场景中获取新信息。另一类广告作品，格式大体一样，但图文并换，人物形象相当丰富，有传统的、时髦的，男的、女的，实景的、虚拟的，表现手法大同小异，文字根据产品的种类、商家建议、促销信息等来变化，因其图文并换，人物生动的肢体语言使广告看起来生动灵活，更加新颖、夺目，广告上都出现"元兴茶庄"店标，这四个字因字号字体不同而更加"夺目"。

---

① 徐宝璜.新闻学纲要[M].广州：联合书店，1930：204～205

　　系列广告每隔一段时间就会更换内容,使之系列化。延续与循环刊载的作品,长期提醒并且吸引读者的关注,从而在其记忆中占据一席之位。系列广告内容各不相同,既给读者新鲜感,也促使商家有目的地传播信息,做到有的放矢,避免审美疲劳,增加接受效果。

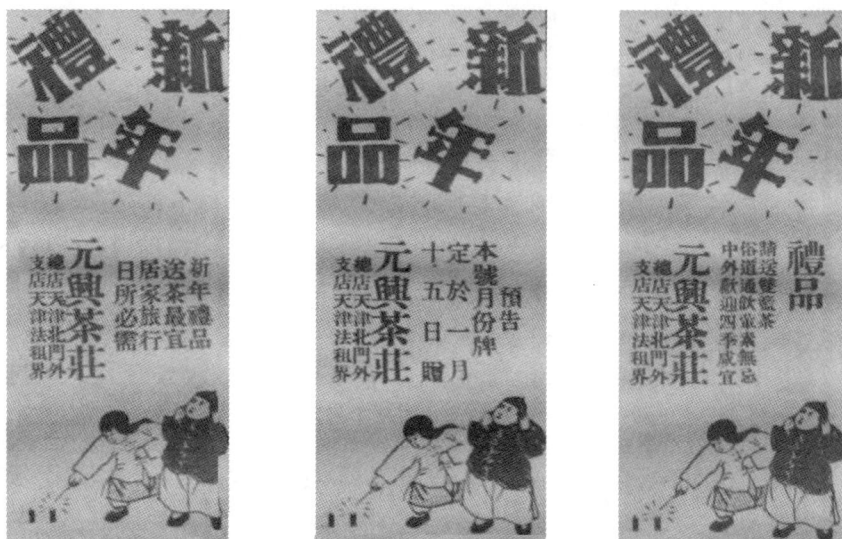

元兴茶庄系列广告

元兴茶庄系列广告

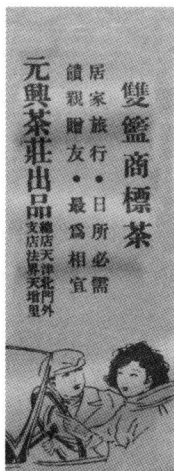

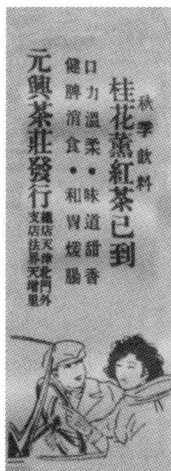

元兴茶庄系列广告

(二)悬念广告

人都有好奇心,想引人注意,设置悬念无疑是很好的办法。悬念广告能激发消费者的好奇心,引起关注,引发思考,随后解开悬念,给消费者明确的答案,使其恍然大悟,使其记住商品信息。这是民国广告常用的创意手法。

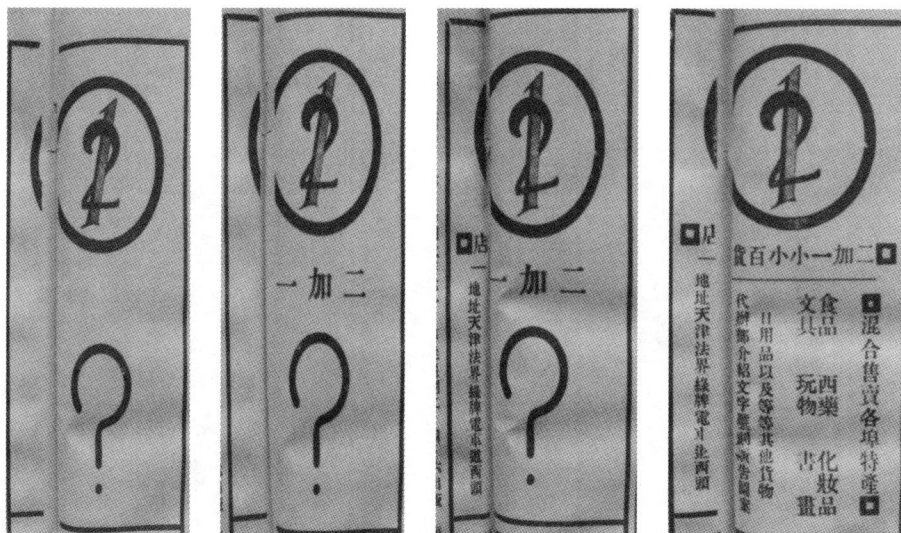

二加一小小百货店悬念广告

此种广告创意的技巧在于设置悬念,悬念设计不好,或难以引人注意,或离题太远,均得不到好的效果。悬念应该让读者产生欲罢不能的猜想与关注,达到记忆与促销的目的。北画中的悬念广告有连载的,也有同期刊载的。如广告《二加一小小百货店》,从北画 846 期至 849 期连续刊载四期,从 846 期设置悬念到 849 期解开悬念,步步为营。846 期的广告作品中只有一个圈套着一个 12 数字交叉的图案,大大的问号提示人们寻求答案,看到这则广告的人想必会天南海北地猜想,但肯定徒劳。847 期的广告作品中多了三个字"二加一",但依然未出现明确的答案。848 期广告作品中多了一个"店"字,下面一行小字注明店的地址,看的人大概明白这是一个商店,但是什么样的商店,想知道结果就不得不留心第二天的答案。849 期广告解密,原来这是一个名为"二加一"的百货商店"混合售卖各埠特产"。广告使用悬念,答案层层推进,和解答数学题一样,需要一个步骤接一个步骤进行,答案让人记忆深刻。

　　182 期的北画上刊载一幅图,一男子伏案看书,头低着离书本很近,似在看又不在看,图框着几个字——"猜猜这是什么缘故",一个大大的问号。答案是"下期本报此处说明",看来只能等第二天的报纸,183 期的同一位置刊载的答案是"他因为不戴眼镜,所以看书看报如此费力,但是你要配眼镜,必须寻一个眼光学专门家,否则你越戴越坏。君如为目光计、经济计,那么只有——天津青年眼镜公司了",这是天津青年眼镜公司的广告。北画 171 期的报头左边信封形状的格式里写着"注意第二张",虽然不用问句或问号来询问读者,但看到这五个字的人们未浏览第一张的内容就会迅即翻到第二张,原来大华饭店在第二页做了全页广告。悬念广告设计悬念,埋下伏笔,给予读者思考的空间,充分利用人们的寻求答案的心理,激发人们的兴趣与参与,充分调动人们

天津青年眼镜公司悬念广告

的注意力,答案出现时能强化人们的记忆,使信息长期驻存在读者头脑中。这种广告一旦成功,其广告效力显然更大。

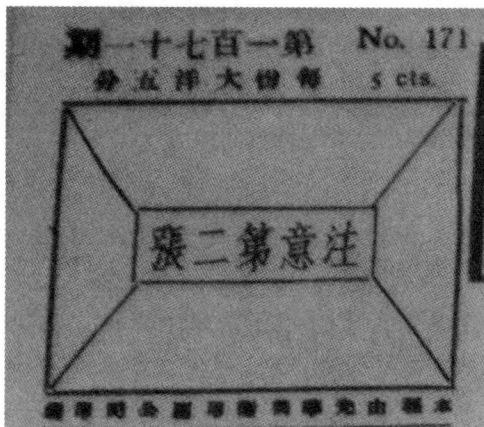

大华饭店悬念广告

(三)证人证言广告

证人证言广告即是利用"他人"来为商品的效力作证,从而增加广告的可信度。证人证言广告一改传统广告主"王婆卖瓜"式的推销方式,借用"他人"的感谢、赞扬、推介等口吻来告诉或劝诫读者,通过消费者对"他人"的信任来增强消费者对广告商品的信赖。这类广告风行一时,以后更作为一种模式被保留下来,即使今天,这种广告模式还被广泛应用于各种媒体。证人证言的特点表现为:广告客户一般不出头露面,通过客户直接向读者陈述;书信形式出现居多,客户的体验感受是主要内容,推介广告商品是目的;从最初刊登普通老百姓的信函到争相用达官贵人或名

致谢广告一

士名流作证言,从而提高广告的权威性与可信度。这种广告大多情辞恳切、真诚感人,但推介意图明显。根据"他者"的角色不同,这类广告还可细分为致谢广告、名人证言广告、专家证言广告。

1. 致谢广告

致谢广告的主角一般都是广告主的客户。如医生的病人、商品的消费者,广告形式多为报纸上刊登的"感谢信"。致谢广告广泛用于医药和医疗行业,

在消费者厌倦"王婆卖瓜"式的广告时,致谢广告有助于保证广告主的信用。广告《鸣谢雀斑除根》中,北平的"常次兰"因为天津积福新里美容医院为他医治好满面黑斑而写信感谢。广告借助病人的口吻把病痛顽疾带来的痛苦形容得无以复加,病人用"感恩带德"、"感戴扬名"、"扬名报恩"、"医术高明"这样的字眼来感谢医生。为了增加广告的可信度,患者不惜附上照片来证明此信真实可靠,如苏州女士李慧文写给医士韩奇蓬的感谢信(1931年3月21日,601期),李女士以照为证,自然使可信度增强不少。

致谢广告二

　　鸣谢雀斑除根:鄙人自幼患满面黑斑百药无效。经赵素民大夫介绍,赴天津法租界二十四号路西工部局后积福新里美容医院,包治不到半月,不但斑点除根,并且不净多油之面皮亦被治好,实令人痛快,特登报鸣谢并广告于同病。北平常次兰(1936年9月1日,1446期)

2. 专家证言广告

专家证言广告则利用专家的身份来增加广告的可信度,所谓专家学者即使不是这一行业的专家,但因为一般人认为他们有知识有文化,其对商品的推介必然谨慎,他们的社会身份换来一定的信用,因而他们说的话比普通人更可信。如《某旅行家之经验谈》一文即以自称为"足迹遍海内外的"旅行家的身份向读者推介海鲸牌羊毛毯。

专家证言广告一

　　某旅行家之经验谈:余素性好游,足迹遍海内外,而于国内名胜之区,尤喜探访。或乘车,或乘船,或乘轿,跋涉长途,无问寒暑。随身行车极简,重笨之铺盖卷,最觉累赘,故只带(海鲸牌)羊毛毯一条。无论舟轿车骑,均以羊毛毯为伴,寸步不离。盖羊毛毯轻暖柔韧,对于日热夜凉,寒暑不均之天气,尤卓著功能。倘旅行内地,旅馆被褥颇令人放心不下,如带毯一条,则盖垫既可随意,卫生便利,两得其益,尤可避免不洁之传染。优点实难尽述。该"海鲸牌"羊毛毯,系余于四年前在天津英租界十一号路海京毛织厂购得者,当时颇认为价廉物美。闻该厂刻在在正廉价期中,同样毛毯,每条只售六元。与余有同样之旅行癖者,幸勿失此机会!(1936年6月30日,1419期)

介绍良医:中医郭眉臣先生在北平行医多年活人无算,其对于四时流行瘟疫及小儿痧疹白喉惊风各症尤有必效之方,津平一带多数知先生之盛名近来旅津者日薄西山多,先生亦时常被约来津。现在气候不良,时疫甚重,本报特为介绍。凡本埠患病之家欲延先生诊治者,请到本馆面商,当即代为电请,除车费照付外,其诊金必可特别从廉。先生以济世为怀,绝非借医图利者比也,此启。北洋画报社启(1928 年 11 月 3 日,239 期)

专家证言广告二

广告《中医郭眉臣鸣谢牙医师朗敬衡》中,北平天津行医多年的中医郭眉臣给牙医师郎敬

专家证言广告三

衡写信致谢,郭眉臣不是一般人,他是行医多年的医生,熟悉医疗行业,拥有医师资格。他来推介,效果自然不同。郭眉臣也非一般医师,239 期北画的推介广告《介绍良医》专门推介他,可见是当时的名医,其广告效力当然非同一般。

3. 名人证言广告

名人证言广告利用名人名流的影响力与公信力来推广产品,增大广告和产品的吸引力,名人的知名度与美誉度间接成为产品的佐证。名人的名气越大,广告的效力也越大。如 228 期中,中国无线电业有限公司利用北画封面的孙中山画像作了一番文章,"国父"孙中山的画像放在中间,两边的对联地方则衬着"中国无线电业有限公司"字样,间接地用国父形象来代言。此外,巧妙借用名人之口来宣扬企业之名、产品之名、产品的效果,也是名人证言广告的目的。如国民政府特派护送班禅的专使赵守钰为富健康大夫所写的感谢

名人证言广告

辞,官家背景借用政府公信力,其证言与商品的推介效力更胜一筹。

感谢精神治疗名医富健康大夫:鄙人次子祥礼,肄业通州潞河中学,今春因运动过力,致腰部患重大神经疼痛,屡请中西名医诊治均未奏效

后，竟卧床两月，动转不灵，危险万状。嗣经周运隆小姐介绍，天津法租界中和里富健康大夫应用科学医术精神疗法诊治，时仅两周，现已痊愈。暨随从牛勇素性凶酒，血压过高，时常晕迷，亦蒙附代带为义务治愈。似此仁心仁术，诚不愧为现代名医，特此鸣谢并介绍。国民政府特派护送班禅专使赵守钰启（1936 年 11 月 7 日，1475 期）

（四）故事型广告

广告要"引人兴味"还可以使用多种表现形式，其中一种就是"讲故事"。引人入胜的故事能吸引人们阅读并牢记，还能通过朋友亲人口耳传播。故事的类型也有很多，有生活中的小故事，就像朋友间的生活小事、逸闻趣事；也有小幽默、小笑话；更有流传千年的传统经典故事，如果在其中附加上广告，那这则广告则以故事的趣味吸引人们关注，既给人们的生活带来生动趣味，也能传播广告信息，真可谓一举两得。《征婚》中，密司脱钟与密司程的第一次见面，两人尴尬的会面居然借眼镜话题来化解，这样的情节生活中不也常见吗？《新婚趣闻》里，一个"缺嘴的新娘"与一个"驼背的新郎"如何看对眼？为了掩饰身体缺陷，一个见面时作羞涩状，一个骑着自行车，这样的场景让看故事的人不由得哈哈大笑，他们的"同居之爱"如何持续——等着看明天的广告吧，因为广告说了"下期再续"。《周公瑾突然生病》借传统三国的老故事，巧妙地传达了古有"诸葛亮妙手回春"今有"永安堂良药四种"的信息。广告"植入"故事，虽然有些"植入"显得很生硬，但披着故事外衣的广告，远比直白陈述更容易吸引人的目光。

征婚：蜜司脱钟与蜜司程征婚。在第一次见面时，蜜司脱钟找不着什么谈话资料，见蜜司程戴的眼镜不错，就指着问她道："你的眼镜哪里配的？"蜜司程很庄重的说："同学介绍在东马路青年会内眼镜公司配的，光线很准，价格又廉，您有意保护目力，不妨亦试试。"密司脱钟接着答道："Yes. I like it."（1929 年 12 月 18 日，412 期）

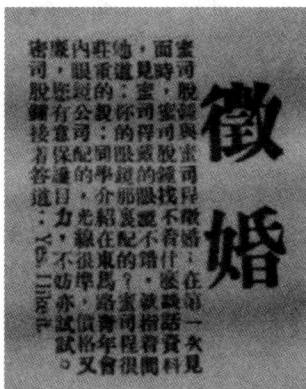

故事型广告一

新婚趣闻：蟑螂配螳螂，一对好夫妻，连想到一个新婚笑了。一人缺嘴的新娘，一个驼背的新郎，由父母之命媒妁之言，进而实行同居之爱。他们俩预先也大家打过照会的，新娘胎与女友咸作掩口葫芦状，似乎像素在闲眺而又万分羞涩的模样，这时，新郎驾着自由车疾驰而过，四目互视，妙啊！谁都没有败露谁的破绽，当然双方满意的。（下期再续)青年会眼镜公司,价格低廉,不是以劣货哄骗人,因用费节省,并且外洋直接定货,根本上可以有廉卖的可能性。(1930年3月25日,450期)

周公瑾突然生病:诸葛亮妙手回春,永安堂良药四种。孔明为了"合攻破曹"的事,到东吴去。那时周瑜,因为看见曹操战船如芦苇之密,兵多将广,实力非常雄厚,不知要怎样才能破

故事型广告二

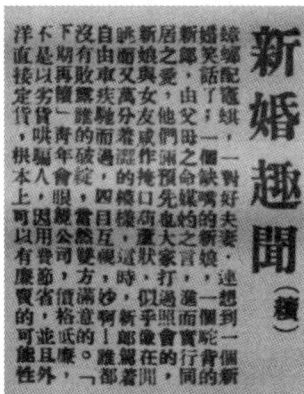

故事型广告三

他,烦闷之余,竟生起病来了。孔明知道了周瑜的病根,乃对鲁肃说:他能医周瑜的病。于是鲁肃带他去。他一看见周瑜,就说:"连日不晤君颜,何期贵体不安?"说毕开了一个方子,就医好了周瑜。孔明和周瑜这一个问答,是含有极大的道理,天有不测风云,人有旦夕祸福,这是任谁都无法避免的。所以一个极强健的人,有时也要生疾病,我们平时就该购备虎标永安堂之四种良药万金油、八卦丹、头痛粉、清快水,以防骤然疾病的发生。有了这四种良药,那么就是一旦不幸生了什么疾病,可以看症而用,决无危险之虞了。(1936年9月26日,1457期)

(五)说明书广告

商品说明书是商品生产者介绍商品名称、性能、规格、特点、用途、使用方法、保养维修等事项的文字材料。很多广告以商品说明书形式出现,用平铺直叙的语言介绍商品信息。虽然商品千差万别、特点各异,但说明书广告的作用基本相同——为消费者提供关于商品的可靠信息,消费者通过阅读广告,获得商品信息,理智地分析商品的优缺点,最后明明白白地消费。虽然说明书广告语言质朴,形式单一,但在同类商品竞争激烈的情

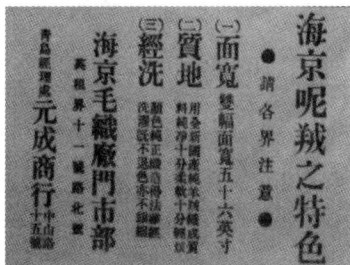

说明书广告一

况下,没有个性的商品会被同质化商品淹没,因而说明书广告也要善于发现商

品的独特之处,表现商品的个性特点,使消费者产生强
烈的购买欲望。如海京呢的两则广告,第一则广告介绍
"海京宽面纯毛松紧绒"产品的性质、用途、幅宽、功效,
把它与传统的棉袍作比,"有皮裘之温暖,而无棉袍雍肿
之弊",突出产品的独特卖点,这样"最轻暖,最经济,最
省料"的"三最"产品确实让人心动。第二则广告介绍
"海京呢绒之特色",作品语言不繁琐,简明扼要,直接点
题,从"面宽"、"质地"、"经洗"三个方面介绍呢绒的特
点,话语不多,但句句正中消费者的"要害",陈述要点恰
好都是消费者选择衣料时考虑的方方面面,广告作品使
用平实的语言却有较强的说服力。

说明书广告二

    海京宽面纯毛松紧绒(面宽六十八寸):松紧
绒,一名骆驼绒,既轻且暖,用制衣服里子,有皮裘
之温暖,而无棉袍雍肿之弊,吾人日常作事,衣服自
以轻暖为宜,皮裘殊嫌笨重,一团火气令人不耐,本
厂纯毛松紧绒,门面特别加宽,绒头特别加厚,与普通所售者迥别,用制袍
里或袄里裤里,最轻暖,最经济,最省料,坚固耐穿。(1934 年 11 月 8 日,
1164 期)

    海京呢绒之特色:(一)面宽。双幅面宽五十六英寸;(二)质地。用全
新国产纯羊绒,质料纯净,十分柔软,十分轻暖;(三)经洗。颜色纯正,织
造得法,虽经洗濯,既不退色亦不绉缩。(1933 年 11 月 16 日,1012 期)

四、广告诉求主题

    任何形式的广告,其目的都是说服消费者注意且购买。说服要通过一定
的刺激来实现,触动消费者的心怀,使消费者经历注意、兴趣、欲望、行动等过
程。消费者的需求是多方面的,不同的消费者有不同的需求,因而,广告创作
必须针对消费者的心理需求,确定广告主题,用广告创作来表现。亚浦耳电器
厂创办人胡西园在其论述货品推销技巧的文章中指出:"(广告)宣传在推销货
品中占着最重要的位置,不论旧的出品或新的出品,要使人敏捷地感觉得需
求,则非运用宣传不为功。"他以推销电气火炉为例,认为在广告应该突出"价
廉、省电、耐用、清洁、卫生"这些最能满足消费者需求的产品属性,在消费者"脑
筋里"产生"影响","同时也发生了相当的判断力"。通过比较,产生信仰①。广

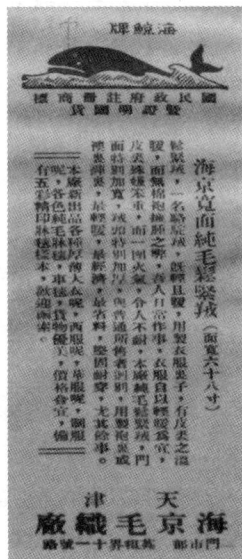

---

    ① 秦其文.近代中国企业的广告促销技巧研究[J].中国经济史研究,2005(1):61

告主题如果切合消费者的需求且明确,广告就愈能发挥说服作用。但是,从商品本身而言,商品的多种属性容易让人困惑,要让广告人从中选择一个属性来作为该商品的广告主题,选择标准可以很多种,但必须是消费者导向的选择。

(一)送礼

以传统的、民族的价值观来刺激消费者的需求欲望容易取得成功。中国是礼仪之邦,年节很多,中国人重家庭重朋友,礼节来往必不可少。以"送礼"为主题,是很多商品普遍使用的策略。北画广告中,以"送礼"为主题的商品涉及衣食住行。要在"送礼"这个同一主题诉求上夺人眼球并得到消费者的认同,广告就要巧构心思,通过策划创意来契合消费者的心理。中原公司直接发行"礼券",广告词很直白——"送礼请用中原公司礼券"(1934年12月20日,1182期);正兴德茶庄认为"礼是交际的重要问题",如何

正兴德广告　　海京毛织厂广告店

在交际中送礼,答案是"欲得对方满意,本庄各货均宜"(1933年1月7日,880期)。仅送礼还不够,还讲究送得适当,因而,海京毛织厂提出"年节礼品之商榷"问题并指出,在新年春节等时,走亲访友,"风俗飞尚,彼此送礼,殊难避免",然而"送礼极难","食物仅快朵颐一时,礼券则尤迹近乎馈金之弊"(1927年9月10日,120期),因而"送礼"是一件很有学问的事情。为了解决你的困难,海京毛织厂提出解决办法。"送礼"的主题切合中国人的传统价值观,既是人们生活所需,更是人们表达感情的重要方式,广告把品牌、产品与人们的人情往来、社会交际联结在一起,切合消费者的心理而提出问题并回答问题,以此来获得消费者的认同,进而使消费者产生购买行为,从而成为成功的广告促销。

春节送礼之我见:送礼意义,括言之,无非为联络感情,表示敬意,动机既极纯正,旨趣弥复可嘉。奈晚近以来,世风浇薄,以虚伪之礼貌,作假态之敷衍,或崇尚馈金,或致送烟酒。前者则奚啻道人于不义,而后者则尤属无谓之消耗。领受者未必欢迎,或且鄙视馈送者之人格,周旋失当,

反足招尤。本厂各种纯毛床毯,厚薄呢绒,论图案则不落恒蹊,论质料则中外称赞,加以男女可用,老幼咸宜,理想中适当礼品,洵属无逾于此。凡购本厂新式床毯者,并加赠玻璃礼盒,所备不多,惠顾者勿失交臂。(1936年2月6日,1357期)

(二)信誉

"信誉"是商家的市场生命,没有信誉,商品不值得信任,顾客就不会购买商家的商品,开店售卖也就没有意义,所以百年老店都把信誉视作生命。商家用广告把"信誉"传达给消费者,通过广告激发消费者的关注,赢得消费者的信任,促使他们消费。因此,商家信誉如何、广告信息是否可信是消费者阅读广告时要重点识别的。在这种场合中,广告的偏私和失实,都将使信息源的真实性和可信度受损,导致传播的失败。因此,浮夸失实的、虚言引诱的广告骗得了一时骗不了一世。真诚的、诚实可信的广告才能获得成功。正如近代广告学家陈子密说:"经商者应用广告,引动顾客之兴趣,投合顾客之心理,并非引诱顾客,而是感动顾客。所谓感动顾

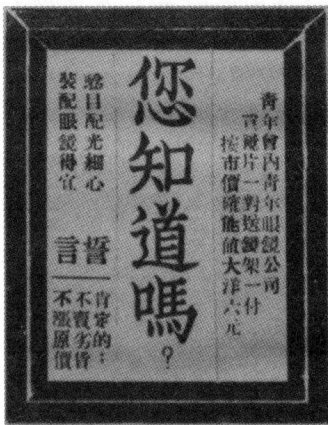

青年眼镜公司广告

客,乃宣布其实际,露白其实效,以听购买者之评判,故不应有夸张饰伪之词语。"①广告主忠实地传播自己的商品信息,通过广告传播企业信念,取信于消费者,也传播企业、商品的品牌形象。如海京毛织厂所言,企业的声誉不能一蹴而就,要经时日检验,"无论何事,苟能得到相当之声誉,初非一日可期,必有种种昭示吾人之成绩在"(1934年4月3日,1070期)。只有给予消费者实实在在的利益,企业才能建立起声

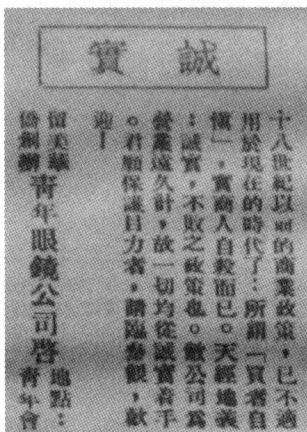

青年眼镜公司广告

誉。青年眼镜公司提出"诚实"的信念,"十八世纪以前的商业政策,已不适用于现在的时代了:所谓'买者自慎',实商人自杀而已。天经地义:诚实,不败之政策也"(1928年2月22日,164期)。可见,"诚实"是商家立足之本,作为商家,青年眼镜公司还用"誓言"来承诺:"誓言:肯定的;不卖劣货;不涨原价。"

---

① 陈子密,谈中国之广告事业[J].商业月报,1931(2):17

(1929年11月25日,402期)为消费者考虑,青年眼镜公司还劝诫"诸位"商家,"卖东西亦要细心",只有给予消费者真正的实惠,"乃是把诚实可靠的出品,来迎合社会人的心理。使人们得到真正的满意",才能最终"建造我们未来的名誉"(1928年4月11日178期)。

声誉:无论何事,苟能得到相当之声誉,初非一日可期,必有种种昭示吾人之成绩在。海京毛织厂出品之所以能得到社会人士之信仰者,因其有悠久之历史、最新的设备、优良的技术,并用上等的国产羊毛,以上数点,皆有事实可道,诸君如感觉舶来品价贵,国产品又不能满意时,请来惠顾,必能使君得到理想中之优良衣料。(1934年4月3日,1070期)

海京毛织厂广告

诚实:十八世纪以前的商业政策,已不适用于现在的时代了:所谓"买者自慎",实商人自杀而已。天经地义:诚实,不败之政策也。敝公司为营业远久计,故一切从诚实着手。君愿保护目力者,请临参观,欢迎! 留美华侨创办青年眼镜公司启。(1928年2月22日,164期)

葡萄酒当作猪肉:胡适之博士说:"一个人看外国书不留意,就弄出笑话来。他把一个 PORT 的 T 字当作 PORK 的 K 字,所以他把葡萄酒当作猪肉了。"这真是个可笑的事体,诸位! 卖东西亦要细心。价格公道,当然人人欢迎,可是你要审

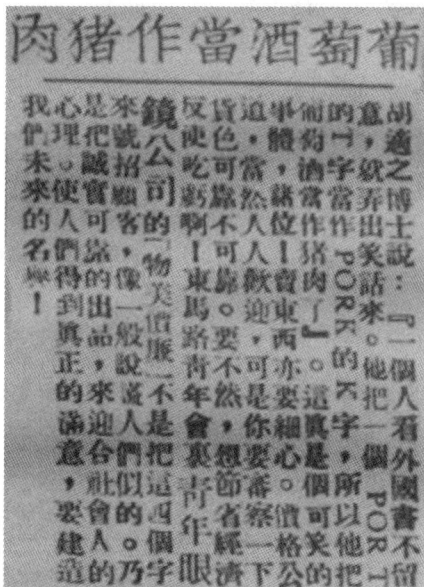

青年眼镜公司广告

察一下货色可靠不可靠。要不然,想节省经济反使吃亏啊! 东马路青年

会里青年眼镜公司的"物美价廉"不是把这四个字来号召顾客,像一般说谎人们似的。乃是把诚实可靠的出品,来迎合社会人的心理。使人们得到真正的满意,要建造我们未来的名誉!(1928 年 4 月 11 日 178 期)

(三)时尚

从 19 世纪下半叶开始,西风东渐,在一系列西方物质文明与现代思想的策动下,中国的都市文化经历了跨越式的发展。繁华的都市聚集着人们眼中的新式、摩登的事物:满街跑着的小汽车、电车,金发碧眼的各国人士,抬头仰望的摩天大楼,西装革履的绅士,卷发长裙的窈窕淑女……这些新颖奇特的景象构建了人们对都市文化中时尚的想像。为了及时触摸时代发展的脉博,给人们最贴近现实的时尚想像,广告提供了一个窗口与途径。作为都市文明时尚的见证者

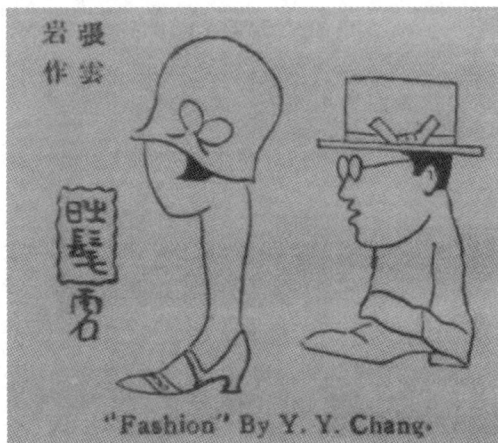

时髦图

与参与者,画报广告淋漓尽致地展现了可资想像的时尚都市,以广告的独特话语方式勾勒出社会认同的时尚期待,为消费者提供了想像与模仿的对象,完成都市生活中时尚角色的社会身份的确认,使他们真正参与时尚并成为时尚的领潮人。108 期的北画副刊刊登漫画《时髦》,勾勒了"时髦"的标板,女士戴着的新式女帽遮着齐耳的短发,裸露的小腿下穿着一双时髦的高跟鞋;旁边跟随的男士带着一顶时下最流行的西式礼帽,脸上挂着的眼镜标识着这是位有身份、有文化的绅士,脚下的西装裤脚半掩着一双带跟的西式洋鞋。漫画寥寥几笔却画龙点睛地描绘了时人对于时尚在服饰上的现实追求,这样着装的男女

利威洋行广告

中欧贸易公司广告

被称为"摩登人士"。洋化成为"摩登"的标记,商品标榜自己的洋化身份也成为必然,"巴黎新到"、"欧洲最新样式"、"好莱坞"、"欧洲贵妇"等字眼频频出现在广告中,即使是国货产品,也要写上"时髦"、"新式"、"流行"等字样说明自己能赶上"时尚"的步伐。这是一个转型的时代,"时尚"、"时髦"、"摩登"成为价值观的体现。

同升和帽庄广告之一

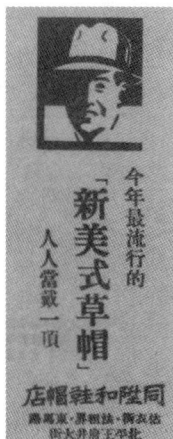

同升和帽庄广告之二

同升和帽庄广告之三

(四)爱国

中国的近代化在反侵略反压迫中艰难进行,在西方大工业生产、商品经济的刺激下,中国民族工业得到大力发展,民族企业在广告创意与策划上虽然处在学习与进步的过程,但在民族危难、战争危机逼人的严峻局势下,民族企业结合商业广告与民族情怀,发展出国货广告。民族危机加深,国内反帝爱国运动高涨,人们呼吁抵制洋货、振兴国货。民族情感昂扬的时候,民族资本企业家抓住这一有利的时机,大做"国货"广告,以销售和购买国货为爱国的实际行动相号召,迎合国人的爱国情感。这些广告不仅具有浓郁的商品色彩与民族特色,也带有强烈的爱国主义情感,充满劝诫、循循善诱、呼告,表现方法与技巧相当丰富。天津东亚公司生产的毛线取名为"抵羊",直接呼应"抵制洋货"的心声,呼吁"请别忘记了这唯一国产毛线"(1935 年 9 月 26

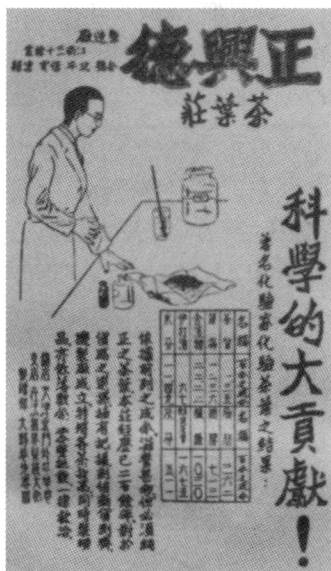

正兴德茶庄广告

日，1301 期），让人们警醒，只有民族商业发展，才能振兴国家经济，"唯一"突出经济形势的严峻与民族经济的危机。海京毛织厂的"国产羊毛"广告特别强

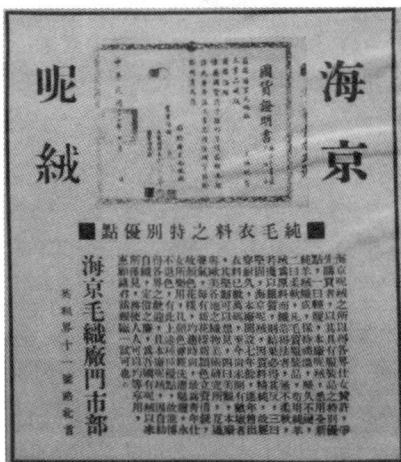

海京毛织厂广告

调作为中国人的职责，"服用国货，是人人应尽的天职"。广告提醒人们，买国货还要分清国货的原料来源，"是否用国产原料制造，亦须注意"（1934 年 6 月 23 日，1105 期）。为了证明自己的"国货"身份，海京呢的广告印上政府颁发的"国货证明书"（1047 期），还与中原公司筹办国货集合售品处。国货广告以其富有创意的手法、鲜明生动的视觉形式、高度概括的语言表达了摆脱外来经济侵略和政治压迫的愿望，体现反帝爱国、追求民族自强不息的精神。"爱国"主题广告既给商家带来商业利益，也对国民进行爱国教育，成为时代的亮点。

（五）权威

在市场活跃、企业竞争激烈的情况下，同类商品的竞争越来越激烈，消费者有多种选择。于企业而言，只有突出优势且成为同类商品的标杆，才有绝对的胜算。因此，出现很多"王婆卖瓜"式的广告，自我标榜、自许称号成为惯例，消费者是否认可暂不考虑，但广告一定要用大大的字体表现这个称号。于是寿德记时装公司成为"时装专家"（1937 年 1 月 28 日 1510 期），同升和帽庄成为"天津时帽第一家"（1926 年 11 月 17 日，38 期），生产服饰衣料的元隆成为"冠军之家"（式样新颖，为天津冠军；货色美观，为天津冠军；定价最廉，为天津冠军）（1935 年 11 月 23 日，1326 期）。自说自话、自带高帽，巧花心思、巧做文章，用旁敲侧击的方式来证明自己是"权威"和"专业"。正兴德茶叶庄请化

中央汽车公司广告

验家来化验茶叶的成分，茶质、水分、脂肪等数据一应俱全，化验的结果证明

元隆广告

"依据前列之成分,滋养甚多,但必须纯正之茶叶。本庄经历已二百余年,对于货路之选择,极有把握"的宣传属实(1932年9月13日,830期)。科学鉴定的结果和专家学者对产品的评价增强了广告信息的可信度,这类广告最能给人信心。中央汽车公司的广告醒目地登载着一则"官式报告",报告称"法国陆军中尉爱锹安氏近乘莱纳脱牌敞蓬汽车,通过沙哈辣大水漠。系于一日之间,行走八千公里,实为空前未有之成绩,并可证明莱纳脱牌汽车之坚固利便"(1926年12月1日,42期)。另一则广告"披露"了莱纳脱牌汽车"惊人的成绩":"本年七月莲拿门夫莱利 Linas Monthlery 地方汽车比赛大会,有莱纳脱牌 Renault 汽车一辆,马力四十匹,完全蓬车,于廿四小时内,速驶四千一百六十七公里,平均每小时行一七三公里六四九。全世界认为得未曾有。"(1926年11月20日,39期)这些具体的数据与事例比抽象的称号更有说服力,以确凿可信的事实证明广告宣传之不虚诞。广告不仅成为有力的促销手段,更成为传播商品口碑的利器。

(六)经济

随着社会的不断转型,民族资产阶级在经济和政治方面的地位在不断提高。处于资本原始积累状态的中国资产阶级天然地拥有"资本主义精神"——大量获取资金并尽可能减少资本支出,这种精神进而发展成精明、谨慎、勤俭持家的社会风气。因此,广告中优惠打折促销信息"铺天盖地",大受消费者的欢迎。汽车、钟表、化妆品等奢侈品的出现,丰富了有钱阶层人的生活,提高了他们的生活品质,这类人经济实力雄厚,本不考虑产品的价格,但广告的宣传点却是经济、实惠、廉价。宣传价格低廉、经济实惠的广告比比皆是,成为该时期消费文化的潮流。仁昌百货商店的广告语是,"'高货'招徕顾客,'廉价'永远实行"(1936年7月21日,1428期),简而言之,即物美价廉。过日子要精打细算,商家的谆谆教导可真谓投消费者之所好,"家庭应用物品不

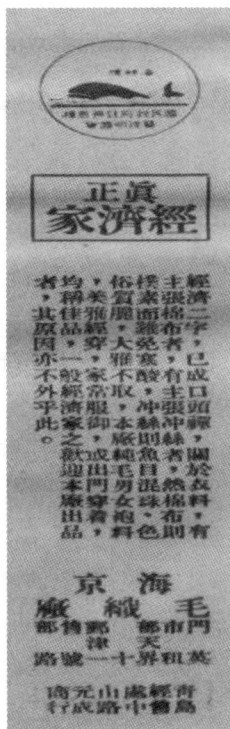

海京毛织厂广告

可不打算盘,仁昌百货线店,早为诸君打算,有货皆好,无价不廉",即使逢年过节,礼品的选择标准也是"实用"与"经济","冬至礼品三大原则:(一)宜切实用为主,使受者得到深刻之感谢;(二)选择目的应在精美物品中而求经济者;(三)宜在著名之商店采购,方能表现敬重"(1936年12月24日,1494期)。如此为你着想的商店,你不选它还能选谁?海京毛织厂更是提出"真正经济家"概念,什么是"真正经济家",购买商品时能够选对产品的人才是"真正经济家":"经济二字,已成口头禅。关于衣料,有主张棉布者,有主张冲丝者,然棉布则朴素而难免寒酸,冲丝则鱼目混珠,色俗质脆、大雅不取。本厂纯毛男女袍料,美雅经穿,家常服饰,或出门穿着,均称佳品,一般经济家之欢迎本厂出

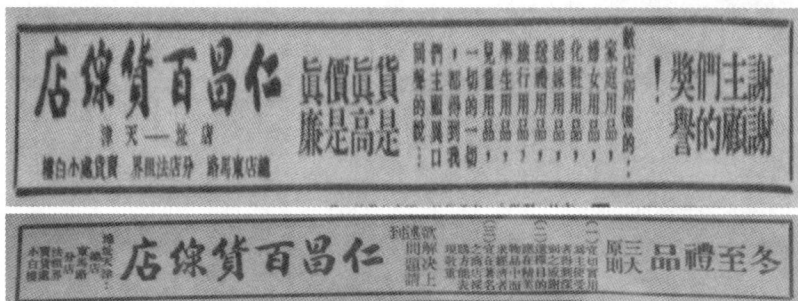

仁昌百货线店广告

品者,其原因亦不外乎此。"(1933年12月28日,1030期)仁昌百货线店"谆谆教导"消费者居家过日子,而海京毛织厂则"循循善诱"消费者进行合算的消费,比如,"做华服用单幅呢绒比用双幅合算",理由很充分,"裁制华服长袍或旗袍,均系套剪,故用双幅材料,不甚合宜,本厂为使得主顾,并为省料计,欢迎裁剪单幅,价格按双幅折半"(1934年10月25日,1158期)。商品减价期购买衣料,"秋节一天比一天近,天气一天比一天凉,趁此减价期中,买些精美可靠之纯毛织品,无论自用或送礼用,均不失为良策"(1936年10月1日,1458期)。这类广告是该阶段资产阶级消费观念的风向标,反映了这个时期

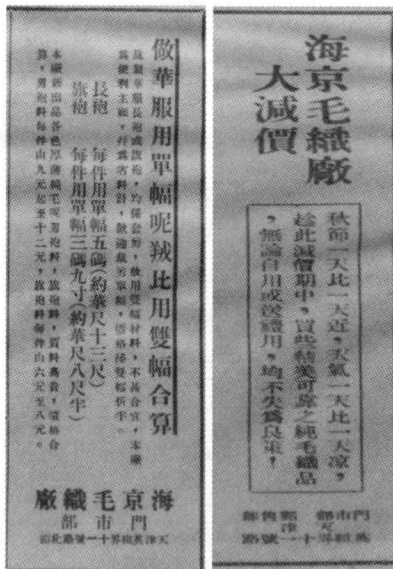

海京毛织厂广告

市民阶层的主流消费心理,一方面是紧跟时尚潮流,追崇新颖别致的产品;一方面是期望物美价廉。

第三章
《北洋画报》消费场景之一
——西风东渐的天津社会

  民国初年的天津,分为华界与租界,人们的生活随之呈现为守旧与摩登。商业中心的迁移是标志之一,天津传统老商业中心渐渐衰落,租界地的新商业中心呈现出勃勃生机。租界中,新店面、老字号的迁入,百货商场崛起,集百货、游艺、娱乐、展览为一体的商业中心陆续出现,都昭示着新消费方式的出现。消费文化新元素的注入,配合着物质生活领域发生的翻天覆地的变化:私馆别墅、公寓住宅中出现别具特色的天津"小洋楼";汽车取代马车成为达官贵人、富商大贾的代步工具和炫耀资本;摄影、广播、唱片娱乐着人们的生活;美容、美发不仅改变人们的容貌,更标志着时尚生活的品质;男人从穿长衫马褂到西装马裤,女人从穿胸衣旗袍到洋装礼服,消费的多元化淋漓尽致地展现传统文化的坚守与外来文化的融入;天津"卫嘴子"的口福从传统的"八大碗"演绎到西餐洋酒;"起士林"西餐厅与"杏花邨",南味餐馆并存尤如一盘汇聚中西文化的大餐,日常生活面貌的还原呈现了近代天津城市变迁中消费文化的历史写照。北画广告图景下的生活,人们的衣、食、住、行、用展现了新的消费环境、消费物品、消费方式、消费理念,报刊广告不遗余力地宣传着新产品的功能,推广新的观念和新的生活方式。在时尚的潮流中,广告成为弄潮儿,引领着消费浪潮,商品广告包罗万象,向人们展示充满诱惑、极尽享受的美妙世界,新的消费图景构建出新的都市文明。

第一节 近代天津的市民生活

一、天津市民的新生活空间

  民国初年天津的商业中心,大体承继清代的商业街框架,商业门市主要聚集在旧城的外围。东门外的宫南大街与宫北大街长达一里,沿街有银号、钱庄、土产杂货、竹藤檀木、酱菜、香蜡纸张、儿童玩具、绒绢花等商店。北门外大街是天津早期的商业中心,街道两旁、百货店、鞋帽店、海味店、药店、饭馆等鳞次栉比。著名的商业字号有十锦斋、天一坊、保和堂、玉升、隆昌;周边的洋货街、针市街、竹竿巷里头大多是票号、钱庄、国药、茶叶、棉纱、布匹、竹货、洋广货等批发商;估衣街、锅店街里大多是绸布店、皮货庄、估衣铺、眼镜店、南纸局等零售门市。锅店街因为早年有许多锅店而得名,时代变迁,代之而起的是纸行、眼镜店、皮货店、南纸局、戏装店、鞋帽店、茶叶店、药店;天津著名的文华斋、松竹斋、宝文斋等南纸局都在锅店街。估衣街因早年有几家卖估衣的而得名,后来成为天津行业最全、店铺最多、最繁荣兴旺的商业中心一条街。"天津卫,有富家,估衣街上好繁华",这是《天津地理买卖杂志》对估衣街的评价。确实,"繁华要算估衣街",对老天津人来说,估衣街是繁华的代名词,街上仅绸布、棉纱、呢绒业就有 27 家,集中了谦祥益、瑞蚨祥、瑞林祥、敦庆隆、锦章、元隆、华竹等大绸缎、布匹、呢绒店。估衣街的西端有历史悠久的大药店,像达仁堂、乐仁堂、万全堂、仁育堂,这四家药店不光是药味齐全,而且信誉卓著。估衣街与锅店街是老天津著名的繁华街道,每天游人络绎不绝,夜晚灯火辉煌。①

　　直奉战争以后,天津北大关与宫南北大街一带连遭兵燹,商人们对局势失去信心,他们认为中国地界容易受战乱干扰,租界里较安全;租界里集中的政客、官僚、地主、富商都是商业门市的重要客户,于是传统商业向租界逐步转移,天津商业中心开始南移。北门外大街、宫南北大街一带的殷实商店均缩小业务,向新兴法租界梨栈(今劝业场一带)一带转移资金,开设新店或分支店。正兴德、成兴两大茶叶庄,乐仁堂、大仁堂、隆顺榕等大国药店,德华馨、同升和等大鞋帽店都到梨栈设立分店。传统老商业中心渐渐衰落,租界新商业中心逐渐崛起。到 30 年代中期,梨栈一带形成天津新的商业中心,车水马龙的估衣街、锅店街、针市街、竹竿巷、宫南北大街等降为次一级别的商业区②。

---

　　① 周俊旗.民国天津社会生活史[M].天津:天津社会科学院出版社,2004:119
　　② 王绣舜、张高峰.天津早年商业中心掠影[A].天津市政协.天津老城忆旧,天津:天津人民出版社,1997:118～119

旧城区以鼓楼为中心的十字路,是早期的商业街①

北门外、北大关一带是天津早期的商业中心

20世纪初形成的商业区东马路

20世纪初的南市大街

---

① 天津市政协文史资料研究委员会. 近代天津图志[M]. 天津:天津古籍出版社,
2004:104~105

本节图片除标注取自《北洋画报》外,其余均取自该书。

平安大街日租界旭街

20 年代法租界劝业场一带

新商业区的主要标志是劝业场路口。劝业场属于法租界,之前被称为梨栈。随着人口的集中和商业的发展,梨栈一带渐渐发展起来。梨栈大十字路口不断出现高大著名的建筑和聚集人气的商场。1926 年建成的南角的惠中饭店,据说是曹禺话剧《日出》中描写的饭店,剧中的这里已是纸醉金迷。1929 年元月正式开业的交通旅馆,由法商永和工程公司设计,内设大理石的门廊,六角形的大厅,合分式的楼梯,直通上下的电梯,铺着地毯、装设电话、备有卫生间的豪华客房,是津门屈指可数的豪华型宾馆。中国

天津交通旅馆开幕日之满楼灯火

大戏院 1936 年开幕,是天津最大、最新式的剧场。开幕时,请来梅兰芳、周信芳、尚小云等名角连台演出,天天客满,长达一月之久。1935 年落成的渤海大

楼,是天津最高的楼房。此外,犄角而立的天祥市场、泰康商场、劝业商场是天津帮商人先后建立的三大商场。1924年,天祥市场开业,压倒了天津最大的商场——北马路的北海楼,轰动整个天津城。泰康商场于1927年落成开业,地点在天祥市场的对门,也是三层楼房。1928年12月21日,集百货、游艺、交通旅馆、文化、展览于一体的劝业商场落成开业,轰动津沽,闻名全国,成为天津最聚集人气的商业中心。

劝业商场的股东有洋行买办高星桥、清朝遗老载振、银行买办魏信臣、天津钱业公会会长叶兰舫。高星桥仿照上海大世界兴建了七层楼的劝业商场,试图压倒天祥与泰康。他还在劝业商场的对面盖六层楼的交通旅馆与龙泉澡堂,抢占梨栈大街十字路口的两个角,显示他经商的气派。1928年12月21日商场落成开幕时,场内高悬"劝吾胞与,业精于勤,商务发达,场益增新"四言联句,取其第一字即为"劝业商场"。劝业商场一、二楼租给店铺或货摊,一楼多为日用百货、绸缎布匹、针棉织品、搪瓷玻璃器皿、钟表、照相机;三楼除了百

天津劝业场开幕日楼头彩灯之辉煌

货店也有几家古玩店、寿衣店、工艺品、自来水笔,大部分场地为两个球社占用;四五六楼主要是剧场、影院、茶社等游艺场所。"八大天"是劝业场游艺场所的通称,实质上包含天华景戏院、天纬台球社、天纬地球社、天宫影院、天露茶社、天会轩剧场、天乐戏院、天外天屋顶花园。"创出金字招牌,买卖找上门来"①,劝业商场中集中提供游艺、饮食、娱乐、购物等服务,每天到劝业场来的游客众多,商场里头的人流量甚大,生意旺盛。外地人来天津,都要逛逛劝业商场。

劝业商场开幕之前,北画记者采写了《行将落成之天津劝业场》一文,以"本埠法租界将有大规模之商场游艺场大饭店之组合出现"开头,详细介绍劝业商场的内中设置,特别强调劝业商场设计过程中早已对经营方向、经营事务进行规划,商场采用人性化设计,为免冬天过于寒冷,"因特由外洋购来新式放热回气风扇,使场内暖气绝不外溢",这种装置在津门尚无一家;为方便老年人上下,特别降慢直达美术展览所的升降机的速度,只因"嗜好古画者多为老年

---

① 楚丽霞、李淑萍.世纪名店[A].李正中等.近代天津知名工商业,天津:天津人民出版社,2004:46

之人,登高固不胜劳,乘机则嫌其疾,故特设慢行电梯,使感安逸"。人性化设计兜揽了不少顾客,备受顾客青睐就在情理之中。251期的北画刊出独一张的广告专页版,详细介绍即将开业的劝业商场与交通旅馆。之后,连期刊载天纬球房、太平洋饭店、交通旅馆、天宫电影院的独栏广告。以劝业场为中心报道的小新闻在北画的"如是我闻"、"曲线新闻"等栏目中屡屡出现。以劝业场为中心的商业中心成为天津购物、娱乐、消遣、休闲的一站式商圈,娱乐休闲如此集中,场所与规模宏大的商业中心在当时全国其他大城市中甚为少见。

劝业场、交通旅馆广告

行将落成之天津劝业场:"本埠法租界将有大规模之商场游艺场大饭店之组合出现",本报于岁首时首先报告于读者,想尚能记忆及之。本报当日并预言年底可以开幕,于今果验。是即众目所见,对峙于梨栈十字街头最冲要地点之两座大建筑:一,天津劝业场;二,交通大旅馆及太平洋饭店是也。

……

第四五六三层为各种剧场所占有,数凡四:曰天华景京剧场,曰天宫电影,曰天会轩杂耍馆,曰天仙蹦蹦戏院。场中凡有天字之商业,均有该场主人,投资合办,此四院及球房即是也。京剧场最大,谓可容千四百人,凡三层,戏台布

劝业场广告

景可以转动。高君述命名之理由,指同行绰号"凯撒"之顾海田君告吾辈曰:在昔吾津有戏院四家,其名均殿以升字,人咸知有四升,主者极端把持,不许他人另有同样之建设,此庚子以前事也。辛丑条约,关各租界,于是由顾君发起,就某名园中设舞台,立戏班,从此打破四升垄断政策。今租界戏院林立,其实创始者乃顾君。而当日租界中第一戏院,实名天华景,今兹重取斯名,所以志文纪念云。又开幕时首先开演京剧者,当为金友琴等伶云。天宫电影院可容一千一百人,楼板均斜下,绝无阻碍视线之虞,惟电机房高出银幕者过多,不知能无碍否?然是问题耳。至影片则拟购自欧洲,谓所以免除竞争云。天会轩可容八九百戏人,台上另有一层,

其顶覆以宫室式之房檐,颇觉别致。天仙院最小,颇类天祥之新欣。六层上有两层圆室一所,高君之作美术展览之用。吾报前曾以津门无展览场所为憾事,因而提倡设,初意名公钜商中,不管爱好风雅者流,必有情愿划出高楼大厦份,以供美术展览之需者。孰意迄无响应,而此类雅事,反为商人占了先步。余因知高君为具有崭新头脑之商人,值得敬服者。观于场中一切布置,虽至细致,亦曾悉心研究,可见其精神。比如场中已有热气管之装置,但恐内容过广,冬日暖气不足,因特由外洋购来新式放热回气风扇,使场内暖气绝不外溢,此种装置,在津门实为仅见。又如直通美术展览所之升降机,其速度特慢,谓因嗜好古画画者多为老年之人,登高固不胜劳,乘机则嫌其疾,故特设慢行电梯,使感安逸。诸如此类之思想,是岂普通商人所得而有哉? 故谓劝业场为科学的建设,殊非过誉也。高君导观屋顶花园,谓可容一千五百人。分左右两面,中央间以重叠之高台,是为屋脊,最高处设电影机房,夏日映射电影,故一面为露天影院,其他一面则拟招宁波戏班来演。赵君道生则建议设一滑鞋场,想亦能轰动一时者耳。屋顶另有高塔一座,彷佛中原公司较高,则恐未必,美国中原名高二百二十三尺也。然无论若何,要不失为长江以北之一座大建筑矣。
(1928 年 11 月 1 日,238 期)

二、北画广告图景下的生活

商业中心迁移,人们的物质生活领域发生翻天覆地的变化——电气、自来水的使用,外国马戏、魔术等文艺形式的流入,铁路取代马车、黄包车……新的商品涌入、新的商业中心的出现、新的消费方式的发展,使得人们的兴趣爱好、时间精力、生活理念、审美观念等都发生急剧变化。报刊广告不遗余力地宣传新产品的功能,揭示蕴含在新产品中的新观念和新的生活方式。

北画是一份"消闲读物",其面对的读者是"有闲阶级",这些人可能是迁居租界的贵族、官僚、军阀和来自老城区的商人,也有在新商品经济中成长起来的新贵阶级。因而,北画的广告商品多是能提高生活品质、彰显生活时尚,构建新审美价值的物品。百货公司、理发店、银行、照相馆、眼镜公司、无线电公司、烟草公司的广告展示

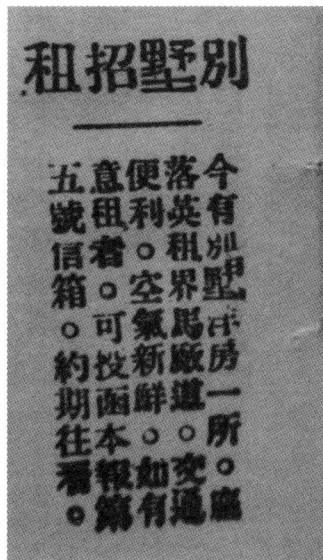

别墅招租广告

着商人、贵族与城市中产阶级认同的新式生活方式，留声机、相机、汽车、电报、手表、珠宝等奢侈品是新贵阶级的生活追求，新的消费构建出都市文明人向往的生活方式。北画登载了一幅漫画《现代青年之憧憬》，通过青年的口耳手鼻等器官来描绘当时青年的生活追求，"脑——常想坐汽车，眼——爱看女明星，耳——喜听洋钱声，鼻——好吸洋纸烟，口——喜欢谈恋爱，手——喜用墨水笔，足——好穿洋皮鞋，全身——吃不得苦喜安逸"（1933年8月24日，976期）。寥寥几字概括了"现代青年"对时尚生活的向往与追求。这些图画、广告为我们构建了近代天津物化生活的真实的存在。

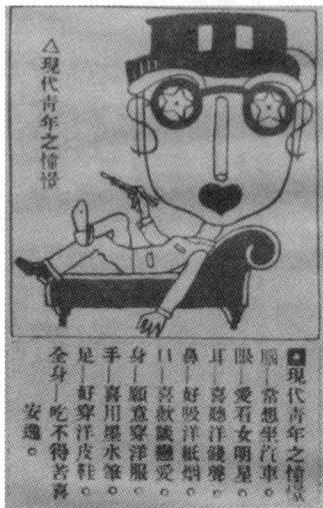

现代青年之憧憬

（一）广告中的住

开埠以后，天津租界里出现许多西方风格的建筑，国别多，建筑花样也因而繁多。租界发展起来后，来自北京的贵族、官僚、军阀和来自老城区的商人纷纷迁居租界。租界初设之时，大都限制华人在租界拥有不动产或居住。随着租界的扩展、华人大量移居租界，各租界先后修改法规章程，承认华人在租界的置产权和居住权，有的租界还设法吸引华人上层到租界投资建造住宅和居住。德租界就取消"北区"不准华人居住的禁令，允许华人官僚和商人购置房地产和居住。[①] 伴随着华人上层而来的大量房地产和商业投资，刺激了租界地区的繁荣。近代房地产业逐渐形成，其中有代表性的组织是私营房产公司和经租处。30年代的天津，已有荣业、东兴、立津等20多家房地产公司。

天津最有特色的是高级花园住宅，都是寓公的居所，这些公馆和别墅集中在租界，环境优美、房间宽敞、功能齐全、室内外装潢豪华。开始时只是洋人兴建和居住这种洋房，中国官绅逐渐涉足其中。官僚、政客、军阀、富商在租界建筑公馆别墅，成为"天津小洋楼"的重要组成部分。一般的商人或其他职业阶层，居住在不同类型的民居或公寓住宅。受西方文化的影响，天津出现新的住宅样式——公寓式住宅。公寓式住宅层数较高，多为四五层，有不同间数的单元。虽然内部布局不同，但大都包括起居室、卧房、厨房、浴室、车库，设备齐全，条件舒适。北画中出现许多房屋招租广告，针对单身与家居人士的诉求各

---

① ［德］华纳.德国建筑艺术在中建筑文化移植［M］.柏林:厄恩斯特 & 索恩出版社，1994:60

个不同。针对单身人士的，宣称"为便利社会
无眷人士起见，特设有单人住房分租，内备有
电灯、电话、汽炉、冷热自来水、浴室、家具、书
报，每人每月租价由十四元至廿四元不等"
（1934年3月1日，1056期）。寻租的住房内
设施一应俱全，单身人士带着衣物即可入住。
针对拖家带口的人家，也有一应需求的房间，
"大小三间，浴室、厨房各一间，冷热自来水
管，交通便利，光线充足，每层每月三十五元
七角，澡盆、面盆、卫生恭桶……"（1935年8
月22日，1286期）这样的住宅为那些躲避战
事，流落他乡，甚或出来游玩、经商的人提供
了方便。

住房招租广告一

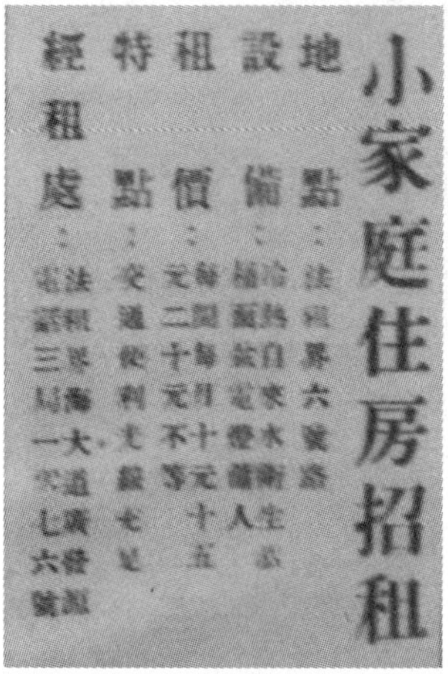

住房招租广告二

住房招租广告三

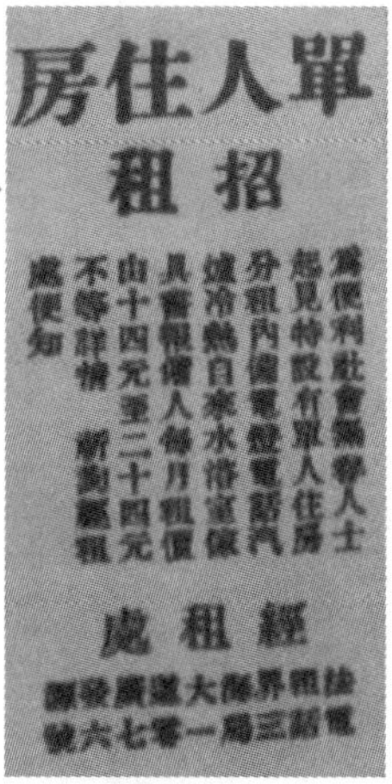

住房招租广告四

(二)广告中的行

天津的"行"也受西方交通技术发展的影响，首先是铁路，铁路是最重要的
近代交通工具。1865年，英国商人杜兰德在北京宣武门外修建了一条一里长
的小铁路，这是中国输入铁路之始。随后华北地区成为中国铁路网较发达的
地区之一，这一地区的京奉、津浦、京张及外国人控制的胶济和南满等铁路干
线，成为陆路交通的主要动脉。天津成为中国的铁路枢纽之一，不仅城市地位
得到加强，也得到巨大便利，火车成为上层社会人士来往于北京、上海及周边
城市的主要交通工具。北画上刊载过京奉铁路和津浦铁路的列车时刻表。随

着租界的开辟和扩大,1906年,比商电车电灯公司在天津营设有轨电车,建成沿环城马路运行的白牌电车,使天津成为中国最早拥有近代公共交通的城市。电车将天津旧城区和租界连成一片,成为民国时期天津城市公共交通的主角。

天津电车

天津洋车

天津人力车

　　1925年,天津出现公共汽车,但最多的还是人力车。人力车能在狭窄的街巷中灵活出入,与电车、公共汽车一起成为天津的主要城市交通工具。作为经营行业而发挥经济刺激作用的,还数汽车。20世初,汽车进入中国城市,迅速取代马车,成为达官贵人、富商大贾的代步工具和炫耀资本。至20年代,轿车在城市中已不是稀罕物,克莱斯勒的道济、通用公司的雪佛兰、福特公司的福特竞相拓展中国市场,天津的报刊上经常有汽车广告。

　　城市发展,社会的汽车需求不断增长,租界里的洋行相继开办汽车业务。从民国初年到1949年的30多年间,外商在天津经营的汽车洋行有30几家。如美商的美丰、公懋、亨茂,英商的捷隆、德隆,意商的米那、美隆,俄商的马场、司丹里,法商的升昌、中央,德商的云龙、捷成,日商的丸石、武斋。汽车洋行一般都与外国汽车厂商订有独家包销汽车的合同,以垄断市场、多捞利润。美丰在天津地区包销福特汽车,亨茂包销别克和欧斯毛必尔车,米那在华北包销司徒贝克牌,公懋在华北、东北和西北等地独家经销克瑞司。汽车洋行众多,市场竞争激烈,各洋行都特别注重广告与促销。天津各大报刊版面充斥汽车广告,北画中,中央汽车公司、公懋、捷隆、英茂汽车行等长期刊载广告,广告版面最好、最大。各洋行在管理上也推陈出新,公懋代理克瑞司,每年在新车上市前,克瑞司便将新车情报寄到公懋,列举新车的优点,与别家汽车比较。该行根据材料训练推销员,竭力渲染所经销汽车的优点。公懋的营业部还详细调

中国大陆商业公司广告一

中国大陆商业公司广告二

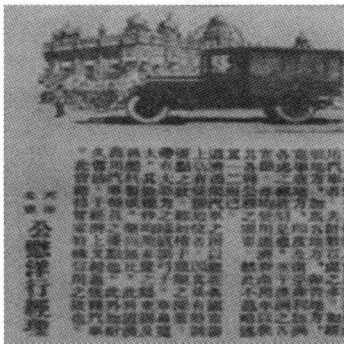

公懋洋行广告

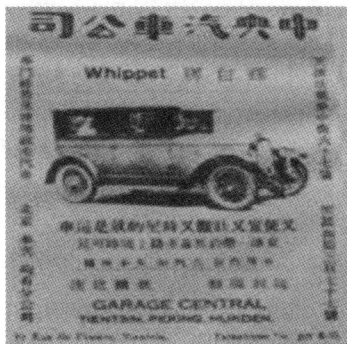

中央汽车公司广告

查研究全市汽车用户,设立汽车用户卡片档案,载明车主姓名、汽车型号、车牌号码、购买年月、使用情况,布置不同的推销员兜揽生意。一些富家纨绔子弟,为了炫耀其豪华阔绰,不断更换新型汽车,公懋了解到达些情况,采取以旧换新的方式,以极低价格买进旧车,然后卖给对方新车,再将旧车以高价转售给不讲究式样的普通用户,公懋利用这种手段获得双重利润。[①] 自行车也作为人们的休闲时尚交通工具进入津人生活,但由于价格不菲,道路条件不便利,并未成为大众消费的交通工具。

(三)广告中的用

开埠之后的天津迅速成为商业化社会,居住在租界地的人群不同于天津老城区的传统天津人,传统商人、近代买办、新兴商人、金融家、工业家及小商贩,租界里的洋人、绅士、大户人家共同构成租界的主流消费群体。他们拥有较强的经济实力,还有较新的生活观念。在洋化的租界文化下,传统的文化观与生活观被摒弃,代之以新时代、新生活的消费观念。北画广告反映了天津租界全新的消费风格,广告商品不再只讲求实用,不再只讲求节俭,讲求生活品

① 高敏时、李少伯.美商公懋洋行在中国的活动［A］.天津市政协.天津文史资料选辑(33).天津:天津人民出版社,1985:155

质的提高与社会身份的构建,购物消费不再只为了满足生活需求,人们通过购买奢侈品来标明社会身份,炫耀消费能力,标示自己高人一等的地位与身份。在近代消费文化观念的塑造中,广告起到推波助澜的作用。商品广告包罗万象,展示了充满诱惑、极尽享受的美妙世界。

1. 摄影

摄影技术传入我国后,促进了报刊的进步,报刊印刷进入照片铜版时代。随着相机的普及,照相技术逐渐进入人们的生活。在有闲阶层中,相机成为时尚的家庭用品。1920 年,柯达在上海设立销售总行,随后在天津设立分行,开始在报纸杂志上投放广告,推销机箱与各种型号的"软片",前后推出"最新式最小巧"的"620/616 镜箱"、小小"白朗尼"镜箱、摺合式"鹰眼牌"镜箱。拥有柯达相机成为时尚人们炫耀的"资本",涌现出不少摄影爱好人士,北画成立的北洋摄影会就聚集了这

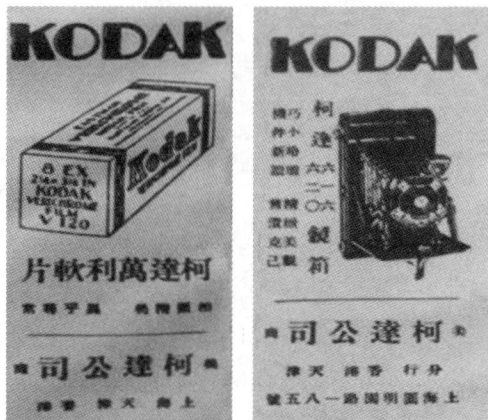

柯达公司广告

样一群摄影"发烧友"。照相机普及,照相、冲相市场也逐渐打开。大华饭店经理赵道生看中这样的市场机会,开办大华照相材料公司。公司与大华饭店齐名,借大华声誉上位打开市场,记者采写了名为"不卖牛油面包,专卖照相材料"的文章,介绍大华照相材料公司的业务,"该公司除出售材料外,以冲晒照片为其主要之营业,因设备之精良,故出片最速而最美"(1930 年 10 月 7 日,534 期)。因为设备先进、技术优越、服务优质,大华照相材料公司一开业就受到市民的欢迎。北平同生照相馆、好莱坞摄影部、周瑟夫照相馆、鼎章照相馆等都是天津赫赫有名的照相馆。鼎章照相馆成立于 1902 年,为不少名流政客拍过照片,随着业务的发展,在法租界华中路开设分店。北画记者记录了开幕时鼎章新馆的馆内布置与开业盛况。

鼎章新馆开幕记(秋尘):已有三十年历史之鼎章照相馆,近因津变,新设分号于法租界华中路,于十月一日开幕,贺客云集。新馆为一三层之大楼,一切设备,均别出匠心。窗门均雕细花,作浅灰色。窗中陈列,以黑绒作成垫儿,历阶而上,远观之如悬镜在墙。楼下遍陈相片,玻璃橱中,亦均用黑绒儿作衬,色彩格外显明。墙上悬巨钟,仿女性最新式长方手表,出该馆某君之手,颇精巧也。二楼为休息室,中置长案,周以软椅,沙发设墙角,如会议厅。入室甚暖,不见炉,为巨镜所掩。作一小间隔,几疑为暖

气管。盆花排列,极艺术化。其化妆室,小而精,即设楼梯口,备女性擦胭抹粉之用也。自一楼楼梯迄三楼口,皆为喜联贺镜所掩蔽,本报所赠"形影不离"之贺镜,即悬休息室之正面。三楼为摄影室,黑幕白顶,设弧光灯三架,顶上灯凡六七十盏,开视之,光如白昼,面积甚宽敞,足容三四十人。为利用光线,壁色如雪,与二楼之灯

照相馆广告一

红壁绿者,又觉其雅洁可喜。开幕日,梅兰芳即与长城唱片公司经理叶畏夏先往摄影焉。鼎章营业,素称发达,此后两号并进,其成绩当益足惊人矣。(1932年2月4日,737期)

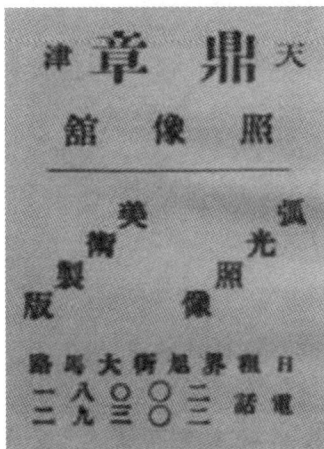

鼎章照相馆广告

法租界的鼎章新馆为三层大楼,楼下大厅,橱窗广告以黑绒衬底,二楼休息室、化妆室,三楼摄影室,顶上灯竟有六七十盏,面积宽畅。除了店面装饰外,照相业的竞争也颇有门道。如同生照相馆美术部与"藏有全套戏箱"的某君合作,出租戏服供人摄影,并且"摄影时并代为化妆,指点姿势",因而惹得许多有"爱美戏剧家"或"戏瘾已深尚不能唱者"都不妨装扮起来,留张"戏象"(1931年7月18日,652期)。好莱坞照相部则自制了许多的"美术拜年片",拜年片上贴有"各式极精美之相片",相片上还附上各类广告词,其中的爱国标语更显其特色,"类如'党,国,一般重要!同志们啊,挑稳了肩担,干!干!干','又是一年了,您要雪国耻吗?消极的方法——提倡国货!积极的方法——到前线去!请你自择,祝您顺利'"(1931年12月29日,722期)。消费需求旺盛,照相市场细分化,相机越来越先进,出现即照即取的"游行照相馆","近日街上发现一游行照相馆,系用最小之照相机,当时冲晒,每片取洋二角"(1933年10月14日,998期)。照相机已逐渐成为日常生活用品。

2. 电报、广播、唱片

1844年,电报大规模应用,极大缩短了地域间的距离,增强了人际交往,加速了社会传播。天津是洋务运动的中心区域,电报也率先出现。1879年,

李鸿章在天津和北塘海口炮台间试架了一条
长约 60 公里的电报线。不久,他又在天津机
器局和直隶总督衙门之间架设了 6.5 公里的
电报线。接着,天津至上海的电报线建成。
此后,电报线由天津架设到通州,不久接入北
京;山海关、奉天、保定电报线竣工,后又延至
太原、西安、嘉峪关、新疆。可见,中国最早的
电报通讯网络以清末的天津为中心。天津无
线电报管理处的"贺年电报"广告说,电报带
给人们不仅是信息传播的便利,还有感情表
达的便利,"本届新年,无线电管理处,特仿欧
美方法,对于贺年电报,大为减价,故各处人
士多利用此机,纷纷拍发贺电"(1929 年 1
月 12 日,268 期)。广告特制了两个样版,
图案精美、构思巧妙,电报文、中文、英文穿
插其中,图画配以蜡烛、白雪等图案,"恭贺
新年"等字眼带来祝福。相比传统的年画、
明信片,这是天津人"西化"的又一创举。

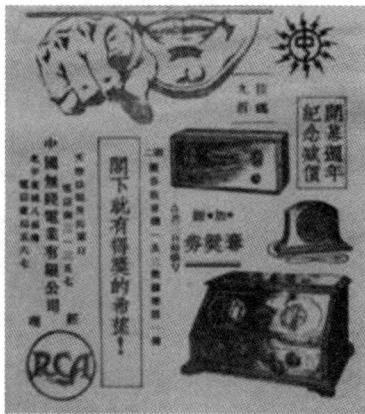

中国无限电业公司广告

贺年电报

　　1922 年,美国无线电公司 RCA 生产出
世界上第一台收音机。同年冬,美国记者奥
斯邦在上海广东路大来洋行屋顶建立一座
50 瓦的无线电广播电台并成立中国无线电公司销售收音机。1923 年 1 月 23
日晚 8 时电台于上海开播,几天便销售无线电近 500 台。天津早期的广播电
台,是从 1925 年日商义昌洋行设立第一座广播电台开始的。义昌广播电台于
1925 年 1 月成立,是天津第一座广播电台,由经营无线电器材的日商义昌洋
行在日租界开办,其目的是扩大该行的影响,推销无线电零件。义昌洋行广播
电台主要转播日本国内的日语广播节目、音乐及少量广告。这座电台的创办,
在天津掀起一股小小的"无线电热",天津最早的无线电业余爱好者及无线电
专业技术人才出现,但由于产品质量与技术都不能与美商媲美,故义昌洋行的
广播电台未带来太多商业上的利益,加之播音时间不固定,时断时续,义昌广
播电台最终也没成为正式的商业电台,于 1927 年停办。天津的官办广播始于
1927 年 5 月 15 日,北洋政府创办天津广播电台。[①]

　　北洋政府规定,销售、购买、安装无线电器材都要登记、注册,这在一定程

_____

　　① 马艺. 天津新闻传播史纲要[M]. 北京:新华出版社,2005:149

中国无线电业公司广告

度上限制了收音机的普及,影响了广播事业的发展。1928 年 12 月和 1929 年 8 月,国民党政府先后公布《中华民国广播无线电台条例》和《电信条例》,允许公司团体和个人经营广播电台,中国出现民营广播电台。随着广播电台的不断建立,无线电接收机逐渐兴起,以美国产品为主,多为舶来品。1927 年 10 月,由华人合资创办的中国无线电业公司开业,开业之日即以播音器放送,"声闻数里",街口驻足听歌者达数百人,一时名噪津门。中国无线电业公司经营的产品均为"美国无线电业公司制造",其广告产品标记全是美国无线电公司的产品名称"RCA"。中国无线电业公司在北画上大做广告,其广告版面地位和版面大小可与汽车广告相比较,可见

实力之强。"在家不出门,能听天下事"的"耳福"、"欲听新闻之利器"、"这是购置无线电收音机最好之时机:目前新闻学说最多,戏剧节目最好,教授学课有用,机器式样又新,价目最廉"等广告词诱导性极强。公司还举办征文比赛,以"发展平津广播无线电事业刍议"为题征文,博采众言,其附注标题却是"电台机器之改良及增造;电台之管理;放送节目之选择及时间之分配;购机之经常费用之筹集;无线电听户协会,及无线电学会这组织,与其功用"。一方面,广征建议,另一方面,为无线电行业进行了市场调查,是一举数得,既做了广告,也做了公益传播,了解了市场信息。1934 年,无线

中国无线电业公司广告

电业公司开办电台,"定每星期六晚八点至十一点半,邀请著名票友清唱,播音放送,由今晚起始。计为刘叔度、青云主人、刘献庭合唱《二进宫》;讼咏居士、徐觉民合唱《宝莲灯》;尚有幻书元之《吊金龟》等"(1934 年 9 月 1 日,1135 期)。电台开办带动了产品销售,中国无线电业公司兼营唱片唱机业务,但非主营业务,从中也可窥见天津唱片业发展面貌。

二三十年代，天津娱乐业发展起来，天津拥有强大的市场需求与消费实力，成为继上海之后的唱片中心。上海对天津的影响较大，上海许多唱片公司到天津开设分公司，或委托洋行进行代销。洋人投资的百代在天津设立公司，销售唱机与唱片；天津联记商行代销"大中华"唱片；隆记商行销售"高亭"唱片与唱机。为了抢占市场先机，唱片业竞争从大上海蔓延到天津。百代公司的唱机最美观、质量最好，但价格不菲，市场中出现低成本唱机，百代公司为此特别以"紧急通告"的形式来标明唱机的"宝石钻针"的身份，说明其物有所值，并以此与其他唱机的"玻璃钻针"相区别。

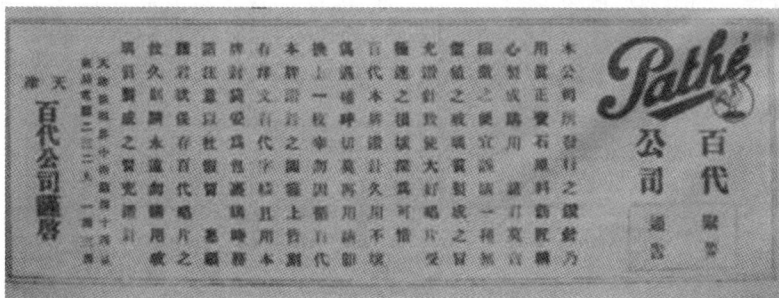

百代公司紧要通告

百代公司紧要通告：本公司所发行之钻针乃用真正宝石原料饬匠精心制成，购用诸君莫贪细微之便宜，误购一种无价值之玻璃质制成之冒充钻针，致使大好唱片受极速之损坏，深为可惜！百代本牌钻针久用不坏，偶遇碰碎切莫再用，请即换上一枚，幸勿因循。百代本牌钻针之圆箍上皆记得有洋文百代字样，且用本牌封袋妥为包裹，购时务请注意以杜假冒，诸君欲保存百代唱片之攸久，则请永远勿购用玻璃质制成之冒充钻针。（1927 年 6 月 8 日，93 期）

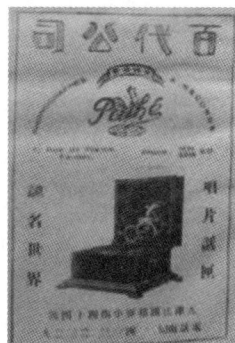

百代公司广告

百代的"紧急通告"解释了百代品牌"宝石钻针"的"宝贵"，既作了防伪广告，也传播了知识，一举数得。为了扩展天津市场，百代与天津有名的饭店、酒楼、戏院合作，其在大华饭店的屋顶花园投放的广告说："大华屋顶花园音乐，系用百代公司新到之'伯南馨'电气放音机，与乐队同其响亮。世界名乐，悉能放播。"（1929 年 6 月 6 日，328 期）百代在天津的天升戏院上投放的广告说："百代公司经售此器，因于星期二晚在天升戏院试演，约请中外来宾赏听，座为之满。此器发音宏亮真确，一若天然，单人歌唱，如在台前，多人合唱，反觉院子之小；各种乐器之音，精确传出，丝毫不爽，静聆之下，令人抚掌叫绝，不能不佩服科学之能力也。"(1929 年 3 月 21 日,295 期)这种合作既能为饭店、戏院招揽顾客、娱乐大众,也为产品作了广告,效果奇佳。唱片公司还能投其所好,了解天津市场的特点与消费人群的喜好,然后制作与销售有针对性的唱片。天津得北京"京戏"的正宗流传,有一帮铁杆"票友",因而,京剧、戏曲名作成为唱片公司的主要产品。唱片唱机成为茶楼、戏院之后听戏的重要方式,游娱场所、百货公司、商店纷纷购买唱机、播放机、唱片,以此招徕顾客。

3. 美容与美发

"丑女变美",一幅广告上左右两幅图,右边女人脸上显然有污秽,左边女人精心打扮后光彩照人。这是顾林祺太太美容室的美容广告,"交际明星的恨事是雪肤玉貌容易老!欲免此弊,请至巴黎海兰路边士在大学毕业顾林祺太太美容室,可保容颜姣嫩美丽超群专治容颜丑陋及面部一切不雅观之疾"(1930年 3 月 8 日,443 期)。天津居住的阔人名流的太太小姐、大家闺秀很活跃,美丽、华贵、漂

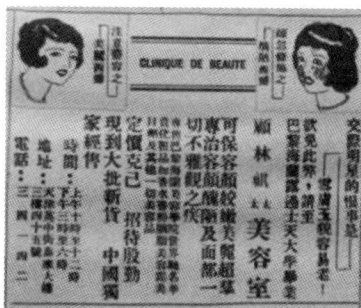
顾林祺太太美容室广告

亮、青春等字眼都是交际圈中的"她"们所向往的。要成为社交明星,美貌自然成为打动一切的号召。但如果老天不遂人愿,怎么办?美容广告以生动的、煽动性的形象、语言告诉消费者如何成为社交明星——改变容貌,光彩照人,那就把自己交给美容院吧。广告宣扬美容院的诸多好处。一,这里有专门的行业,"名利社设有美容术及化妆品研究部,系由留学欧西有该项学识者担任职务"(1932 年 4 月 9 日,763 期)。二,这里有专门的技师,如天津宝耳大药房说自己的技师"毕业于旧金山万国美容学院,施用'爱丽莎比司阿尔顿'氏发明之手术;能用最新方法,使人皮肤润泽,皱纹消减,显然长春不老;雀斑赘瘤种种瑕疵,可用人工除去。并用紫光及冰,施行面部按摩。手术精良,毫无痛苦"

百代公司广告

(1928 年 10 月 20 日,233 期)。三,有各式欧美化妆品,如"名利社的化妆品专行"里,"涤垢除痒、头发柔爽"的洗发水、"浓芳透明、滋润面肤"的"甘蜜浆"、"红白合匀、美丽异常"的"胭脂粉"、"芬香除疫、清爽精神"的"华露精"、"清洁芳香、净汉保裳"的"净汗香水",还有"英法美各种特别新式化妆用料品,各种皮肤颜色"。专售"驰名华贵化妆品如香水香粉胭脂美容霜美目剂及其他一切美容品",美容品的种类之丰富让人难以想像,"美容材料,极丰盛,芬芳馥郁,润泽光彩,凡三四十种,若油,若膏,

美容室广告

若粉,若露,皆以数目字分其类别。粉饰一种之后,容色便增美一分,点唇,画眉,钩眼,各尽其妙,及其修理工毕,面目顿改,虽熟友家人不敢相认。化妆时,匀抹平铺,有如戏台上之画脸者,而事后之容光焕发,百般娇艳,固又不能与关公之红,龙图之黑同论矣"(1931年12月19日,718期)。这些美容化妆品"能化媸为妍",适宜于"舞会、宴会"等交际场所用。也有生活、日常交际用的化妆品,诉求于自然清新,"卡沙娜点唇膏、美容膏,施以色润之修饰,然所以色润者,应用健美天然之秀色,而非一种涂染之俗气。卡沙娜美容膏点唇膏能以清新娇嫩之色调,增加面肤之秀丽,且其施用之后,足与平人皮肤相匀和,寒暑天气,水湿,接吻,均不退色"(1936年7月18日,1427期)。女性的化妆美容术日益完善并精细专业化,既看出天津美容市场需求旺盛,也侧面反映了天津交际与社会生活的成熟。走出家庭、走向社会的女性可以从美容化妆上找回自信,找到自我,展现了近代女性新形象的追求。

中国近代的革命从"脚"革到"头","自从满清逊位之后,好像头发也随着革了一次命,就是妇女们也把纂儿革掉;虽然现在又有伪满的成立,但还未听说有恢复辫发的伪命,所以现在是无间中外男女,理发也成了生活要素之一"。理发涉及形象,"在男人们呢,无论是怎样的翩翩佳公子,发的修饰不过是剪短而已。而在女人们则不然。因为妇女都有着爱美的天性啰,所以理起发来就麻烦的多,至少要费一点多钟时间的。至于

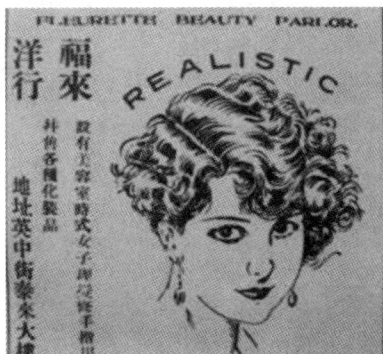

福来洋行广告

男子也要摩面、烫发之类,那是理发店的特别优待",因而女人要称为"美发",而男人也有诸多的需要,"摩面、烫发"也是生活品质的提升,理发的水平、环境及舒适感,也随着提升,"比起从前坐在板凳上被剃头匠把头扭来扭去的苦楚,今日已觉十分舒服了"[①]。天津理发店与美容室一样,因交际、社会化的需要而日益盛行,行业竞争日趋激烈,同一张画报上,有七八则理发广告,竞争很激烈,在设备、技术、环境、理发师等各方面展开,"津门理发业自近年来大事改革以后,高尚仕女,咸乐趋之,盖设备与技术均臻上乘。厥后,新理发店日增,因

---

① 少西.略谈理发[N].北洋画报,1934-8-4(2)

营业上之竞争,无不悉心研究,争奇斗胜,于是理发业之鼎盛,冠于华北。今日一般设置,至若门面之壮丽、房间之雅洁、技师之选聘、设备之完美,尤能随时改进,日新月异"。人们对理发的要求今非昔比,理发店所提供的服务更是"日新月异","舒适之坐椅"、"保险烫发电机"、"卧椅洗头器"、"刷头亦用电刷"、"化学药品染发"等"舒适而卫生"(1934年8月4日,1123期),理发技术,新式电机烫发、新式无线烫发、特别汽烫、水烫、染发、理发等花样翻新,样式潮流。北画登载介绍欧西的头发样式,各理发店还以理发师作为招牌,大作广告,王金波、徐省三、张文清、高福瑞等都是天津理发店里名声响亮的"理发师"。名噪天津的"仙宫理发馆"附设"美容室",提供全面服务,聘请外国女技师,引得不少摩登人士前往体验,引得不少游人观瞻,成为当时天津有名的"西洋镜"。下文《仙宫一瞥记》可以一窥天津时下的理发行业。

最新发式系列

仙宫一瞥记:……其内部,悉心擘画,布置尽仿美国最新式。于卫生光线,尤为注意,其房屋内部殊高敞,是以空气充足。冬日借暖气管传热,温度适中,日间光线恰到好处。电灯悉用白光玻璃泡,无刺目之弊,吾人置身其中,倍觉安适,此仙宫之所以为仙宫欤。所有理发用具。皆购自西洋,座椅十二张,孩童马头椅一张,乃世界著名专门理发用具制造厂克司 KOCHS 厂所制,价值五千金。该店之特色,首为电机剪发,轻便舒适,迥异常法,在华北实为创见,所用电风干发机,亦绝无仅有,能压伏头发,使其易干。又置备消毒器,亦用电气,将用过之刀剪梳刷手巾等物,随时消毒,皮肤病之传染,绝对免除。仙宫理发师,均自各大埠专聘而来,皆有特别经验,手术高超,对客十分和蔼。

仙宫美发店广告

其烫发师徐省三君,更为海内罕有之能手,据谓自十七岁起,即在外洋学习理发手艺,所以能操英俄德义四国语言,以前均在汉沪平津各西人理发店中服务。徐自谓所烫发能担保一两星期,不致变动云。仙宫不分男女座,惟每座左右均设绸幕,可以随意揭开隔离,每隔一座,即有一自来水面盆,顾客洗头,在咫尺间,无往返之劳。仙宫设有马头座椅,专供儿童理发之用,儿童坐其上,自觉有趣而不厌烦矣。仙宫有女书记卢荟敏女士,粤人,毕业于北平某女学,又有女理发师女招待各二人,是亦提供女子职业之一道也。该店善制各种发罩,可以定制,亦有出租,演新剧者化妆跳舞者,咸趋之若鹜,日前扶轮社会开服装表演会,中西女士往租用者甚众也。

(1929 年 1 月 24 日,273 期)

第二节　西风东渐下的服饰时尚

一、天津服饰变迁的面貌

随着社会文明程度的提高,服饰渐渐远离遮体避寒的基本功能,而具有身份、个性、精神、地位、族别等多重社会意义,"贵贱有分,男女有别"的身份等级差距更是服饰的文化功能与社会功能的具体体现。服饰作为人们日常生活符号化的物质,其变化极为充分且具有时代意义。天津经历急剧的社会转型、制度转型、观念转型,服饰这一表征也经历代表性的变化。"人民思想为之解放,对于昔日之格式,乃不复顾及,益以交通日便,风气为开,争奇斗艳之新妆,乃集中于津门沪上二地"[1],天津的服饰变迁紧随欧美潮流,"我国装饰,将来必尽行欧化:现在妇女的时装,既多仿效西式;风气所趋,男子的服装,必亦尽行欧化;此亦势所必至者"[2]。服装西化和时髦的程度,一般以大城市和通商口岸为最明显,天津的时髦程度虽比不过上海,但已是北方最时髦的城市。西式服装的流入、中式服装的改革、传统服装的沿袭,种种涉及服饰变迁的景象与活动在天津得到淋漓尽致的表现。

---

① 李寓一.近 25 年来中国南北各大都会之装饰[A].清末民初中国各大都会男女装饰论集.香港:中山图书公司,1972:8

② 李寓一.近 25 年来中国南北各大都会之装饰[A].清末民初中国各大都会男女装饰论集.香港:中山图书公司,1972:19

就男性服饰而言,有长袍马褂、中山装、西装,还有根据社会身份约定俗成的系列服装,如学生装、各种制服。男性服饰变迁最典型的是西装,随着国门洞开和洋人洋货涌入,西式服装传入中国。当时中国人穿西服的不多,主要是买办及和洋人打交道的人,大部分中国人只是看客。随着西化程度渐深,中国人很快接受西式服装,清政府也下令进行服装改革。清末的新军就穿仿西式的新式军服,虽然脑后拖着辫子显得不伦不类。辛亥革命前,穿着西装已形成风气,仿西方服饰者越来越多,"欧风东渐翩翩少年多有易装以炫者"①。民国以后,中国的服饰西化进程开始加快,"民国新建,亟应规定服制,以期整齐划一。今世界各国,趋用西式,自以从同为宜"(《申报》1912年8月20日)。学习西方、摹仿西方成为共识。1912年10月,经参议院多次讨论,政府颁布了男女礼服的规定,"男子礼服分为两种:大礼服和常礼服",其中大礼服是西式的礼服,常礼服分中、西式两种"②。到了三四十年代,男子穿着西装得到广泛的认同,不仅官员、知识分子喜欢穿,其他阶层的人们也都喜欢穿。人们将身着西服作为时髦、新时尚,"互相效法,以为非此不能厕身新人物之列",一般民众生活较宽裕者"亦必备洋服数套,以示维新"(《大公报》1912年6月1日)。尤其在天津租界里,这些西式服装赢得越来越多人的喜欢。此外,男士服装的变化还表现在中山装的盛行。中山装的出现,充分展现了特殊的社会背景。孙中山先生根据西式军服和学生装改进了立领式样,吸收中式服装与西方服饰的优长而研制出中山装,成为中国服饰由封建转向现代的标志,冲破人们长期形成的着装习惯,成为中国男子主要的穿着形式。中山装成为中国学习西方,接受科学民主,追求民族独立的重要反映。北画记载了时人身着中山装的情状,还追溯中山装的来源,说明其时中山装在政要中的盛行。

中山装之起源(妙观):昨晤自南来某要人,为述民党制服之起源,始恍然于所谓代表三民五权等说均属牵强误会。某之言曰:"昔先总理在粤就大元帅职后,一日,拟检阅军队,欲服元帅装,则嫌其过于隆重不于时,西服亦无当意者,正检阅行箧中,得旧日在大不列颠时所御猎服,颇觉其适宜,于是服之出,其后百官乃仿而制之,称之曰中山装,至今式样已略有变更,非复先总理初时所服者矣"云云。某君承受侍中山多年,其说当不虚也。(1929年5月14日,318期)

服装变迁中,走在时代潮流前面的要数女装,"女子服装,瞬息万变,不但日新月异,简直'早晚市价不同',良以'爱美'之心,孰不如我,女性'爱美'盖又

① 刘锦藻.清朝续文献通考(二)[Z].杭州:浙江古籍出版社,2000:9296
② 周俊旗.民国天津社会生活史[M].天津:天津社会科学院出版社,2004:73

非男子所可比也"(1932 年 12 月 13 日,869 期)。国门大开之后,女子服装变化之大,种类之丰富,实非今人可想像,"中国近数十年来,变迁速者莫如妆饰,尤莫如女子之妆饰。其变迁之速,诚足与教育、实业、文学变迁相抗衡,容或过之"①。与男式西服不同,女服的变化趋势是中西结合。清代女装,汉族以上衣下裙为主,满人多穿旗袍,纯粹的西式女服除驻外使节家属在国外穿戴外,并未在国内社会上流行。民国后,女子服装的西化趋势开始明显。中国传统女子服装,胸、腰、臀完全呈平直状态,变革的趋势是追求女性曲线美,女式服装长度缩短、腰身收紧、袖口缩小。从 20 年代开始,传统女服与西式女服的结合体——旗袍——开始流行。旗袍来自满族妇女服装,借鉴欧美服装的样式,在衣的长短、领的高低和有无、开衩的高低、有袖无袖、袖的长短等诸方面紧随西式时装而变,形成标准样式时,已与传统旗袍没有多少共同点了②。旗袍冲击了传统女式服装,经历曲折才得到社会的认同,改良后的旗袍被许多人认为是最能体现东方女性体态美的服饰,展示了女性内敛的、矜持的、优雅的、含蓄的性感。由于过于西化,民国时期旗袍也只在大中城市流行,农村和小城镇还比较少见,但在天津则司空见惯,旗袍成为天津社交名媛常见的着装。除了旗袍,女式洋装、礼服、长袍也成为女子服装。北画刊载了一组画家曹涵美作的"美的装束"的画像,"装束"种类涉及旗袍、洋装、礼服、长袍、内衣,游泳衣也进入人们的视野。画像下还附有小文,简单说明服装式样,如 350 期的"女内衣","下图为最时髦之女内衣,代小马甲而兴者也;前期缃香阁主'杨耐梅装'文中所言内衣即此物,通常用布或绸为之;纱因透明故绝不宜。绣花花边,随意加缀,但以素净为主"(1929 年 7 月 27 日)。358 期的"初秋家常装束","开领,极时髦。薄纱晟,领口胸口袖口及下身,镶以绸(或布)边。胸口可展开至腹部,纳凉最便。上身左手方及下身右手方各缀一袋,上者容香绢,下者纳钥匙等零物之用;盖家常便服之尤新颖者也"(1929 年 8 月 15 日)。天津的报刊上,这方面的介绍比比皆是,衣服的时髦样式不断翻新,令人应接不暇,时人作竹枝词说,"鞋爱高跟走几遭,全凭衣服见时髦"(天津《妇女月刊》1 卷 1 号)。有人惊呼:"现在男女的衣服,差不多几天就要变更一次的,不要说十几年前的衣服,就是上半年做的,下半年就不时兴了。"③时髦服装层出不穷,成为天津女性追逐时尚、表现时尚的最好载体。

---

　　① 景庶鹏.近数十年来中国男女装饰变迁大势[A].清末民初中国各大都会男女装饰论集.香港:中山图书公司,1972:29

　　② 李少兵.民国时期的西式风俗文化[M].北京:北京师范大学出版社,1994:54～55

　　③ 周俊旗.民国天津社会生活史[M].天津:天津社会科学院出版社,2004:184

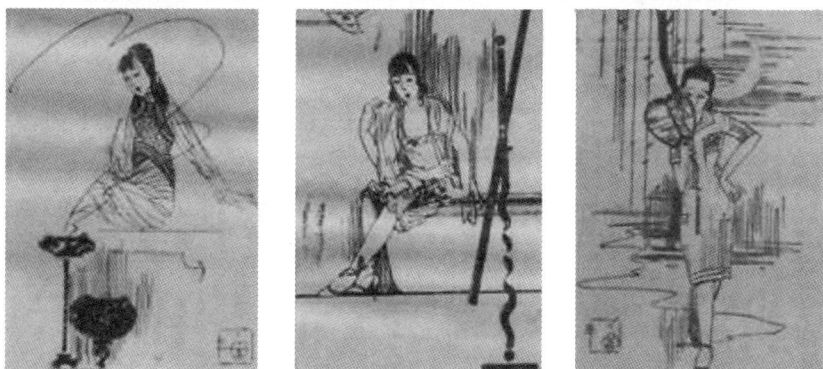

美的装束

　　此外，近代中国是新式教育逐渐发展的时期，天津是新式教育发达的城市，新式学校多，新式学生多，学生着装也发生变化。民国时期，学生装成为社会上较有影响的服装，成为身份、文化、地位的象征。中小学的男生服装一般是中山服，还有一些讲究，如前襟五个扣子表示五权宪法，袖口的三个扣子代表三民主义，四个口袋代表国之四维。大学生的服装相对自由多样一些，长衫、西服、中山装都有。女学生的服装比较统一，一般均是素色衣裙，上衣窄小，袖子较短，下摆呈弧形，裙子长至膝下，无折裥自然下垂，冬天则是棉旗袍。天津女性的个性在民国后逐渐凸显，首先在服装上显露出来。学校里的摩登女生更成为风尚潮

美的装束

人，"天气渐热，各校摩登女生，早着单裤，裤上不缝衣袋，手中又不担皮包，所有零用钞票，多塞于长筒袜管之上端，用腿带缚之，需钱时，一掏而得，诚为一新发明，已渐成风气"（1931 年 6 月 13 日，637 期）。以女学生为主的知识界为了追崇文明，还曾掀起"文明新装"风，她们穿蓝或月白色的新式旗袍，倡导不

戴簪钗、耳环、手镯、戒指。同时,身着倒大袖袍(秋瑾袍)衫,黑长裙、白线袜、黑偏带布鞋,一条长辫或一头齐耳短发,展示了新青年的风采①。北画文章叙写了记者吴秋尘随女友到天津女校拜访时所见人情人景,其对人物衣着的叙写可以一窥风貌。

客厅中(一)(秋尘):凌影到一家女学校里去访友,她进宿舍去了,我坐在客厅里等她。那学校的规矩,女友找女友,可以直入宿舍,男友总还是男女有别,是只许在会客室会面的……正面的沙发上,坐着一位女士,玄色的黑绸长袍,头发披在肩上,圆圆的脸像个月饼,甜蜜蜜的两腮,深含着枣泥馅的味儿。靠着沙发的一把大椅子上,坐了一位穿西服的少年,平头,上衣是墨绿的,裤子是豆沙色的,套在黑色长袜外的黄皮鞋,擦得并不很亮。坐在长案头一把椅子上的另一位青年,脸冲着里,正和玄衣女士对坐着,是一位浅灰的西装,黑皮革黑袜子,很亮,比起玄衣女士的那一双来,只少了鞋头上三扇图案的金叶子……坐在右面的,是一位男学生,一套上蓝下绛的西服,黄皮鞋格外的亮,在那屋里称得起第一双亮鞋,和他漆黑如墨从中分开的亮头是同样有第一的位置……对面坐着的女士,头发是往后梳的,身材和面庞都很瘦削而俏丽,穿着一件浅紫的布衫,袖子和下摆都滚了深紫薄绒的边。鞋仿佛是自己作的,也是浅紫的颜色,一圈附带在鞋上的鞋带围在细的胫骨上,更显出白丝袜子的洁白了……(1929年10月8日,381期)

客厅中(二):被访的女友有三位,一位穿蓝布长褂,也是帆布鞋,白线袜子,腿部的袜子,绉绉着还不大整齐。一位连长衣制还不曾实行,上身是一件白地大红圈的洋布褂子,黑洋绉的短裙,一双电光丝的米色袜子,一双自做的浅紫绒鞋。另一位算是时髦的了,帆布鞋白得多,袜子也还是线的,一件外国绸深褐色上面加了浅褐色十字线条的长衫,大襟上还有一块极小而极精美但已经用脏了的小手绢……还有一个茶几、两把椅子靠着北墙。那儿坐了一位穿灰黑学生装的青年,黄布短裤,黑袜子、黄裤之间,露着一双黄膝盖,黑帆布鞋……(1929年10月17日,385期)

作者平铺直叙,让我们领略了民国男女青年的着装风貌,当时服饰的地域差异并不大,但服饰种类繁多、款式多样、颜色多种,人们服装的选择性较大,服装细节的变化也追随服装的潮流日益丰富并引起人们的重视。

新式服装流行,传统的衣饰让位于西式服饰。丝袜、皮鞋、领带等与西服配套的东西也逐渐流行。报纸杂志开始介绍女帽、女鞋的最新潮流,"洋

---

① 华梅.20年代的时髦[N].今晚报,2000-12-1(13)

布、洋伞、洋鞋、呢帽之类的洋货,在上层人物身上以及他们的屋里,一天天增多了"①。"要得装束美丽,须从头部做起",同升和帽庄的"又漂亮"、"又壮观"、"最时髦"、"最流行"的各式帽子中,"大草帽""既可挡太阳,又能增情趣","溜冰帽""男人的、女人的、儿童的"全有,"新式卷沿女帽"、"新英式皮帽"一应俱全。天津中原公司的"异样绣鞋舞鞋","以应当代潮流","玲珑新颖,安稳舒适,虽非绝后,敢诩空前",特别适合当下的"跳舞之风"……(1928 年 5 月 26 日,191 期)

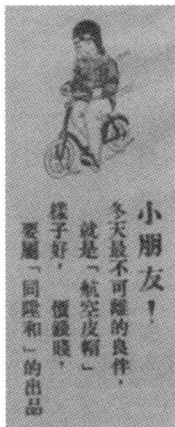

小朋友!冬天最不可离的良伴,就是「航空皮帽」,样子好,慒暖�〈……〉寒暄「同升和」的出品

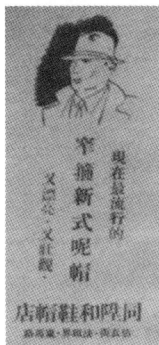

同升和帽庄广告

同升和帽庄广告

人们的生活着装、审美情趣发生变化,轻工业的发展也受影响,尤其是面料生产。天津开埠,花洋纺、派力司、哔叽、羽纱、蕾丝等大量国外面料涌入。为了适应人们对服装质感与式样翻新的需求,国产传统面料棉、麻、丝等在织法和质感等方面也发生变化,这些都间接地刺激了机器纺织业的发展。北方其他地区争购和效仿天津生产和进口的服饰面料。"海京呢"、"西服呢"、"大衣呢"、"制服呢"充斥市面,消费者的选择越来越多,服装面料商在报纸上大做广告。

人人爱用:用"海京呢"做西服,庄雅大方;用"海京呢"做袍料,风流潇洒;用"海京呢"做作旗袍,倍增妩媚;用"海京呢"做制服,益显精神;用"海京呢"做大衣,经穿耐久。(1936 年 10 月 27 日,1467 期)

御寒衣服的变迁:吾人细心观察,穿棉袍者,现已逐渐减少,皮袍因价值过昂,白羊皮又容易染污,故亦为经济家所厌恶,本厂自织松紧绒(即俗名驼绒),在华北为首创,

海京毛织厂广告

用全新羊毛织成,绝无杂质,轻暖莫比,且门面特宽,用料又省,理想中之御寒袍里,无过于此。(1935 年 11 月 30 日,1329 期)

海京制服呢,简洁整齐之服装,非特动作便利,且予人以良好之印

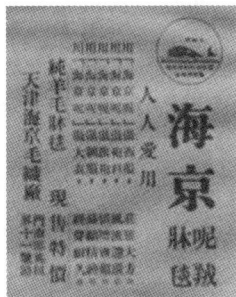

---

① 政协全国委员会文史资料研究委员会.辛亥革命回忆录(二)[M].北京:中华书局,1963:366

海京毛织厂广告

象，机关学校，近多改穿制服，用意亦即在此，唯"制服材料"，殊值吾人注意，倘质地粗糙，内含杂质，或容易落色，均属有碍观瞻，本厂出品"海鲸牌"呢绒毛毯，全用中国羊毛织造，承历届铁道展览会及各地国货展览会颁给起先奖状，对于"制服呢"，质料尤为精纯，不落色，不绉缩，温，暖，轻，软，历久如新，价目亦极克己。（1936年2月8日，1358期）

天津民族纺织企业的发展见证了天津轻工业的发展，如1931年建立的天津仁立，引进国外的机器设备和工艺，还用进口的澳大利亚羊毛为原料，

仁立公司天马商标

提高了产品质量，创新了产品种类，逐步摸索生产出粗纺毛纱、粗毛织品、精纺、呢绒等一系列替代进口的服装面料，增强了工艺上的竞争能力，在报刊上用相当大的篇幅刊登广告，迅速发展成千人大厂，其"天马牌"产品成为"久享盛名之国货"，其"仁立"制服呢为"全国军警铁路交通政学各机关之所以指定采用"（1936年11月10日，1476期）。

二、天津服饰变迁的诱因

消费选择要遵循从众、趋利心理，人们相互效仿，造就"消费趋潮"，反过来影响消费行为。"消费趋潮"指产品的消费过程中形成的时空上的变化和发展趋势，对日用消费品的生产和销售的厂商来说，了解消费趋潮尤为重要，这有利于厂家了解市场与市场发展动向，了解人们的消费行为动向，从而作出销售决策。"消费趋潮"有一定的规律性，其对时尚潮流的导向影响很大。

今年之装束

```
┌──────┐      ┌──────┐      ┌──────┐      ┌──────┐
│大城市│ ───→ │中小  │ ───→ │小城市│ ───→ │乡村  │
│      │      │城市  │      │      │      │      │
└──────┘      └──────┘      └──────┘      └──────┘

┌──────┐      ┌──────┐      ┌──────┐
│交通发达│ ──→ │交通欠发达│ ──→ │交通闭塞│
│地区  │      │地区  │      │地区  │
└──────┘      └──────┘      └──────┘
```

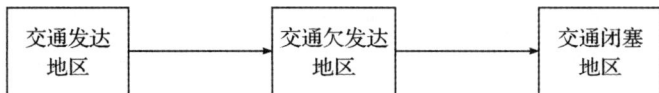

"消费趋潮"从年龄和性别上看,可表示为下图:[1]

```
┌──────┐      ┌──────┐      ┌──────┐
│青年人│ ───→ │中年人│ ───→ │老年人│
└──────┘      └──────┘      └──────┘

┌──────┐      ┌──────┐      ┌──────┐
│时髦型│ ───→ │女性  │ ───→ │男性  │
│女性  │      │      │      │      │
└──────┘      └──────┘      └──────┘
```

"消费趋潮"地理位置示意图

北画编辑王小隐在名为"姑且也算闲谈——关于装饰"的短文中就谈及消费趋潮:"城中好高髻,乡里高一尺。城中好广袖,乡里束匹帛。城中好广眉,乡里覆半额。""城"的审美趋向直接影响"乡",特殊的时代造就了"贫效富,富效娼"的"消费趋潮",掌握"装饰创造权"者"居于主事",主导风潮并成为众人效仿的榜样。

无论任何种族里的妇女,他们的标准美,都是以同有的特点为引申的。就中国说,名门闺秀的腰肢,向来是比乡娃村妇来得轻细,所以乡娃村妇偶然也有轻细的,都说这是美人了。所以装饰的创造,也是属于上级妇女的。"城中好高髻,乡里高一尺。城中好广袖,乡里束匹帛。城中好广眉,乡里覆半额",这便是风行草偃、上行下效的显例。不过自清朝以来,满洲异族之装饰,既不与汉人相通,而吾人闺阁复渐趋腐化,耻言新制,于是陈陈相因,而此种特权,无形遽遭于娼优之手。即以"刘海发"一节而论,即出于沪妓胡氏,而胡则学诸"盐水妹"者也,闺阁反纷纷效法之矣,"贫效富,富效娼"遂为一时之口号,岂不哀哉!最近渐有良好之趋向,即此种特权之恢复是也,闺阁名媛不避服妖之目,高门贵妇时有惹目之衣,在"风化家"自不免于摇头太息,而吾则下拜之不暇,盖充其量不过"娼效",彼一效而吾制"复"新,永居于主事焉,自高出于若辈万万。即以最近成绩而言,已有极长足之进步,斯不能谓非极可乐观之一事也。"装饰创

① 陈培爱、覃胜南.广告媒体教程[M].北京:北京大学出版社,2005:294

造权"既经恢复,惟在永保而善用之耳。(1927年8月31日,117期)

天津是北方的商贸中心、开埠港口,是货物进出口的转运地,因此成为"时尚"的中转地,既受外来时尚风潮影响而催生现代文明,又用现代都市文明影响周边地区。在服装上,"上海天津各地,每出新装,争相摹拟。其最时髦而尤漂亮者,则且步武欧美,如以墨画眉睫,及剪发束腰之类皆是"。如其所言,服饰中的"所谓'时髦'、'流行'(所谓 latest fashion)皆不过竞相摹仿之结果耳"(1928年1月21日,157期)。在时人看来,"摹仿"最多的莫过于"欧美"、"上海"。

(一)欧西时装

天津很早就被迫开埠,租界文化色彩颇浓,也蔓延至服饰的改变上。20世纪初大批留学生从海外归来,更使得西方男女服装服饰盛行于天津,西装和三位一体的西式女裙随处可见,不仅归国留学生、洋行职员及家属普遍穿着,赶时髦的年轻人也热衷于此。报刊媒体中关于西方的报道也多,其中就有关于西方人穿着风尚的报道。

女青年露腿新装:上海市上汽车夫,每有因看女人腿上丝袜而肇祸者。夫丝袜,岂足以引起人们之视线,人们之所注意者,固不在丝袜,而在将结实撑得紧绷绷的两条小腿耳。不然者,洋货铺里丝袜山积,何仍一唱再唱话匣子而不歇耶?近据美国报载,女青年不穿袜,已成美国一部分之时髦装束。而顽固者流,亦有严令禁止之举。原电云:"廿四日,荷利活电云:女青年不穿袜,炫其美满之腿,有等区域或视为时髦之装束,惟南嘉大学生校长,是日已发禁令,不准升堂就学。谓此等轻薄行为,既自贬人格,不知自重,每摄引男生之视官,并且累人,倘敢故违,至必须之时,定请警部协助云云。"在美国,青年女人不穿袜之结果:一,足以"摄引男生之视官";二,"并且累人"。"摄引男生之视官"不过仅限于不著袜的女生;"并且累人"者,则其范围之广,又讵可知乎。女青年不著袜之飞,中国似亦有"时兴"之趋势。男生之于女生,移其视线于赤裸裸的小腿,盖已无疑义。甚或至于市上因看"美满的腿"恐又发类乎看丝袜之惨剧。习艺所里,其将成犯罪汽车夫之世界乎。(1930年9月6日,521期)

阅读这些文章,读者可以了解西方人的穿着时尚,"试看西洋女子方盛行不穿长裤,而中国时髦女子已然仿效"[①],"时髦"俨然就是"崇洋"。对于"崇洋"之风最为敏感的当属企业厂家,欧美风潮顿时成为广告诉求的主题,"每见欧美人士女之讲求服饰者,殆无不御驼毛大衣,其高贵不难想像,盖骆驼毛呢之'轻'、'暖'、'柔'、'美',色泽尤佳,殆超出于任何呢绒之上,本厂精选西国驼

---

① 诔心.妇女不穿裤子问题[N].北洋画报,1933-8-24(2)

毛,精制厚薄驼毛大衣呢,货比舶来品高！价比舶来品贱"(1936 年 11 月 12 日,1477 期)。进口衣料更是成为"时髦"人们的最佳选择,"本行新由欧美德法各国运到大宗花素丝绒,花样新奇,颜色鲜美,并各种印度印花绸缎皆已齐备,价格极廉如做单夹中西大衣斗蓬便服,轻暖合时"(1928 年 10 月 4 日,226 期)。移居国外、留学国外的华人寄回的稿件提供了了解西方时尚的窗口,这尤其为那些自命为"摩登"的时尚潮人的直接效仿提供了渠道。下组照片为北画读者慰予从欧洲寄回的时装照,分批刊发在北画上。

欧西妇女时装系列

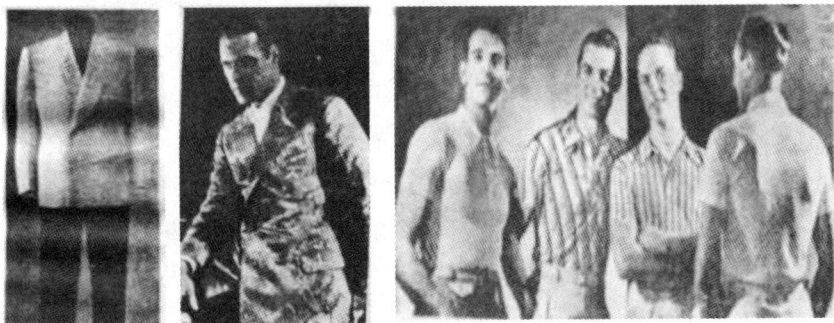

欧西男子时装系列

（二）海上新装

民国时期的上海是西风东渐的桥头堡，而天津是北京的门户，兼为皇城根，寓居在天津的遗老遗少成为守旧传统的堡垒。同为开埠港口，上海甩掉政治与历史的包袱而轻装上阵，其吸收西方文明、现代时尚的步伐轻快得多。"世界文明，上海人的趋同，最时髦的，都是欧化。内地人民，学识简陋，不能直接去模仿欧洲，只好间接来模仿上海"①，当时上海有海上航线直通欧洲各大名城，欧洲流行的新式服装只要三四个月后即可登陆上海，然后再从上海向国内各地流行。民国时期的上海是中国服装（特别是女士服装）的中心，因此，"全国妇女永以上海妆饰唯马首是瞻"②。天津与上海的联系十分密切，民国天津报刊中除了刊登大量

海上妇女新装

欧美服饰流行信息外，上海的服饰流行与摩登时尚也成为报刊媒体报道的主流，这些信息成为人们追逐"海派"文化摩登时尚的参照物。"海派"女士服装也成为天津时尚潮人仿效的目标。

> 沪上新装：有客自上海归来者，为谈沪上新装束之现状如下：沪地妇女飞机式之发，已成过去。现在最流行者，为前额之发，烫成弯凸形状，将后脑之发，高束之，露出颈项，衣领亦降低寸许。两袖缩短至肩头，成"背心"形状。衣有长短两派：有长至足面者，有不长不短者。阔狭亦有两派：有狭至紧裹其身，曲线毕露者；有上下之阔相等，状如桶形者。最新之衣料，则略如十年前一度流行下半截有花者，但现时则袖及胸皆有花纹，图案亦较昔略新耳。所着之方格春大衣，其售价约八元一袭者，已颇美观。惟以白色为最流行。丝袜费可以省去，因多系赤足露腿者。舞场舞女多持与衣同色之大手帕，小姐太太则持之者尚少云。（1937年5月18日，1556期）

（三）风尚人物

封面照片是北画的"点睛之笔"，人物有男有女，有外国有中国；有政府要人，如孙中山、蒋介石、张学良；也有绅士名流、遗老遗少，如溥仪、梁启超；女性也很多，政要名人的夫人、津市名闺、名伶票友、电影明星、各地舞女……北画

---

① 卢公.大上海[N].大上海，1930-4-2(3)
② 清末民初中国各大都会男女装饰论集[A].香港：中山图书公司，1972:29

封面人物的衣着从传统服饰到改良服装再到各式时装，一应俱全，之后还出现身着晚装、运动装和各种时尚便装，甚至泳装的形象，充分展示了该时期服饰与发型的变化，这些变化引领津市时尚潮流。王小隐说："所以装饰的创造，也是属于上级妇女的。"津市名媛成为引领时尚的先锋，普通人则以仿效她们为准则，"目下各交际场，所习见诸旅津名媛，所着之袜，多数已由长逾膝而减短至短及腕，一兴百效"（1929 年 8 月 3 日，353 期）。电影明星、戏剧名伶则因职业关系，站在时尚风潮的前沿。企业商家迎合这些潮流，捕捉住市场机遇，"超前"时尚也引得当局颁布政令法规来禁止蔓延。如电影明星杨耐梅的"耐梅装"引起的"时尚事件"。

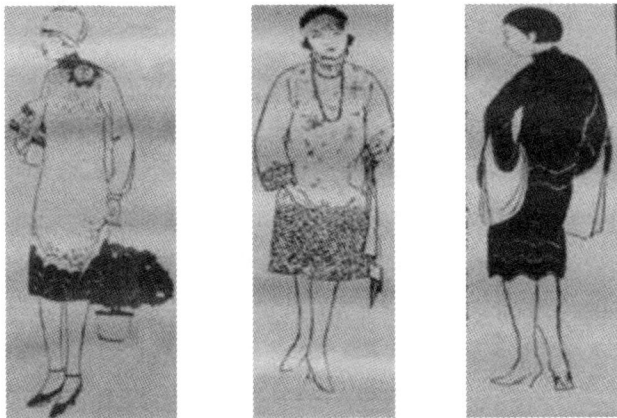

天津名闺之时尚装束

报载自女影星杨耐梅于去岁赴湘奏技之后，长沙妇女即喜作所谓"耐梅装"，现届夏季，衣薄如蝉羽，肌肤毕呈，甚欠雅观，公安局长周某，出示严禁，以维风化；讵警察奉行过力，误会百出，竟遇见妇女，即褫衣验看，致屡攘纠纷云云。报纸并言耐梅装为袒胸露背，长不逾膝，下无裙裤。余意此殆西妇之内衣，等于吾人之所谓汗褂，形若长筒，自乳上起至膝上止，以双带悬诸肩际。在平津沪时髦妇女界，盖已风行多年。自去岁提倡天乳，打倒小马甲之声浪日高之后，此类内衣，今年益见普及；在服之者一则取其风凉，二则公开胸背，以示时髦。然谓内不穿裤，则并不然；即使舞女服此衣式，登台奏技，亦必空裤，殆无疑义。抑此仅属内衣，外罩长袍，雪白肌肤，仍可望而不可即。若细味报纸所述长沙之耐梅装，殆内外俱不挂一丝，仅此一筒，则在吾国，今日似尚不至服此程度，是宜禁也。自此内衣风行之后，洋货店中乃有所谓"跳舞背心"者，索而观之，盖即西妇之内衣而具上述之形式者也。（1929 年 7 月 23 日，348 期）

（四）媒体风潮

流行服装更新迅速，不仅得益于中外交流的频繁，也得益于报刊等传媒的推波助澜。作为"传播时事，提倡艺术，灌输常识"的画报，北画大张旗鼓地鼓吹社会文明与社会新风尚，对其进行详细记录。北画曾出版"妇女装束专号"，专题报道装束的流行趋势，预测装束的发展。

前数期本报中发表"春暮新装"画数帧，颇邀女界欢迎，多来函要求续登。有某女士来函谓"妇女莫不着意其服装之时髦及美丽，但花样日有翻新，不能猜出心裁者，每若瞠乎人后。今贵报提倡新装，令人有所取法，殊足为社会之明灯，惟希继续刊载，弗使间断"。（1929年6月11日，330期）

为了顺应读者的需求，北画连续刊登"春暮新装"、"美的装束"、"新装介绍"、"欧西时装"等关涉于时装的图片与信息，这些服饰时尚信息成为近代服装史研究中最具价值的第一手素材。

新装介绍：北地严寒，冬衣类皆臃肿。凡爱美女士，于春暖宜人之候，莫不竞制新装。惟津市所流行者，皆司空见惯，无甚新奇。爰将一九三三年春季欧美流行之装束，选其适于我国服装者，介绍于备制春衣之闺媛。其色泽之配合，剪裁之式样，足供爱美者之参考焉。下图之长袍料系以细花绒为之。裁剪视身体之长短。以原料制一矮小围巾，两端从外衣孔穿出，既增胸部之美丽，又免颈部之臃肿。外衣以浅素料为之，袖口狭小，以原料制带束腰间。口袋为海扇形，手提包以外衣料为之。（1933年3月9日，904期）

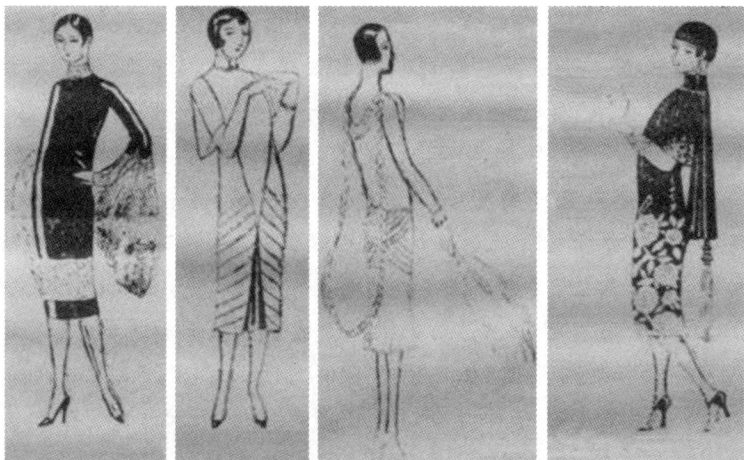

"春暮新装"

刊载的服饰、面料广告,不仅有助于推销商品,还能引领时尚风潮。厂商推销商品,必须附会于人们对于时尚的需求,广告语充满诱导,"海京白哔叽,夏季西装,多尚白色,即上身用他色服料,而裤子几无不采用白色,盖飞尚所趋,且大方高雅,为一般讲究西服者所爱好也,本厂

欧西时装

敦庆隆广告　　震寰广告

新出口白哔叽,质料高贵,用做长袍、西服、网球衫等,洵称无上妙品"(1936 年 6 月 18 日,1414 期);

"游泳衣材料,游泳为健身运动,士女争趋之,唯市善舶来品游泳衣,价颇昂贵,本厂兹新出'游泳衣材料',各色皆备,每套只合国币三元左右,精工裁制,大小配身,岂不美欤"(1936 年 6 月 2 日,1407 期)。

三、近代天津服饰变化特点

(一)时尚趋势,锐不可挡

天津是中国的缩影,政治、经济、文化在这里冲突与融合,现代化迫使天津迅速发展成中国近代化起步最早、程度较高的城市,成为北方的经济中心、商贸中心、金融中心和享誉世界的大都市。如历史潮流一样,天津服饰也不固守旧制,不跟随北京旗服传统,而呈现明显的"近代性"甚至"现代性"。服装和发型是时代和潮流的语言,它们的变化预示时代、社会、生活的发展,"潮流所驱,余竟不能自拔"。

　　妇女新装(凌影):时下所流行之大气长袍,衬以革履、丝袜,行时步趋婀娜,飘飘欲仙。彼创始此种服装者,自为考究之人,求其婉约轻倩,色素调和,当亦煞费苦心,故流风所及,虽至贫贱,或不修边幅之女性,亦以大气相尚焉。于是棉袍、罩袍、袴腿,五色具备,极参差之致,远望"提提拖拖"莫得而名,又不知其美何在也!某名教育家夫人,端庄凝重,不事铅华,时恒曰:"余必不穿窄袖长袍,追逐时尚。"近添冬衣,固赫然长长其袍窄窄其袖矣。夫人叹曰:"潮流所驱,余竟不能自拔,亦怪事已。"近日苏沪

女子盛行穿彩色扎腿裤,以绸条系结双胫,一如商店中之南方年青伙计。某教授夫人曰:"此种装束,施之女子,未免流气,深愿风行全国时,我能璞玉自守,不随此滔滔浊浪也。"(1932 年 12 月 13 日,869 期)

(二)中西杂糅,新旧并存

社会的转型是渐进的,身处其中的人们的生活既掺杂过去,也有变化,近代中国的社会生活似乎是一幅新旧并存的图画。欧式风尚传入中国,人们的人际交往、衣食住行等催生着"摩登"、"时尚"等潮流风尚,但这主要发生在现代化程度较高的都市中,带头宣传者主要是经过西方文化洗礼的知识分子,受现代化文明影响较小的地区或群体仍然过着传统生活。天津这样的"现代"城市,中西杂糅、新旧并存,即使是西化的人群,也难决然完全抛弃传统,其生活处处呈现中西杂糅、新旧并陈。"我们天津地方有一个很带时间性的服装,即除历岁除与新正元旦两日,无论宝贵贫贱,凡系土著妇女儿童,与新正元旦两日,咸著红色衣服,虽鞋、袜、巾、带,亦如'秋水共长天'(一色),自远望之,好像'五月榴花照眼明',使人目炫"(1933 年 7 月 4 日,954 期)。本土文化、租界文化、商业文化、京城文化、南北文化杂糅,使天津包容多种文化,多元元素衍生出服饰的多元性,构成特有的服饰文化。有人穿长衫、马褂,有人穿西服、中山装,有人中西混穿——上身穿西服,下身着绑腿裤。《赵梁缔婚记》一文中,双方在中国传统佳节元宵订婚,其仪式"参用西法",礼堂中"白花花蓝,上缀白丝带"以应"西俗",可来宾赠送的花篮则"均按华俗用红花矣"。

依吾国旧习,订婚下文定,典礼不公开;今者男女交际盛主公开,然订婚一事,尚鲜参用西法,如元宵节日赵梁之订婚礼,在津埠殆为仅见者矣。赵道生为一老成少年,毕业于上海复旦大学,得商学士学位,本埠鼎鼎大名之大华饭店,为其手创,近复入矿政公署任科长职,其前途未可限量也。现经前交长叶誉甫氏及前四洮路局局长程式峻氏之介绍,与前山东烟酒税局局长梁宝田氏(前秘书长梁众异之兄)之大女公子君泳女士订婚。订婚典礼采用西式,完全公开,事先曾柬约亲朋在大华饭店观礼。是日下午,两家戚族、男女来宾至者达二百余人;饭店之客堂、大小公共食堂、冬日花园,以至各雅座、女客室,咸为充塞。而津门女界中之"奶油",亦几全数出席。服饰鲜艳新奇,有如春花到处怒开,使人目不暇接,胜过什么时装大会矣。礼堂设大公共食堂,中央置一白花花篮,上缀白丝带。取白色者,因在西俗白为吉,且以示男女之贞洁真诚也。是为男家所置备者。此篮之前,设一小几。环几陈设者有来宾赠送之花篮二三十个,则均按华俗用红花矣,堂中两旁设茶店长桌,此外无所点缀,盖缔婚典礼较结婚者为简略也……叶誉甫君登坛致颂辞毕,太夫人以白金嵌钻约指递与其公子道生,道生即求梁女士与以右手,亲捏纤指,以金环套无名指上。梁女士亦由其太夫人手中接过金手表,为道生系于其左腕之上。此种交换质物之礼,行于亲友众目睽睽之中,所以示庄重也。且约指取约止之意,谓婚约于以确定也。至于手表,则手取其为守;表者钟也,取其为忠,或为终;始终相守勿忘之意。故区区饰品,用意弥深也。饰品交换毕,未来新夫妇相对鞠躬,司号令之叶庸方君一呼再呼,以至七呼,二人亦七鞠其躬,于是全堂大乐。(1928 年 2 月 11 日,161 期)

(三)新旧碰撞,观念冲突

京津纽带紧密,文化关联非其他城市可比,其所具有的深厚的中国传统文化也非其他城市可比,这是它与上海的本质区别所在。寓居天津的清朝遗老遗少、下台官绅政要代表的传统势力在天津形成"盛势",保守势力顽强"抗拒"潮流,底层劳苦大众没有经济实力追崇"时尚"与"摩登",观念的抗拒与无力造成新时尚与旧风俗之间的矛盾与冲突。服装衣饰上的革新与改良,也被这股旧势力视为"革命"。"潮人"们衣饰上的"改弦更张"太快,"日前劝业场门前,有一白衣女郎,肌肉丰满,不着袜子,衣叉开至大腿间,露出红绸制紧窄小裤衩一段,一时万目交集,行人莫不叹为得未曾见之奇观"(1933 年 7 月 29 日,965期);"某公司新到游泳衣,系用橡皮制成,女子仅罩乳部及下部,已成百分之八十二裸体矣"(1935 年 6 月 1 日,1251 期);"时下名媛多著短及腕之小袂,此本消夏地方之装束,市中所不宜有;日前有华人短袂女子与短裤男子在国民饭店跳舞,竟为俄人场主所阴,双方大起冲突;后华方允以后此不作此装而来,俄方允登报不许短袂短裤到场,始和平解决"(1929 年 8 月 6 日,354 期)。有人甚而喊出口号"打倒西装,国服万岁",分析西装流行的祸害。地方政府以"有伤风化"为由责令"取缔奇装异服",由此受到人们的抗议,"所争持之点,好像只在一段小臂,公安局主张袖须过腕,妇女界以为过肘即不应再加干涉"(1936年 7 月 23 日,1429 期)。最后,还是北平的裁缝有智慧,"短袖女性在公共场所受窘者甚多,故北平女生现作旗袍时,袖口皆作长过肘二三寸。但平日则将其高卷二三折,仍将肘露出。至受干涉时始放下,令干涉者无话可说。现裁缝已懂此妙决,而专作此种袖口之衣服矣"(1935 年 6 月 26 日,1260 期)。"肘腕"之事"的确是件小事情",大事是北画在"妇女装束号"中的一篇文章所言,"或谓提倡妇女新妆,是不啻鼓励奢侈。余意此实附会之谈,不得谓为当论;然若今日社会上时髦女子之竞尚欧美织品及化妆品,亦殊令人可畏,余以为提倡新妆者,切宜研究利用国产产品,以增进妇女之美观之方法,诚如是,则提倡奢侈之谈,不消自灭矣"(1927 年 1 月 19 日,56 期)。以发展国货来满足人们的爱美之心,既发展了经济,增强了国力,也顺应了时代的潮流。

打倒西装,国服万岁:每革一次命,西装即盛行一次;殊不思革命尚精神,不尚形式。若必指国服为腐化,试看小脚妇人,何尝不短衣长裤;又终日不离烟床者,又何尝必穿长袍;况西装其表者,正多奴颜婢膝嫖赌饮吹之流耶?打倒西服,有若干理由在焉;女服现尚未入完全西洋化时期,姑置勿论,今单就男服言:一,西服之领袖领带,毫无存在之理由,颇觉其为废物,不若中国汗褂简便远甚。二,中国不能自制毛织衣料,服西服即以金钱输出外国,而使国货丝织工业日就衰落,此即不爱国之一端。三,以中国气候论,大寒大热,西服殊不适宜。四,在身体舒适上论,外国衣服,远不及华服舒适,西人亦承认之。有此各种原因,西装已宜打倒,何况西服实为"臣服"西洋之表示耶……华服之所以能制胜者,以其大方而兼简便,故国府制定以长袍马褂为男子礼服,足证其卓见宏谋,无微不至,国民应高呼口号曰:"打倒西装! 国服万岁!"(1929 年 5 月 11 日,317 期)

四、近代服饰审美观念的变化

服装负载文化,解读服装可以观察其时的文化,服装形式的变化间接反映了审美标准、价值体系、社会观念等的时代变迁。

(一)标新立异,崇尚摩登

近代天津崇尚"摩登",有钱没钱的,都要弄一个"摩登须知","只要裤脚管朝上翻转,裤管前后烫上两道摺叠的痕迹",这个"摩登"的形式就能蒙着内行人的眼睛了。如果再能添上一副平光眼镜,可以"用碎玻璃或者玻瓶底磨成镜片",但是它的"工价比镜片的值价要大得多",因此如果你想要戴流行的"克罗克司平光镜",你"尽可在百货商场的眼镜摊上买"(1931 年 8 月 13 日,663 期),"摩登"是可以人人效仿的,没有钱,办法也有的是。"弄潮儿"不满足于跟随与追崇这样的摩登,要去"超越"它。服饰不仅仅停留在昂贵和华丽上,开始追求风格化和个性化,以体现身份、个人品味和偏好。摩登女郎们"徘徊街头,招摇过市","最摩登者,且提前打倒皮外衣,只穿极薄丝绸缎夹旗袍,微风过处,衣岔缝里,可窥见玉腿莹然,已多不穿丝袜者矣"(1933 年 3 月 28 日,912 期)。在北平的街上,"女性着西服者"日众(1935 年 6 月 25 日,1261 期),可见,时尚成为潮流,即会为众人仿效,那些标榜个性、崇尚自我的"时髦女郎"们为了标新立异,只好来个"时髦女子乱穿衣"。

论时髦女子的装束:中国女子向无一定的服装,有句俗话"二八月乱穿衣",这是指天气的寒暖不定,我说"时髦女子乱穿衣"。比如人们穿一寸半高的高底鞋,她非穿三寸高的不可,人家衣服上镶钻石,她非将鞋上也镶上钻石不可。人家的头发剪短了,她非留长了不可。有一个时期,女子的衣服时兴没有领子,老远的就看见她的细白脖子;又有一个时期,女子的衣服时兴高而厚的硬领,脖子像用一块木板夹起来一样,一点也不能向下弯,有钞票落在地下,因为头低不下来,只可不捡;后边要有人叫她,不能回头,非像军式操的"向后转"不可。有人说时髦女子太狂傲,其实你不知道她的苦衷,她是心有余而力不足。上部的动作既如此的困难,脚上再穿上高跟鞋,这简直把人架起来了。这还是正当的服装,要是奇装异服,那更厉害了。(1934 年 6 月 14 日,1101 期)

未来之装束美

(二)崇尚奢华,以貌取人

中国封建社会是等级社会,服装成为识别其社会身份的符号。新旧制度交替,但"以衣取人"的观念却未马上发生变化,反而有过之而无不及。需要改变社会身份,重建形象,可以变化服饰来改变别人的目光。正如鲁迅所言:"在上海生活,穿时髦衣服比土气的便宜。如果一身旧衣服,公共电车的车掌会不照你的话停车,公园看守会格外认真地检查入门券,大宅子或大客寓的门丁会不许你走正门。所以,有些人宁可居斗室、喂臭虫,一条洋服裤子却每晚必须压在枕头下,使两面裤腿上的折痕天天有棱角。"[1]北画记者诛心曾记载自己身着"中式长袍"而三番五次"受辱"的经历,"三年前,在下身衣华丝葛皮袍花夹马褂,头顶皮帽,俨然唯我独尊的一个中国式的'尖头而蛮'大摇大摆地在天津中街走路。对面来了两位赳赳的西洋武夫,在下一错认,上前问安,却被武夫认为唐突,甲向乙曰:'吾不识彼,渠或厨夫乎?'彼辈目中,盖不辨中国长袍马褂为何物也。又一次余被西友邀往参观西人运动会,又一赳赳者衣其虎皮之衣,一手将余推开曰:'此处外国军官之席,非尔中国人应立处也,速滚开!'余盖衣夏布长褂也"(1929 年 5 月 11 日,317 期)。为了免受其辱,得到别人的尊重,免受白眼,不能不依靠服饰来装扮自己。即使无钱,你也大可以"极廉价的西服裤,再配上一件内衣,外面加一件长衫,谁也不能小觑你这摩登服装。因为你的内衣,足可以表现一切"(1931 年 8 月 13 日,663 期)。人们因此有了利用服饰来重新塑造自己的社会身份,从而得到平等对待的机会和可能,"只认服装不认人"的做法不仅没有消失,反而更普遍了,这也许就是下文所说的

---

[1] 鲁迅.上海的少女[J].申报月刊,1933-9-5

"衣帽年"名称的由来吧。

　　衣帽年和穷富人：记得在什么地方看见一篇小说，描写一个人到浴室去洗澡，他说在脱掉衣服之后，大家是平等的；但在浴后穿衣之际，浴室的仆役会从衣着上看出了这是属于某一阶级的客人，于是恭维或鄙视便生出来。其实这也不单是到了浴室才是如此的，随便走到那里，都可以遇见同样的事情。在公园图书馆之类"不要钱"的去处穿了短衣，固然要被摒之门外。到了什么集会的场所，你要只穿件小褂而来，那就更要为招待员所斥拒。尽管提倡什么什么都大众化，实际大众在贵人眼中永远是一个特殊阶级的。西装虽然短，因为是外国来的，而且成本贵，非穷人所能办，当然另作别论。不特短衣与长衫有着如此的分别，便是在长衫中也有高下之分，譬如，我们穿的布大衫无论走到那里，虽然不必被摒诸门外，却也不会遭逢青眼。即使你怀有千金，人会疑你是偷盗而来，因为你的衣着不类，至于说是俭朴，也会被视为饰词。反之，身为权贵，若是穿件布衣，也会使人惊讶，常常听见老太太们唱叹曰："现在真是衣帽年了。"衣帽年这倒是句颇为写实的话。我常常想不通给一个穷人的女儿穿一两件时式的衣裳，马上便会变成摩登女郎，这正是一个好例。穷人的女儿，在一日之间会变成极走时运的妓女，人依然没有改，只是衣饰的关系而已。（1936年8月4日，1434期）

（三）时装表演，审美创新

　　大都市中的服饰色彩鲜艳夺目，中西荟萃、古今留存。时装公司、百货公司为推销产品，大肆宣传，举办各种时装大会；娱乐场所、饭店酒楼为了娱乐客户，也参与其中，这种新颖的服装审美形式在天津等大都市逐渐成为时尚。时装表演各有主题，北画里记载有北平"时代服装"表演、天津回力舞厅"中西名媛时装表演"、天津妇女界慈善游艺会在西湖饭店的"时装表演"、天津圣安娜舞场的"新装大会"等。1929年1月，天津利顺德饭店举行"万国服装大会"，轰动津城，会上日本、德国、英国、美国及中国的各式服装争奇斗艳，服装表演受到观众的热烈欢迎，人们"称美不绝"，能容纳千余人的饭厅挤满了来宾，许多人未能入场，会后许多人要求加演。

　　回力舞厅之时装表演（四方）：上星期五晚在回力球场舞厅举行之"中西名媛时装表演"，于十时起始。由中国妇女四人为一组，出场三次，外籍妇女十二人为一组，出场六次，共表演九场。中国妇女由开滦矿务局总理顾震之夫人约请……夏卢孙顾四人之衣装，以夏卢者略为洋化，而孙顾者，则以刺绣之华贵旗袍见长。夏所御之大红新娘礼服，为前在巴黎舞场著过者，孙夫人所著之苏乡孔雀旗袍，曾见其在平穿过，亦非新制。四人之步伐,乃采直线形(即足趾对后跟,两脚先后成一直线)。御长袍而如此步行,殊饶婀娜之致,此则娴习旧剧台步之故也。论手势及表演姿态,以夏及卢为佳,似略有经验,而孙顾亦能"吃稳"。中西相比之下,未致辱国,差堪告慰读者。西妇表演之服装,有运动衣、浴衣、海滨装、常服、晚礼服、披肩等五十余种,花样颇多。运动衣、浴衣则由小姐三人表演,健美之大腿、高耸之乳峰,昂首步行,观之不亚于看美人鱼也。最难看者,为穿露背晚装之四五人,其背已略驼,又瘦小露骨,好衣亦为之减色。至于表演姿态,只三四人有"表演风味",其余则等于活衣架一具而已。面貌有不少可人者,但甚美者则无。中西全体之步伐,能与音乐之节奏合拍者,仅有西妇四人。要知表演之步伐与音乐之奏节,殊为重要,因步伐与音乐合拍,则快慢有率,态度安闲,如快慢失度,则难免有局促不安之态矣。此次之会,并无重大价值,除中国妇女外,并为旅津外籍名媛,各出心裁,制为各种时装,参加表演者;乃由一外国成衣铺,将制成之衣装,由"妇女慈善会"以慈善名义主办之。虽然收入悉办义举,然该铺以之为广告之成份殊多也。(1936年4月7日,1383期)

第三节 天津"卫嘴子"的口福

一、天津的饮食概貌

(一)天津"卫嘴子"

俗话说"京油子、卫嘴子",这话除了说北京人、天津人能说会道外,还说天津人"会吃、懂吃、爱吃"。据传说,乾隆皇帝巡游天津,被津菜的独特魅力所折服,竟然把黄马褂和顶戴花翎都赐给厨师。[①] 天津饮食的魅力确实不小。在天津,吃的花样多。天津人喜爱面食,饽饽窝头、烙饼、脂油饼、烙肉饼、馒头、卷子、包子、饺子、合子、金裹银饼等种类齐全。天津人喜食鱼虾海鲜,天津俗语是"吃鱼吃虾,天津为家"。津菜的杰作大多以鱼、虾、蟹为原料,"贴饽饽熬小鱼"是最具特色的天津家乡饭,"冬令四珍"(铁雀、银鱼、紫蟹、韭黄)是老天津的四种名菜。天津人家中家常饭的品目更是琳琅满目、一应俱全:炒肉、炒

---

① 周俊旗.民国天津社会生活史[M].天津:天津社会科学院出版社,2004:77

鸡蛋、炒藕、醋溜白菜、煎刀鱼、煎鲢子鱼、炸虾米、熬蚕豆瓣、冷酱肉、煎豆腐干、炒绿豆芽、炒黄豆芽、炸鸡蛋角、炒羊肝、炒猪腰花、煮螃蟹、葱爆肉、炒面筋丝、煎面鱼托、煎藕夹、煎茄子夹等。

　　近代天津成为北方的商贸中心,南来北往的旅客、商人、士绅集聚,饮食更加丰富而生活化。天津饮食文化不仅能保持独特风格,还能锦上添花。当时的和平路、滨江道、南市里商店林立,霓虹迷彩,人声沸腾,是名副其实的商业中心,汇集了天津卫的美食。且不说南市里全聚德的果木烤鸭,永元德的爆、烤、涮羊肉,全素斋的素食席,会锦斋的坛子炖肉,天昌园的各色酱菜……也不说天祥市场后门月盛斋的酱牛肉、万顺成的锅巴菜、狗不理的包子、蓬莱阁的鱼馅饺子、山西面馆的刀削面……旧时罗斯福路的食品店里就有不少老天津的绝活。"福记稻香村"经营江苏特产,如熏鱼、腊牛肉、肉松、肉干、腊肠;"长兴酒店"的招牌是自己酿造的酒,一种是"五加皮",另一种是"玫瑰白";"永盛酱肉铺"的酱制品系祖传秘方,味道与其他酱肉截然不同①。天津有名的"八大碗"是一套盛行于近代天津的"套菜",其菜品各异,丰俭自愿,颇有"天津特色"、"那时,天津的一些'二荤馆',如'天一坊'、'会锦斋'、'慧罗春'等经营的一种大众化宴席就叫做'八大碗',这种套菜一是用大碗盛,二是可以外卖,一个电话即可用提盒送菜上门,平日小商号招待个客人或者平民百姓家临时来了贵客、远亲,都可叫上一桌'八大碗',甚为方便。不过'八大碗'跟'八大碗'可不一样,叫菜时可要视财力而言,不然就要'漏兜'了。当时的粗八大碗每桌银元一元二角,菜品有溜鱼片、烩虾仁、烩鸡丝、全家福、桂花鱼骨、烩溜鱼、独面筋、川肉丝、川大丸子、烧肉、松肉等,而细八大碗时价则是一元六角至一元八角,菜品有炒青虾仁、烩鸡丝、烧三丝、全炖、蛋羹蟹黄、海参丸子、元宝肉、清汤鸡、拆烩鸡、家常烧鲤鱼等。一些大饭店看八大碗卖得火又操办起高档的八大碗来,以鱼翅四丝代替烧三丝;以烩鱼钱羹代替蛋羹蟹黄,甚至有以一品官燕做汤菜的。那价格自然是不菲了。"②

(二)饮食结构的西化

　　近代中国虽然贫穷落后,但饮食却一直很讲究,随着国门洞开、外国来华人员增多,西式饮食逐渐进入中国,丰富了中国人的饮食结构与生活。西式的饼干、面包、牛奶组合渐次替代"以谷食和熟食为主,以素食为主、肉食为辅,讲究五味调和"的传统饮食格局。面包、蛋糕和各种西式糕点消费者众多,促使

---

　　① 王和平.金街忆旧话美食[A].李正中等.近代天津知名工商业,天津:天津人民出版社,2004:117

　　② 青瓜.天津卫钩沉(三)[J].食品与健康,2003(10):37

中国的面粉工业迅速发展,天津的寿丰、福星、大丰、民丰等面粉厂,日生产能力都在 4000 包以上,天津跻身于全国六大机器面粉业城市之列①。西风东渐的民国天津,面粉业与纺织业并驾齐驱,成为资本规模最大的两个产业。上海冠生园食品厂进入天津时,曾在天津报刊上大肆刊登广告,广告以"谈情之始"为标题,其内容是:"你要同你的意中人谈情,那么,你必须置备冠生园新出的薄荷奶糖,带在身边,预备在谈话的时候,彼此吃些,那么,你们的谈兴不但可以转浓,而且口气接触,香喷喷地格外甜蜜了。"西式糕点饮食与中国传统糕点并时而立,成为人们日常生活中的点缀。

　　饮食习惯是人自小养成的生活习惯,有其稳固性且相当"顽固"。以中国人的口味来说,西式食品未必比得上传统饮食,但清末时兴起来的崇洋风气至民国更加浓厚,西餐、西式食品成为时髦。除了频繁地与洋人打交道需要西餐、西式食品外,有些人为了追时髦、尝新鲜而食用西餐、洋酒。西化色彩越来越浓厚,传统宴席的礼节也被简化,使之趋于省事、快捷。就整体而言,传统饮食的地位并未受到太大的冲击。天津的饮食虽然受西方的影响,但中西饮食并存,中西餐馆为大家提供了更多选择。北画中提到的"起士林"西餐厅与"杏花邨"南味餐馆正是中西并存的饮食场景的写照。

　　　　本埠饮食店之二霸(诛心):起士林:起士林为德人所经营,售西洋糖食点心,时髦者流,趋之若鹜,虽致胃病不顾也,而主人乃至巨富,每年吸收津人无数金钱,汇归德国,购置产业,使有用之金钱注入外洋,亦非此辈毫无心肝之少爷小姐们所顾也。乃日前该店主人巴德因细故击伤华役,伤势危殆,业已成讼。老德在我国土,竟敢如此横行,岂特其国与老俄有密切关系,因老俄之得利,遂亦洋洋得意耶? 本埠有心人士,已相戒勿入该店,近日生意,突形清淡云。
　　　　杏花邨:法租界有小食店名杏花邨者,治南式菜点颇精,南人喜趋之,然其定价之昂,则举世殆无其四。人尝谓"小食堂"价昂,抑不知杏花邨物少而较贵;如炒三冬加肉片一小碟,索值及一元,狂欲噬人,弥足恐怖,其他精馔更可想见矣。但春节后菜点已非昔日之佳,惟价仍不减。入其店者,立久不得食,仅吸烟火气,已可半饱,归家后衣履无不沾此气味者。又前夕茶役一面刷洗痰盂,一面又为客进茶打手巾,见者能作三日呕。吾国人之不注意卫生有如此者。(1930 年 2 月 11 日,432 期)

　　起士林曾是德国皇帝威廉二世的宫廷面点师,1900 年随德国军队参加八国联军来到天津,退伍后在袁世凯的儿子袁克定家做西餐厨师。1908年,起士林与妻弟巴德在天津合办"起士林西餐馆",专门售卖"西洋糖食点

　　① 上海粮食局等.中国近代面粉工业史[M].北京:中华书局,1987:43

心","时髦者流,趋之若鹜",成为民国天津西餐厅的代表①。此外,葡萄酒、饮料也进入中国人的生活。1860年英法联军攻占天津后,有法国人在天津试制葡萄酒获得成功,准备在天津设立公司酿造葡萄酒②。民国时期,天津出现洋葡萄酒、洋白兰地、洋香槟代销机构,促销声势很大。大华饭店的春节促销,酬谢老顾客,以洋酒作为赠品,"每客赠三星白兰地酒一瓶"(1929年2月5日,278期)。欧洲的啤酒也于清末传入中国,19世纪80年代,英国人在上海创办福利酿酒厂,开始生产啤酒③。啤酒消费日益普遍,咖啡也进入中国人的视野。

西式饮食打破中餐一统天下的格局,国人的饮食结构变化,品种更加丰富多样。

(三)中外小吃荟萃

狗不理包子、耳朵眼炸糕、十八街麻花是我们熟知的天津小吃"三绝"。"包子调和小亦香,狗都不理反名扬。莫夸近日林风月,南阁张官久擅长",这首竹枝词描述了天津狗不理包子和其他几个包子店。鼓楼东姚家门口小包子和南阁张官的牛肉包子虽比不上"狗不理",但也名噪一时;日租界旭街日商林风月堂经营的羊肉包子,是外国人在天津兴办的包子铺。民国天津的小吃可不止这三样,平民聚居的地方,往往是小吃荟萃的地方。比如南

广泰隆广告

市"三不管",在三四里长的一条街上,卖小吃的很少有重样儿的。甜的有黏糕、碗糕、发糕,有糖、豆沙、枣泥、红果、菠萝等各种风味;咸的又分荤素两种,荤的仅肉饼的种类就不下几十种,素的小吃更是数不胜数,如素包子、炸豆泡儿、煎豆腐、煎饼果子。④ 东北角附近鸟市一带,集津门小吃之大成,仅固定的饮食摊店就有30多家,其中较有名的有白记饺子店、恩发祥羊肉铺、全盛斋抻条面、陆记炸糕铺、三合成饭馆、姜记锅巴菜铺、德发成包子铺、马记切糕、凉果铺、柴记茶汤、丛记果子铺、陈记肉合子铺、李记炸糕铺、陈记冷食店及干鲜果

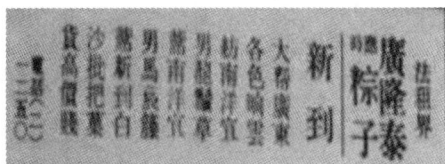

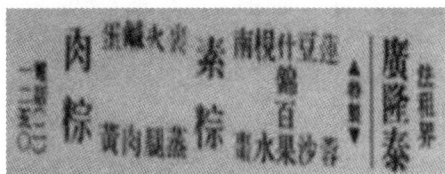

---

① 天津通志·附志·租界[M].天津:天津社会科学院出版社,1996:265
② 丛书编写组.洋务运动(七)[M].上海:上海人民出版社,1973:581
③ 陈真.中国近代工业史资料(第2辑)[M].北京:三联书店,1961:22
④ 林希.老天津[M].南京:江苏美术出版社,1998:201~204

脯、杂货铺等。还有卖水煎包、羊肠子、水爆肚、面茶、老豆腐、坛子肉的,应有尽有。[①] 北画记载的还有,"东安市场,杂耍场中之特殊食品,一种为'攒馅儿'之大馅儿饼,一种为'羊爆肚'"(1933年7月13日,958期)。

外来的点心铺、糖果店使天津小吃更丰富。桂顺斋回民小吃店雇用了北京糕点师傅马庭香、吕春荣、李文青,天津兴起京式糕点热,马师傅不仅把北京糕点的品种、风味、制作方法引进天津,还结合天津小吃特点创新,他制作的京八件、桂顺斋商标麻圆酥和细八件,深受老百姓欢迎。"稻香村"食品店,不仅把南方的土特产品运来天津,也制作家乡风味的食品——熏腊味、叉烧肉、白斩鸡、火腿、酱牛肉、糟肉,还供应年糕、粽子、月饼、松糕等应节食品。1930年,冠生园食品店在天津设厂,自产自销,经营广式糕点、各种西点、南味腊肠、蜜饯、糖果,成为南味食品经营的佼佼者。经营广东食品的广隆泰,引进大量广东特产——新会的甜橙、沙田的柚子、广东的腊味、端午的粽子、广式中秋月饼。

随着法租界的兴旺,点心店纷纷迁入,或者开设分店,华孚食品公司"成立以来,所制各种食物,久已脍炙人口。该公司今为使得顾主起见,特在法租界国民饭店对过设一售品所,已于前日开幕"(1934年9月15日,1141期)。点心铺或赢利,或亏损,让我们从其中领会饮食行业的兴盛,"前此梨栈之明记稻香村,生意亦殊不恶,今亦不如前,法租界营业之差强人意者,尽于此矣。由此而北,入日租界,则利盈之店,亦仅有恩源德羊肉包子铺及桂顺斋两家。桂顺斋专卖秫米饭、汤元、烧饼、油条之类,与恩源德之卖羊肉包子同其简单,而皆得厚利,各大商店,反视之有逊色焉"(1930年8月7日,508期)。为了促销商品,商家不仅做广告,还注意产品包装,传统的食品用着高雅的名字,也是近代天津的"时尚之景","出售货品,均极特别,命名亦极风雅。如糕中之'刘不题',饼饵中之'干脆'、'学而时'"(1932年11月3日,852期)。食品点心的外包装越来越讲究,成为走亲访友的"体面"礼物,各种果盒点心篮子也成为饮食糕点铺里的"抢手货","新添各种果盒鲜货篮,装潢精美,售价特廉"、"一九三六年最新式美术果盘"、"精美礼品,美术装潢,低廉价目,谦诚招待"等成为糕点铺的号召。随着城市的近代化,西化风潮也波及传统点心市场。除了售卖传统的杏花软糖,豆沙、百菜小月饼,冠生园还经营西式点心——鲜果子露、朱古力糖、白帽蛋糕,西式饼干开始点缀人们的美食生活。从美国进口的白马牌白兰地酒和"WB"咖啡,从英国进口斧头牌白兰地也成为传统店铺里售卖的商品。

---

① 王锡荣、李天佑.天津鸟市的变迁[A].天津市政协.天津老城忆旧,天津:天津人民出版社,1997:2

冠生园广告

二、天津的饭店酒楼

　　天津是进京的通道,开埠之后,西方商人、传教士、官员到此落脚,或路经于此,日趋增多,清朝的遗老遗少、下台军阀、失意政客也寓居于此,他们需要高级饭店、餐厅、酒楼,或小住,或就餐,或娱乐,在这种情况下,天津各式饭店酒楼纷纷建立。早期的饭店以利顺德为代表,随着规模的扩大,利顺德由平房扩建成三层楼房,成为天津洋式建筑的佼佼者。天津的饭店酒楼餐厅日益增多,"近半年来饭店酒楼咖啡馆食堂宴厅之类,竟如春笋,蓬蓬勃勃的产生出来,你拥我挤,简直教人不知所适,不知所择"(1927年5月28日,91期)。1923年的国民饭店、1928年的交通饭店都用现代化的高楼。北画80期(1927年4月20日)登载了一则《津门食志》,记录了天津较有名的饭店酒楼——松亭饭店、福禄林、福禄寿、紫竹林、小食堂、乐陶陶、德利……有的是高档餐厅,三层楼房,装修豪华;有的是小食肆,物美价廉,价格公道;有的专营西餐;有的中西兼营。经营之道,各家自有真章。

　　津门食志(饭店巡阅使):松亭,开设已半载,以设备而论,在津门为首屈一指,亭址在法中街东首。室内装潢,颇具美术思想,均系华式,门面二间,所售食品,亦均中菜,主顾则津中之西人及上等人士为多。物价甚贵,包子每个须大洋五分,每菜则非四五角不办,但烹调之劣,则颇有令人不能下咽之势,只可以此蒙蒙外国人而已,华人之惠然肯来者,究不多见。福禄林,今春开办,林址为自建之三层楼房,崇楼奂饰,气象万千,原计划营一旅馆,业嗣以特种关系,未果如愿,乃专售番菜及各种西点。中餐司务,乃淮阳人,所制各种零契,味均可口,但油腻过重耳,定价极公道,惜外间知林中兼售茶点者甚少。晨间午后,已食客寥寥,因之林中平时食品,概无准备,来食顾主,每须临时下锅,货固鲜洁,其如时间之不经济。近日又有一般类似学生者,初习跳舞,仪节皆未娴熟,装束奇特,出语粗鄙,不类上流社会,故一般略有身分之仕女,大都裹足不前,似此情形,殊非林中之好现象也。福禄寿,开办不久,内幕股东,为数商之甬太太辈。楼下西餐,楼上中菜,设备甚佳,食品美备,味亦可口,西点尤极精妙,盖皆经游美烹饪专家冯夫人所手制。与外间各家,风味自悬殊也……紫竹林,楼上为长春旅社,楼下卖零食,中菜西契,定价极廉,食品亦均可口,颇为中流社会所乐顾。但装修各件,未免简率,西餐亦不适口,为美中不足耳。且楼上即为宿舍,颇易发生黑幕,洁身自好之青年男女,多不敢涉足,盖避嫌也。小食堂,为北人所办,对外则言系江南食肆,食品殊劣,招待亦不周到。室小人稠,空气甚不清洁,又无雅座之设备,好洁之士,多望望然而去。乐陶陶,开幕未久,闻为粤人所办,糕点蔬菜,均系粤式,屋宇宽敞,仅亚于福禄林一筹。凡三层,最下一层,为柜台及门市售品处;二层设普通座,后楼有桃园厅壹座,可设三席,散座之后,则设无线电话收音机,每日按一定时间,传播各电影园之音乐;三层楼为雅坐,粉刷装饰,至为可观,使人心爽。菜点各式,均极可口,只定价略昂,一般人士,未能时常光顾耳。桃园厅及雅座,每坐均另外收费五角,此为粤东饭肆之常例,津中尚未普及。以记者眼光观之,此项外加费用,以撤销为是。德利,开幕未久,系一极小食肆,设备装修,都无可言,食品可口,价目极廉,招待殷勤,则为一般小食肆所不及。独惜该肆经理缺乏新商人知识,营业故不甚佳,然若能加以长时间之维持,内容更设法改良,则价廉物美,生涯自不难蒸蒸日上矣。(1927 年 4 月 20 日,80 期)

饭店竞争日趋激烈,饭店酒楼想尽心思推广营销。乐陶陶安装无线电话收音机,播放各电影院之音乐。福禄林兼营舞厅,以招徕青年学生光顾。除了利用新式娱乐来吸引食客,传统广告形式也广为运用,"马家口北安利新设之西号,一玻璃窗中布有小景致,杂陈燕窝、鱼翅、熊掌、羊蹄筋等等美味,以招行路者之注目,诚为饭店中之能别开生面者"(1931 年 5 月 23 日,628 期)。1927 年开业的大华饭店是天津饭店业中的龙头,一度成为华北饭店行业的翘楚。

今人曾撰文评述大华饭店当时的地位和影响:"1927 年 5 月 28 日,天津卫开张了一座当时最豪

大华饭店广告

大华饭店

华的饭店。当时军阀混战,京师一带战事不绝,而天津卫一带却相对平静,于是反倒乘势兴盛起来,饭店酒楼咖啡馆食堂宴厅之类,竟如雨后春笋,蓬勃而生。但是在当时的达官贵人、洋行买办的眼中看来,'利顺德'、'裕中'、'皇宫'都带有旅馆性质,不是用餐之处;'福得'、'正昌'勉强可以吃得,'忌士林'的

德国味,讲究的人素不领教……于是一个高档华贵、专以供应精美西餐的大华饭店便应运而生。饭店座落在当时的法租界十二号路和念一路转角(德泰洋行楼上),那所楼曾经是当时的总理顾维钧在津的居所,里面的精美豪华自然是不言而喻了。地点更是没有说的,一面通梨栈大街,一面通中街,一面通大沽路,一面通西开,真是四通八达的宝地。饭店除有公共食厅外,另设西式雅座。房顶有屋顶花园,夏日可以纳凉,亦可跳舞。厨师是由北京西山饭店聘来的吕姓大厨,点心师是由北京正昌聘来,自然手艺不凡。"①

　　大华饭店定位于"高尚华贵",专门经营精美典范的西食,起了洋名,"西名 Café Riche,是巴黎最讲究的饭店的名称,下面注明 'Restaurant de luxe',就是说'最优等的餐馆'",其目的即是要区别于早前开业的"顺德裕中皇宫"及"福德"、"正昌"、"忌士林"等饭店。其地理位置优越,"四通八达,地当冲要",饭店装饰富丽豪华,"楼上并有冬日花园,纯大理石铺成,冬暖夏凉,异常适意",聘请的厨师曾在北京美国大使馆"供职多年",大华饭店经理赵道生复旦大学经济系毕业,颇有商业管理才能。大华饭店鼎盛时被人誉为天津饭店"无出期右者","过往或居住津门之帝王总统总理总长,亦无不惟大华是趋,可见大华声誉之高,绝非其他餐店所可比拟"(1929 年 6 月 1 日,326 期)。

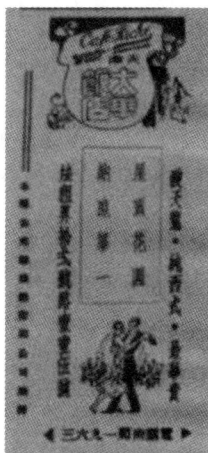
大华饭店广告

1935 年,受市面经济不景气的影响,大华饭店退出津门。在饭店林立、酒楼众多的天津,大华饭店能成为近代天津饭店的代表,吸引各色名流、政府要员,必有其独特的经营之道,"吾津所见新成立之酒楼饭馆,不知凡几;或以交易不畅而倒闭;或则债务纷繁,奄奄一息;其能如大华之业务昌盛,蒸蒸日上者,根不多观。而大华乃能巍然独立于此竞争潮流之中,以至吸引全市内外之顾客,是其必有过人之处"(1929 年 6 月 1 日,326 期)。

①　青瓜.天津卫钩沉(三)[J].食品与健康,2003(10):37

蒸蒸日上之大华：以记者观察所得，大华取胜之法有四。一，组织之特别：从来饭馆之创办，最多不过数人合资，大华则以一百人合组之，有创办委员及监察等之设，其制度之周备，与大公司无异；且股东人数既众，股东利益又优，故只恃股东照顾，已足支持而有余；抑所有股东，类多社会上知名之士，交际广远，宴会频繁，饭店即赖以维持也。二，物质上之优点：饭店内部布置，华贵而兼幽雅，虽纯粹西式，而无西人饭店拘束之弊，华人咸乐趋之，西人在津所经营之饭店，无及其精者。吾人一入其中，俨如置身巴黎纽约，此良非过誉也。至食物之精洁，菜单之丰富，烹调之得法，器皿之高华，则实其成功之最大助力。三，办理之得人：事在乎人为，得人者兴，大华之委员监察及经理，均或为商界闻人，或为商科学士，虽云大材小用，然证以他人则失败，彼独成功，可见事业之发达，端赖经验与知识，而提高商人地位，殆为今日商战剧烈时代所不可少者矣。四，宣传之得力：大华每年以其股本总数十分之一作为种种广告费用，经理者更善利用机会，藉以宣传，故大华饭店，虽仅创办二年，近而平津，远而沪沈，几已无人不知。更因名人政界，时于彼处设盛大宴会，送往迎来，于是新闻专电之中，大华之名，时得而见，亦云盛矣。（1929 年 6 月 1 日，326 期）

逢年过节，大华屡出奇招的店面装饰总是引人关注，"本埠大华饭店，于上元节夜布置灯彩，极为绚烂。计楼外壁间，悬红色串灯十有二挂，楼头高悬四十九盏宝塔灯，光烛霄汉。店内通道及广厅，则遍悬各式花灯，五色纷，至为悦目。阅以各式鱼虾蟹蟆诸灯，栩栩生动，吾人出处其下，几如身入龙宫贝阙，游行水底。第'虾宫'远游塞外，际兹佳节良宵，不禁有独少斯人之感也"（1930 年 2 月 18 日，435期）。大华"人才济济"，其经营有道，当得益于这些"商界闻人"的常识与才干。大华

大华屋顶上的特色舞客

好事宣传，民国时期就能"每年以其股本总数十分之一作为种种广告费用"，可见其广告意识之强烈，不仅如此，大华饭店还利用自己的菜单做广告、卖广告，"大华饭店之菜单，印有各大商号广告，颇为新颖。因该饭店营业素盛，故往登广告者颇多。并定十月一号，另招登新广告，每月每二方寸只收一元，定价亦极便宜"（1930 年 8 月 14 日，501 期）。

北画上刊发大华饭店三周年纪念文章指出，大华饭店的"尤长之点有二"。其一，"提倡高尚娱乐"，"如跳舞会音乐会时时举行，尤盛于夏秋之季。幽静清凉之屋顶花园，更为消暑唯一盛地。若夫平日之美术展览会，若画画，若摄影，若菊花，则排日展览四季各异，饭店而兼文化美术机关，惟大华首创之"（1930

年 5 月 31 日,479 期)。除了高雅娱乐、艺
术展览外,大华的屋顶花园还倍受消费者
的厚爱,成为纳凉娱乐的好去处,"大华饭
店屋顶园,连日以扩音机演奏各名伶最新
唱片,上座颇多。该饭店经理赵道生君,
现正计划于每星期六,约聘日本艺妓演奏
日剧,正托人接洽中"(1930 年 7 月 3 日,
493 期)。其二,"赞助社会事业","若连年
灾赈之不肯后人,可为明证;余若团体生
活之联青社,群一社,益友聚餐会各团体,

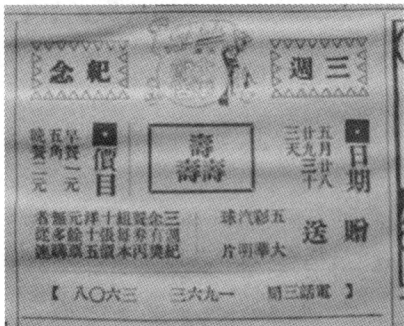

大华饭店广告

皆莫不以大华为研究讨论之所,人谓大华为天津社会事业群众生活之中心,非
过誉也"(1930 年 5 月 31 日,479 期)。因为股东都是"闻人",大华本身也经营
有道,因而大华成为政府、团体的聚会之所,"政军界银行界指定大华为唯一宴
会之所,而会社之长期在大华聚餐者,则有群一社、益友会、联青社、仁社、岭南
大学同学会、复旦大学同学会等"。此外,大华的营销手法也很特别,"预购餐
券,亦有特殊折扣"。大华发行的餐券,形式不一,但都有特殊折扣,广受消费
者的欢迎。大华饭店的三周年纪念餐券"特发行有奖餐券三百本,分三期使
用,每开奖期有一百本,每本有得一百元之希望",双十节国庆餐券"每册早餐
二张,晚餐两张,共售洋五元,售尽一百本为止"。特色赠品也是大华饭店挽留
老顾客、吸引新顾客的有力促销手段,"精美洋火盒"、"香皂糖果"、"大华精美
明信片"、"华北汽球公司特制之五彩汽球"等招徕不少顾客。饭店的珍品佳肴
更是数不胜数,开发的新菜式让时人津津乐道,"大华饭店定除夕,预备整猪、
整羊、整牛,欢迎来宾,名为'嘉宾塔利亚',价目仍收两元。据王小隐考证,'嘉
宾塔利亚'之名源出于中国古籍之'郊特牲',本系中国旧有,并非舶来摩登大
菜"(1931 年 12 月 29 日,722 期)。以专营西餐为号召的大华饭店能利用中国
饮食文化的菜式西风化,加之以洋名成为一新菜式,可见其经营之灵活。正如
记者所言,"菜单之丰富,烹调之得法,器皿之高华,则实其成功之最大助力"。

三、天津的饮冰室

天津夏天气候炎热,避暑纳凉成为重要的休闲方式。冷饮盛行,画报中多
有描述天津"冰"市的广告,"迩来本报冰话联篇,读之齿颊生凉,炎威尽退"
(1933 年 7 月 13 日,958 期)。

饮冰的"冰"是什么,实无统一的看法,"自从'爱司克瑞穆'航海而东,他的
名称很不统一,上海作冰麒麟、冰忌凌,北平作冰其凌、冰激凌。好像贾波林在

南方作卓别灵一样,名称虽多,等于文人别署一般,五花八门,教人有无所从之感"(1932年6月30日,798期)。作者认为天津人的饮冰是西方的舶来品,津人认为,食"冰"实为中国人的风俗,"北平夏令有卖冰核者(核读作胡,即碎冰,由儿童提出来小筐沿街叫卖,何以谓之'冰核',殊不可解),每天烈日当空,或夕阳西下之时,卖冰之儿童沿街叫卖,络绎不绝,叫卖之声,入耳送凉。妇女每于针线之余,或午梦初醒之候,托碗而购冰,不过费四五制钱,便可大嚼,亦觉颇饶奇趣,彼等此时绝不曾梦想到有冰淇淋也。余幼时喜食冰,然北平所售者皆河内之天然冰,殊不洁,每于冰淇淋,入白糖桂花而饮其水,觉齿颊芬芳,凉生两腋,此乃真正之饮冰也。后始有'冰激凌'之发明,制'冰激凌'之器具为一木桶,内实以冰块与盐粒,中置铅铁桶盛以桂花汁与白糖水,系绳左右拉之,久而结为冰渣。此种'冰激凌'恒于庙会中见之,一般人士以其新奇,趋之若鹜,实可与北平土产之豆汁比美焉。且其价极廉,约一二枚一大杯,洵平民化之食物也"(1933年6月27日,951期)。可见,北平庙会上已盛行"冰激凌",只不过这种"冰激凌"还有个本土名字——"雪花儿酪"。小贩售卖"雪花儿酪"时,会高声吆喝:"冰儿镇凉来,雪花儿酪,贱卖多盛,尝尝口道。"(1933年7月13日,958期)"爱司克瑞穆"航海而东,取代了"雪花儿酪",便成为人们眼中"贵族化"的消遣,"东安市场荣华斋始有牛奶冰淇淋之制,摩登人物,乐此不倦,一般情侣以借饮冰为谈情话之助,于是荣华斋一间小楼,大有满坑满谷之势,摩登男女亦比肩相望,惟恐姗姗来迟。荣华斋之主人为牟利起见,乃在丹桂市场辟一小楼,置精美之雅座,于是利市十倍焉"(1933年6月27日,951期)。

天津的"饮冰"市场也极为兴盛,"现在各处之经营冰淇淋营业者,风起云涌、栉比皆是","饮冰"进入饭店酒楼成为应客的要件,"凡食店、旅馆、娱乐场,以冰激凌为应客要品,如冠生园、大三元、福禄寿";出现专门店铺,"如天祥后门之水晶宫、河北妇女救济院之饮冰室与美丽川菜馆隔壁之冷香室皆是"(1930年6月24日,489期)。之后,又出现"北冰洋"、"露香园"、中原公司"饮冰室"等,这些饮冰室相互竞争,吸引顾客,"或以'多加牛奶'为广告,或以'电磨'相号召,一般人已司空见惯,不足称奇"。有的饮冰室引进女招待,"各饮冰室,以冷香室生意最盛",推敲其原因,之一就是"室中原有女招待三人",曾有客人评价三位女招

冷香室广告

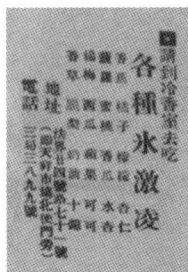

冷香室广告

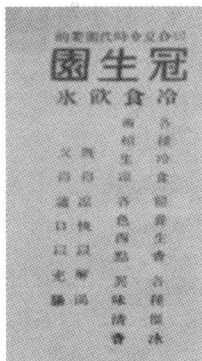

冠生园广告

待:"一号风流漫浪,二号徐娘半老,三号大家闺秀。"(1930年6月24日,489期)女子执觞吸引许多男顾客。饮冰室的布置也颇有讲究,但也可奢可俭,冷香室因"冰室主人以门窗裸露,观者蚁聚,未免不雅",所以特别作了冰室装饰,"新制白纱幔全付,张之门窗,内外遂成隔绝;惟纱丝有空,固仍有人从纱空窃窥也。室于十日前移原址之东隔壁,新厅雅座四间,隔以黄栏,障以白幕,则旧室所无也"(1930年6月28日,490期)。日租界河沿新开的日本冰店,则就近取利,也颇有野趣,"就堤边用苇席圈成小院,入口处有苇编小门,及小室一间,四周遍悬淡青纸灯,设有桌椅,于日落后,出售冷饮料。该处地势空旷,正面海河,茅詹苇蓠,颇有野趣"(1930年7月22日,501期)。

饮冰室的"冰"价廉物美,"室中冷品,价极廉,率皆一毛,至贵者不过二毛五,二三友人聚而狂嚼,尽一元足矣。客来者独不惜小费,吃三角者,予一元,吃五角者,无论矣"(1930年6月24日,489期)。价格便宜,因而夏天吸引了许多人,三五好友,大嚼一顿,既联络感情,也去了暑热。来饮冰室的人,不分贵贱,"摩登男女亦比肩相望"。冰室成为夏日人们休闲聊天的场所,冰室主人不断开发新产品,以吸引顾客,"室中冰激凌,日内陡增至十六种之多,举凡瓜桃李果之属无不备。日本冰铺最拿手之红豆冰激零亦有之矣,西瓜者味尤美,则室中所首创也"(1930年7月19日,500期)。更有甚者,"如福禄寿于冰激凌之上,加以桃仁,瓜子,青丝诸果料,供小饮时之咀嚼,亦别有风味。跑狗场,与电影院,零售者,为硬纸制之圆桶,中盛奶油,与杨梅冰激凌各半,如太极图形,另附木制小匙,供啗食之用,并有长方纸盒,若味精外毂,内实锡纸包蔻蔻皮,奶油馅之冰激凌。乍观之,似肥皂一方,举而唉之,其冷震齿。其出品处,系由美国公司专门制造,故他处无法仿做耳"(1932年6月30日,798期)。除了提供"冰",饮冰室还提供茶点,兼卖汽水、广隆泰点心、黄油、果酱及面包。饮冰室之盛,实为夏天一景,到了夜晚,依然人声鼎沸,热闹非常,"入夜,明灯盏盏,人影幢幢,敲冰之声轧轧,笑语如沸,门外观者列堵"。

沿街售卖冰激凌的甚多,"多售卖以饼干制成之牛角形杯,中实各色冰激凌",买的人多为儿童与平民百姓。此外,夏日街边小贩售卖的"冰棍"也为天津人所喜好。"法从冰激凌脱胎而来,以撒碎冰上为起寒剂,再以寸径小铅管贮糖水,中置竹笺,插入寒冰箱镇之,半小时凝结,如冰蜡形。更置管冷水中微浸,管中冰蜡,便可随竹笺抽出。售铜元四枚、两枚,小儿可执而饮之。取食既便,且法新价贱,故短衫帮及小学生多趋之"(1934年7月17日,1115期)。

第四章
《北洋画报》消费场景之二
——洋土并重的天津娱乐

旧时的人们,初见新兴事物时会是何般景象?从北画记者采写的《观舞记》可一窥其貌,"自设露天跳舞池以来,其沿电车道之墙上,亦'挂'满'民众',偷看妙舞,如蛾附火,如蚁附膻,一种不可思议之好奇心,可自类似新年肉店门前所挂整猪整羊之一般"。记者的形象描绘让人穿越时空如临其境,将人们对新事物的新鲜、好奇、刺激与惊诧描摹得淋漓尽致。《观奇技记》、《起士林屋顶花园观"石头"跳琴记》等文章忠实地记录了新兴娱乐进入民国天津人生活时 带给人们的惊异。天津素有"曲艺之乡"的美名,开埠后,西风东渐的租界地带形成特殊文化圈,娱乐元素的多元与娱乐经济的发达使天津步上海后尘成为中国的时尚之都,笙歌夜夜,灯火通明。北画办刊正逢新旧娱乐活动交汇融合的时期,本着"传播时事,提倡艺术,灌输常识"的精神,记录了从"禁舞运动"到跳舞时尚、无声电影到有声电影、茶园戏剧到剧院戏院的时代进步。随着租界新商业中心的建立,娱乐成为新商业中心吸引人群的主要因素,劝业场的"八大天"中,电影、杂耍曲艺、京戏评剧、台球等一应俱全,游客花上两三角钱入内,便可尽情娱乐。西方歌剧、音乐、马戏舞会、网球、赛马等娱乐形式相继出现,人们眼中"下九流"杂耍也能改变"身份"成为高雅的艺术走入茶楼戏院。新的形式、新的空间及新的理念,构成近代天津城市新的娱乐。

第一节 中西荟萃的娱乐生活

一、中西荟萃的娱乐方式

城市的娱乐状况直接反映市民的生活状态,间接反映城市经济、文化发展的水平。传统娱乐形式丰富着老天津人的生活,开埠后的天津,更以包容的胸怀借鉴西方各种艺术与娱乐,天津的娱乐得以"百花齐放"。1930 年出版的《天津志略》中记载:"仅戏院、电影院、评书馆、杂耍场等,天津就有 56 处;计戏院 14 处,电影院 16 处,评书馆 22 处,杂耍场 5 处,以每日演两场,平均每场有500 人,则一日间观众就有 5 万多人。此外,还有演出过戏曲的'游艺场',如天外天、天祥商场内的小广寒、日租界的张园、德租界的陶园等 6 处;演出过戏曲的俱乐部,如英租界海关、法租界天同等 5 处;主要演出京剧的票房,如开滦、南开等 6 处;演出过戏曲的坤书馆,如日租界的中华、南市的权乐等 5 处。天津戏曲场所数量之多、规模之大、设备之优,在当时的中国,仅次于上海。"①北画记载的天津娱乐业,更是多姿多彩、异彩纷呈。

津市游艺场之最近趋势(红蛾):津市之游艺场,除旧三不管之大乐,新三不管之广顺,西门外之龙海,与夫谦德庄、地道外、北开、鸟市各地之形同摆地大棚不计外,演大戏者凡六:曰春和、北洋、天华景、小广寒、南市之第一台、大舞台。

天津游艺活动之一

唱蹦蹦戏者凡七:计劝业场之天乐,天祥市场之小世界,南市之聚华与升平,北门里之福仙,北营门外之天桂,暨侯家后之义顺。杂耍场凡十数:较著声誉者为歌舞楼与天晴;至劝业场之天会轩,河北之聚英,则以文明戏攒其底;最近燕乐且以青莲阁会芝全班白凤鸣等为号召,而玉茗、玉壶、两春、东升、闻宾各茶社,亦在竞求生存中。落子馆二:曰中华与同庆,此不待吾人绍介者也。各项游艺中以电影为最盛,演者达二十余家。一等院者三:平安、蛱蝶、光陆也。以下光明、明星、新新,与河北、皇宫、天升等院,各具相当势力;平民化之影院,票价率无逾一角者,更低铜元三数十枚而已。如法租界之新中央,劝业场之天宫,特一区之皇后、中央、特二区之东方,日租界之新明,南市之丹桂、庆云、群英、上平安、上权仙,与北马路之华北、天津。电影院之多,亦可见矣。其原唱大戏或落子者,亦均幡然改图,更且装置有声之机。一时乃有"有园皆电影,无机不有声"之概!尝考影业之所以勃兴,盖以小规模影片公司林立于市,每租一套影片,代价不过十数元,一演三四日,所费甚轻。加之大戏院票价甚昂,动辄以元为本位,且不能每日演唱,其不为普通有闲阶级所喜而群趋影院。(1934 年 4 月 12 日,1074 期)

---

① 来新夏.天津的城市发展[M].天津:天津古籍出版社,2004:203~204

天津的娱乐活动包括游艺场、演大戏的、唱蹦蹦戏的、杂耍、评弹及文明戏、电影等新娱乐形式。不仅形式丰富，场所也众多，戏院、茶楼、电影院布满天津老城与租界。随着社会的发展，天津的娱乐形式也不断发展，内容丰富化，活动多元化，中西荟萃。

二、天津的传统娱乐活动

中国是等级严格的社会，贵贱有分，上下有等，娱乐活动也明显受阶级的影响。戏院听戏、妓院打茶围听曲显然是上层社会有权阶层的特权，下层民众则除了节日庙会之外，只能到江湖卖艺人聚集的露天娱乐场享受闲暇。

听戏是老天津人的主要娱乐方式，以前唱大戏多在庙宇、会馆、私宅或祠堂内，演出场合或是节日，或是聚会，或是喜事庆典。老天津日常听戏的地方是城北运河边的侯家后，这是天津最早的商业中心，而后成为娱乐中心，天津最早的茶园、饭馆、妓院等娱乐场所都聚集在这一地区。茶园是天津人听戏的主要场所，茶园的舞台呈方形，为伸出式，三面开敞，前部设方桌，方桌后及两旁放置椅子，后面再放长条凳，列为排座。有楼座的茶园，楼上两边设置"包厢"，观众围坐八仙桌旁，品茗看戏。茶园观戏只付茶资，讲究的是角好、戏好、茶好、水开。除专来听名角的戏迷外，茶园也是交易谈事的场所。戏台上艺人们演唱，戏台下高谈阔论、交谈生意、大声喝彩。侯家后另一种主要的娱乐业是妓院，早在清乾隆年间，侯家后的娼寮就已经十分兴旺。据《津门杂记》记载，光绪年间"北门外侯家后一带为妓馆丛集之处"，有专门唱曲娱客的"小班"及提供男妓的相公下处。

庙会是老天津最普及的娱乐活动，庙会原为敬神娱神而举行各种仪式，逐渐演变为大众化的娱乐活动。清代天津，因奉祀天后而举行的皇会是最重要的庙会活动。天津的皇会最初叫娘娘会，乾隆巡视江南路经天津观看娘娘会，从此改称皇会。不论是出资办会的缙绅士商，还是普通人家，都把皇会看成城市最重大的活动。皇会极盛之时，"商学院人辍市，百业停工，交通断绝，万人空巷，观众如潮"。皇会是全城人的节日，不同阶层的人共同参与这项娱乐，成为大众化的娱乐活动。

平民百姓日常聚集在老商业中心的露天场所，民间艺人沿袭着聚集卖艺的风气，天津的南城墙外（后来的南市）的城南洼边上，是最初的大众娱乐场所，每逢节庆、市集或庙会活动，除了固定的娱乐和游戏活动，民间艺人纷纷赶来，为喜庆和赶集的人们提供各种演出。城南洼内有小船供游人往来乘坐，每到晚上，船上乘客或三或五，一人弹弦，一人敲打着茶杯，唱着地道天津味儿的

"靠山调"。庙会演出、街头表演等成为平头百姓的娱乐活动①。

　　天津是有名的曲艺之乡,是北方曲艺说唱艺术的"集散地",天津人把曲艺称为"杂耍",包括京韵大鼓、西河大鼓、评书、相声、天津时调、单弦、联珠快书、铁片大鼓、平谷调、梨花大鼓、三弦弹戏、莲花落、双黄、荡调、弦子书、滩黄、辽宁大鼓、卫子弟书,丰富多彩。杂耍艺人主要在南市一带演出,也有不少艺人在南开、三角地、鸟市、谦德庄、地道外等边缘地区撂地演出,听众则多是劳苦民众。南市后成为天津最重要的演出市场,位于南市的杂耍馆、书馆,见于记载的就有20多家。其中,位于南市的燕乐、升平是20年代全市影响最大的杂耍馆。《志津市杂耍场》一文记录了杂耍在天津兴盛的原因,"地居华北冲要,商业繁盛,有闲阶级,无论为富商,为寓公,咸借嬉戏宴乐以为交际",可谓是天时地利人和。市民休闲娱乐中,看戏和听曲艺占很大的比重,形成清末民初空前发达的城市通俗娱乐的主流,听众们对这些娱乐活动如醉如痴,"杂耍场在津势力之厚,盖可想见"。

　　　津市地居华北冲要,商业繁盛,有闲阶级,无论为富商,为寓公,咸借嬉戏宴乐以为交际,以是娱乐场所林立,杂技纷陈。其间除影院戏馆外,十样杂耍,尤乐为一般人士所称道。实则杂耍之发祥地,系在故都,只以彼邦人士喜皮簧者众,遂淡然视之,未若津人嗜此之甚于嗜皮簧也。津市杂耍场之历史较古老者,为南市之燕乐升平,清季曰四海升平。厥后商场渐兴,北海楼初建时,有北海茶社,迄今旧迹仍存,已易名"东升",而由乔清秀主演河南坠子矣。继北海楼而建之商场,如北洋第一商场,则有北洋茶社,今改为华北戏院而演电影。大观戏院改筑之天津商场,至今仍在天晴茶社。丹桂影院为南市商场时,其上亦有杂耍场。法租界三商场,劝业之天会轩、共和厅,天祥之小广寒、新欣,并皆曾演杂耍,而泰康之小梨园,最负相当声誉。华界杂耍场除附着于商场者外,若南市之聚华、玉壶春、青莲阁,侯家后之义顺、玉茗春、河北之聚英,或以评戏攒底,或以新剧号召,更或以清一色河南坠子为主,类皆能得一部分人之欢心。甚如三不管鸟市各地之时调棚、杂耍棚,亦邀如云盛友。杂耍场在津势力之厚,盖可想见。(1934年12月20日,1182期)

三、租界化后的传统娱乐活动

　　天津开埠后,租界形成特殊文化圈,西风东渐对于传统娱乐活动的影响主要在两个方面,一是娱乐活动中心随着商业中心的迁移而迁移;一是专业演出

---

　　① 刘海岩.空间与社会[M].天津:天津天津科学院出版社,2003:318

场所的出现。

(一)随着商业中心迁移的娱乐中心

租界的出现刺激经济的发展,且因其特殊的政治符号,而成为新的商业中心。旧城商业中心衰落,新商业中心向日租界的旭街、法租界的梨栈大街和英租界的小白楼一带迁移。1923年国民饭店建成,1926年天祥市场建成开业,很快压倒当时天津最大的商场北海楼。同年基泰大楼落成,天津最豪华的浴池华清池开业;1927年天祥市场对面的泰康商场也建成开业;1925年,梨栈大街十字路口上的浙江兴业银行落成;1926年惠中饭店落成,1928年交通旅馆和华北地区规模最大的综合性商场——劝业场同时建成开业,遂使这里成为天津乃至华北地区最繁盛的商业区。

新商业中心确定,娱乐中心逐渐向租界迁移,1916—1917年先后开业的"大罗天"、"陶园"和"张园"等游艺场皆设在日租界和德租界。每至夏令之夜游艺场开业的时候,常常人声喧嚣、通宵达旦,租界居民颇受干扰,后经租界当局干预相继停业。1927年以后,建在法租界梨栈一带的劝业场、天祥市场、惠中饭店及春和大戏院先后开设游艺场。劝业场大楼在修建时,即计划把四五六层作为游艺场所。劝业商场开幕以后,抢夺泰康商场的生意,场内租户纷纷退租迁往劝业,致使天津三大商场之一的泰康商场只靠专门演出"杂耍"的"小梨园"维持热闹,当时在这家小剧场登台演出的有鼓王刘宝全、白云鹏,单弦名演员荣剑尘,梅花大鼓金万昌,乐亭大鼓王佩臣,相声张寿臣等,天天客满,给走向败落的泰康商场增添了一点生机。① 在这些娱乐中心,游客花上两三角钱,便可观赏电影、戏剧、曲艺等,尽情娱乐。设施完善、人气极旺,吃饭、娱乐与休闲一体的娱乐中心和"三不管"等简陋的下层大众娱乐区形成鲜明的对照。

(二)专业演出场所的出现

专业演出场所出现,预示着新的娱乐时代到来。庙宇、堂会等戏剧演出场所逐渐成为公众活动场所,这使公众化、平民化的演出成为可能。

20年代以后,租界建成一批专演曲艺的场所,曲艺堂而皇之走进租界。1927年,天祥商场内开辟的"新世界"(1929年改为"小广寒")成为津门首屈一指的曲艺表演场所;1928年,劝业场楼上专演曲艺的"天会轩"开业;同年,泰康商场的"歌舞台"(1930年改名为"小梨园")开业。位于市中心的三大商场的三个曲艺演出场地相距不过百米,成鼎足之势。这三大曲艺场完全取代南

---

① 张高峰.劝业场一带的变迁[A].天津市政协.天津文史资料选辑(16).天津:天津人民出版社,1981:87

市的燕乐、升平,成为曲艺表演中心,曲艺的观众也由劳苦群众扩散到社会各个阶层。市场化使这些在老城区不登大雅的"下贱"艺术很快成为津人欢迎的表演艺术。演出场所的发展及伴随城市商业中心形成而兴盛起来的文化娱乐中心,使评剧、曲艺等迅速崛起,成为最具大众化特征的市民艺术。评剧观众范围之广甚至超过京剧,30年代不景气的电影院不得不靠加演曲艺来招徕观众。

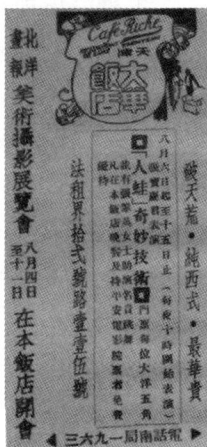

大华饭店广告

北画创刊时,天津有戏院40家,北洋戏院、明星大戏院、春和大戏院和天升舞台较为知名。30年代新建成华北戏院、中华大戏院等8家,北画创办中,天津有约50家戏院营业。戏剧种类也很丰富,京剧、评剧、昆曲、粤剧,都是天津市民比较喜欢的戏种。天津市民会听戏,懂听戏,天津的戏院硬件水平不断提高,名伶也都愿意来演出,梅兰芳、尚小云、程砚秋、荀惠生、韩世昌、陆素鹃、章遏云、雪艳琴等一批名家活跃在天津的舞台上。戏剧这种有闲阶级的传统国粹在天津发展到极致,出了菜馆进戏院,成为那时天津人最时尚的生活方式。[①]

四、西方娱乐形式

侨民的增加,西方的休闲娱乐方式也进入天津,歌剧、音乐、马戏舞会、网球、赛马等娱乐相继出现,夜总会、俱乐部、剧院、饭馆、公园、球馆、运动场等休闲娱乐场所也随之出现。

(一)马戏表演

20世纪20年代天津曾经有过几次轰动的马戏演出。一次是日本富田大野马戏团,在日租界搭棚表演,每天只演晚场,节目有走钢丝、魔术、耍球、马技、人骑马钻火圈,上座率相当高,受到市民的广泛欢迎。此后,世界各地的艺术剧团频频造访天津,天津成为中国继上海之后的又一国际商业中心。1927年8月,天津著名的饭店大华饭店登出广告,"人蛙奇妙技术"几个大字吸引路人细读这则广告,广告预告了张宝庆的杂技表演,门票为每位大洋5角。张宝庆是侨居海外的华人,曾在法国学习杂技,之后周游欧美各国,享有盛誉。张宝庆回国后,曾应天升电影院邀约登场献艺,大华饭店延请张宝庆到饭店的屋

顶花园演出,以此招徕顾客。《观奇技记》一文细致地描绘了张宝庆的演出情况。

张宝庆君

大华饭店近日特约技术大家张宝庆君及张翠英女士等在该饭店屋顶花园奏演各种技术,余以先睹为快,于开演之第一夕,即往一观。是夜十点半开幕,为张翠英女士与其女徒走钢丝。此技在吾国与日本固常见之,然或持洋伞,或负长担,或握轻扇,类皆有所凭借。张女士则赤手空拳,在钢丝上回翔旋折,表演种种奇妙身段,洵为难能可贵者。第二幕为张宝庆君双手同时抛转各种器具,如酒瓶、火把之类,又如以手杖、高帽与雪茄烟为一组,球杆与二球为一组,均兔起鹘落、五花八门,使人目眩神夺,其手眼之灵敏,允称绝技。最后以明灯五盏置于桌上,桌又架于四木杆上,四杆又插于一洋瓶中,而洋瓶乃捆于张君之唇际,此唇齿间之力量,可谓伟大矣。灯桌杆瓶,既皆平稳,宜不倾侧,而张君唇端架如许物事,犹坐椅上弹琵琶,此等身手,真足惊人。第三幕为舞女登绳梯攀铁杠,演惊险技术,观者为之挢舌不能下,而舞女神色不变,如无其事,直至演毕,座客始能定神。此种危险之艺术,似无多大趣味,而万一失足,其惨痛岂能设想,深望张君此后勿更以此种技艺,令女孩卖弄也。闭幕时,已十二点半,座客纷起,作交际舞,余略坐片刻即归。(1927年8月13日,112期)

1929年的圣诞节,大华饭店特别邀请了世界著名马戏团的滑稽大师"千面孔"白卓夫来进行演出。北画的新闻报道说(1929年12月24日,414期),该演员是英国舞台上极负盛誉的丑角明星,曾在百代公司串演过滑稽影片,擅长表演"面部变幻之绝技","能装各国民族,惟妙惟肖。能饰猿猴猩猩,更出神入化。且有特别口技,善效禽兽之啼声,表演禽兽之动作,突梯诙谐,令人绝倒"。白卓夫因此获得在俄国圣彼得堡举行的万国滑稽大会的大奖,"千面孔"名声大噪。

(二)赛马

赛马是天津英租界里流行时间最长、影响最大的娱乐活动。赛马会始于英租界,美其名曰"锻炼身体,改良马种,繁荣市面",实际上是公开的大赌场。英租界开辟不久,赛马会就在海光寺一带举行赛马,后在英租界沿河坝道、海大道一带环绕竞赛。1876年,美国兵营附近又临时开辟一个赛马场。① 1913

---

① 张澜生.租界往事琐忆[A].天津市政协.天津文史资料选辑(75辑).天津:天津人民出版社,1997:178

年 8 月,天津英商体育赛马会修建成功。最初赛马会
排斥中国人参加,1927 年以后,随着租界内中国人势
力的扩大,一些买办也成为赛马会的董事,但实权仍
操在英商手中,赛马会内外一切事务均由英国人包
办,如马主人、骑马师必须是英籍人。英国马会初成
立时禁止华人入内,后华商赛马会成立,才开放华人
入场,允许华人观看赛马及购马票。每届马会开赛之
前,出售马票、付彩、核算、食堂及承印马票、马书等均
由英商平和、瑞隆、保禄等洋行包办。赛马场跑道为
椭圆形,周长 1.5 英里。各场入口均有印度巡捕站岗

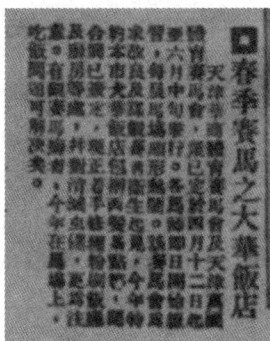

春季赛马之大华饭店

验券,管理非常严格。英商赛马会一般春秋两季举行,每季比赛 4 天,加赛 4
天,合赛 6 天,共计 14 天。马会还经常巧立名目,如慈善赛、香槟赛、公益赛、
马夫赛,每季增加七八天。赛马最吸引人的是摇彩票,马会发售的彩票种类繁
多,面额不等。赛马期间,赛马成为新闻媒体关注的焦点,天津各报都刊登赛
马的大幅广告,有的报纸还刊登赛马程序及头马预测表,北画也登载赛马新闻
和照片。商店、饭馆、酒楼纷纷与赛马会合作。1930 年 4 月 1 日的北画刊载
了大华饭店的广告《春季赛马之大华饭店》,预告天津华商体育赛马会及天
津万国体育赛马会的春季赛马会特约大华饭店提供餐食,包办西餐茶点。
大华饭店连续几期的广告都围绕“赛马”主题进行创意,“欲得跑马票须选票
得当,欲选票得当,须精神满足,欲精神满足,须吃精美餐”(1930 年 4 月 5
日 455 期)。赛马会不仅是人们关注的焦点,也是商家进行广告宣传的重要
平台。

　　英商赛马会成立后,营业兴旺,利润很大,在津政客、官僚、买办、富商看到
这是发财致富的捷径,也着手策划组织华商赛马会,成立天津赛马会有限股份
公司,在南开修建赛马场并于 1920 年开始赛马。华商赛马会初创时,骑马师
缺乏,不得不从上海聘请。由于无法与英商赛马会对抗,华商赛马会股东于是
与日商合作,成立万国赛马会,并于 1932 年正式开张。北画小文《赛马谈荟》
中描述了三大马场的赛事与市民的热情。1935 年,天津还出现走马赛车会。
所谓走马赛车,就是比赛时由一马拉车,车上坐一马师,持鞭赶马竞赛,为了防
止马的奔驰,用长绳将马前两腿和后一腿束缚起来,形成两足竞走,奔驰不起
来,因此叫做走马赛车。①

　　1901—1945 年,天津先后出现 7 个赛马会组织,名为体育比赛表演,实质

---

　　① 　张同礼.天津的赛马会[A]天津市政协.天津文史资料选辑(9 辑).天津:天津人民出版
社,1980:178

是赌博。赛马带来的负面影响很大，"赛马会之设立，其初求学不可视为体育之一端，然而在今日之天津情况之下，吾人只得认为纯属赌博之一途。西人所设者，吾无以干涉之，惟在中国地界内而竟亦有两场之设立，以致连同西人之会，每年竟有七十六日之竞赛，亦即公开赌博之机会。吾知除有闲阶级之外，真有职业之人而为此旷工赴赌者，其影响于社会为何如？西人遇此'佳日'，多停业放工，其为无理取闹，恐彼西人亦无以自解也"（1933年6月27日，951期）。上流社会的人们趋之若鹜，一掷千金也在所不惜；平民百姓为此倾家荡产、妻离子散也不鲜见①。

　　赛马谈荟（墨农）：津市之赛马会凡在，曰华商、万国与英商。其中资望较老者，自属之英商，创始于清季民初，其时马场，设备简陋，且限华人入内。嗣至民九，始有华商马会；届民十八年秋，万国继华商而成立，遂成今日鼎足之势。先是英商每季举赛共为六日：正赛四天；加赛二日。比华商兴，始加赛三日为合赛。而华商万国两场，亦季必举赛十余日以上。客岁英商增至十三日，合华万两场，共举赛在五十余日之多，举凡星期假日，咸为赛马之期。每赛则必万人空巷，娱乐场所均受打击，亦云盛矣。华商赛马会昔有名马"津二十二"，某年秋膺香槟首选，旋即因内伤毙命，马主人悼之痛，为营葬既竟，更在华商赛马场之前建"马神庙"，迄今尚在。老马迷类能道之。英商名牝马"高比伊夫"，边执英商香槟至七次之多。民十九年秋，英商合赛场中，曾挫于苏守愚之名驹"良友"。是年买马票者，西人咸趋高比伊夫，华人则皆拥护良友。良友彩金倍于所值，可知购高比伊夫者之多矣。顾经此役后之良友，即以过力而病，长趟几不能再跑，惟跑七法郎、四分三等短距离焉。（1934年9月29日，1147期）

天津赛马场看台(1923年)　　　英商"天津赛马会"马场俱乐部

　　① 李树芬.英商天津赛马会[A].天津市政协.天津文史资料选辑(75辑).天津:天津人民出版社,1997:93

（三）回力球

1934 年，天津的意租界出现回力球场，因赌彩性质而与英商赛马会齐名。回力球本来是西班牙北部比利牛斯山巴斯克山区一带人们的游戏，以峭壁为墙，向其掷球，弹回对接。后流传到地中海沿岸国家，变成以藤条编制成长约一米的勺形器械，缚于手腕，用以掷球和接球，在特设的场地上比赛。后传入美洲和东南亚，成为赌博工具。1930 年，意大利人在上海建成中国第一家回力球场，马上受到时人的欢迎，获利颇丰。

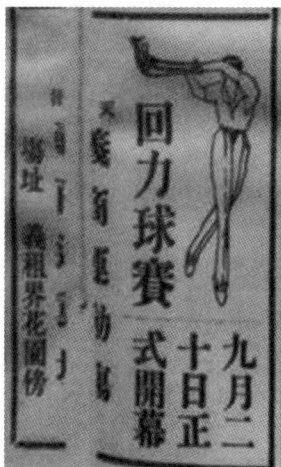

意商运动场广告

天津意租界因地势所限，商业不及英、法租界那样发达，鉴于上海回力球场开设后获利颇丰，就萌生在天津开设回力球场的想法。意国领事馆和意

意商运动场广告

租界工部局分头向租界内有财势的外国人和华人中的"大户"发动集资。到 1933 年，中外股东集资 40 余万元，由意租界当局把持的华意银行承领股金发行股票，在报纸上登载募股广告。北画记者诛心著文《畸形的繁荣津市》指出，回力球赛丧失"其原始之体育意义"，他不看好在天津登报募股，"回力球之能否持久，殊属问题耳。或谓此系新兴游戏，或能鼓励人们的兴趣，然而津人经济能力薄弱，信其无法使此球场久"（1933 年 6 月 27 日，951 期）。但 1924 年的 9 月，意租界的意商运动场回力球赛事开幕，开幕晚上举行盛大仪式，"门前之汽车已鳞次栉比，士女络绎而至。其盛况为一般游艺场所未有"。球场里设置售券兑奖处，"其形状殆如大车站之行李房然"。比赛异常激烈，"球员右手各缚一半香蕉皮状之球拍，往来击球，球小如鸽卵，触壁飞腾，如流星，如飞弹"，新奇、紧张、激烈的赛事吸引了天津人的关注，让天津人大开眼界，即使门票售洋一元，人们也"络绎而至"。意商的回力球场不仅举办赛事"博彩"，也仿照上海的回力球场，举行圣诞节、新年除夕晚餐派对、茶舞时装会、舞会等，多种经营的回力球场让意国租界在津人心目中成为休闲玩乐的好去处。

（四）高尔夫

北画第 13 卷 60 期的卷首封面，与往期大不同，其独特的表现形式引人注目而受到读者的称许。读者来信询问该期设计灵感为何,北画后来揭秘,封面的图案设计"为穴球球板及球一枚(实得其半),其周围附属之物,乃暗示球击球道之设置"(1931 年 3 月 28 日,604 期)。以"穴球"为原型来设计北画的卷首号封面,可见北画编辑对高尔夫的热情,这个设计反映了当时天津的高尔夫球热。

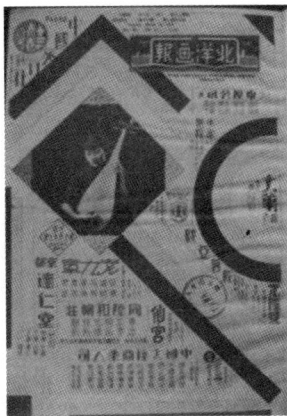

北画第 13 卷 60 期卷首封面

　　高尔夫球称呼不一,"穴球"、"野球"、"草球",不一而足。天津的高尔夫球场始于英租界,北画 1931 年 1 月的"曲线新闻"报道说,在英租界的达文波路"新设微哥夫(Weegolf)球场一处",虽然上海逸园已有此种球场,但在天津尚为"首创",文中提及张学良几次去上海玩高尔夫。此后,北画发表了数十篇文章介绍高尔夫。

北画高尔夫专号

　　天津的高尔夫球场分为两类,一类在室内,一类在室外。首家达文波路微高尔夫球房设置于室内,"房为巨厦,地平如砥"。高尔夫本应在"旷野"中进行,因此,该球房在室内墙壁上画"浓荫万树",让客人觉得在室外一般。室内设置人道、球道,人道以"周围漆栏,留有行道,画其中为若干阶段,而相连属,有路线可寻",球道则"由外室以达内室,各区均别以大红大绿之木槽,色彩鲜艳"。室内球场共 18 穴,穴间设置以木头刻制的各种障碍,"若岗,若陵,若桥,若洞,若曲堤",打完一场收费 5 角。球房营业时间从上午 10 点到晚上 12 点。于天津人来

高尔夫室内球场

说,高尔夫是新鲜事物,去玩的多是外国侨民(1931 年 1 月 31 日,583 期)。天津人渐渐接受并开始喜欢此项运动,"现在社会人士对于此种穴球,兴致勃勃,不可遏止,无论老幼,咸视为最雅最易之消遣法",嗣后,高尔夫球场如雨后春笋般相继设置。"六国球场可视作为露天场地,球场以'园地加盖顶蓬为之'"(1931 年 6 月 2 日,632 期);永安饭店的美记高尔夫球场则以"国内名胜建筑之模型"来设置障碍物,"如第一穴之'天下第一关',第四穴之'四牌楼',状形之美者如'襄阳包'、'桃源洞'、'云梯'、'蚁穴',俱古雅可喜,最后之十八穴名'寒山寺'"(1931 年 6 月 18 日,639 期)。这些障碍物以本土景物为名,可谓别开生面。位于天祥市场南门的天祥野球场则以价廉来吸引人,球场总共设 10 穴,

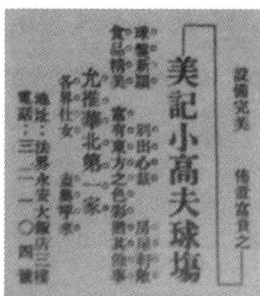

美记小高尔夫球场广告

但只收费 2 毛, 堪称"平民化"的高尔夫球场。天祥野球场开幕时, 曾在各报上大作广告, 其广告词也颇有意思, "手挥目送"、"揖让联欢", 记者称天祥野球场的高尔夫为"揖让球"(1931 年 4 月 23 日, 615 期)。中国人的礼节行为附会在西方人的休闲运动上, 可谓是中国人眼中的"西洋镜", 让人别有一番滋味在心头。

高尔夫球房越开越多, 竞争日趋激烈, 各球场不仅在广告上大做文章, 使用各种促销手段, 如六国饭店举行的锦标决赛, 美记小高夫球场的征集图案启示, 针对学界的优惠措施。高尔夫极盛时, 天津人视高尔夫为大众娱乐, 男女老幼、缙绅商人, 人人向往之, 且人人可参与。随着新奇感退去, 微高尔夫房、美记高尔夫等相继歇业, 高尔夫热潮逐渐褪去。北画曾开辟"高尔夫专页"详述高尔夫运动的来源、兴盛, 我们从中摘录一篇, 看看高尔夫在近代中国流行的概貌。

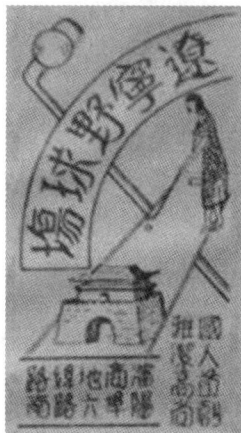

辽宁野球场广告

中国之小野球场, 发轫于沪上, 故以其地为最发达, 而奇巧自亦胜于他处。据自沪来者言, 以大华饭店球场为华贵, 故收价亦最昂, 每回一元洵不菲矣。有露天场一处, 作马蹄形, 所有障碍物均设电气开关, 击球时若遇闭闸, 则不得过, 是又生而别开者也。其余如赛狗场、跳舞场, 均有此种时髦球场之附设, 是盖投机事业也欤! 北平球场, 有东长安街西人所设一处, 是为鼻祖, 继之者有东安市场, 甚狭隘, 再则为中山公园朱桂老所经营, 当以后者为最善, 关于平中各场, 本报历有记载。吾津初有微高尔夫球场, 西人办, 位于英莱市之后身, 假用货栈楼下, 其初独家买卖, 生意大佳, 闻已发财矣……天祥市场之野球场, 为华人首创第一家, 虽仅九穴, 然收价独廉, 允称平民化。后有六国饭店大兴土木, 建一至完

北平中山公园之野球场

备之球场, 法国人尤乐就之, 合各场论, 亦以其地为最整洁, 顾客最高贵, 设备最为精良……永安饭店楼上之美记, 亦为后起之秀, 惟球场嫌狭小, 初开时人极拥挤, 至感炎热……六国收价四角, 本票十页, 则仅三元, 而美记则为力求华贵化起见, 与微高尔夫取同一价, 即五角, 但其人品限制, 未

尝以此收效也……(1931年7月9日,648期)

(五)溜冰

北画记者龙父记录了"天津之冬日游戏",回忆天津人冬天的游戏。与北方省份相比,天津称不上寒冷且雨雪稀少,所以大家玩"冰排","形如床而矮,上铺皮褥,可容二三人,有靠背,倚坐其上,甚舒适,苦力一人,立排后,手持长杆,杆端有源码铁,如矛首,以之刺冰内,用力撑之,则冰排自能前进,其行颇速,然殊费力耳。乘者冒寒风,不久即觉冷不可耐,盖身体不活动之故也"。但坐在"冰排"之上,让人推着在冰上前进,于冰排上的人而言,寒风凛冽,"冷不可耐",并不舒服(1927年1月19日,56期)。

龙父认为"冰排"不是游戏,只是"西人之滑走",对于时人称之为"滑冰",他认为"可笑孰甚","是与称跳舞为跳琴,同属滑稽之至"。龙父介绍说,天津租界的滑冰场有好几处,一是英国的球场,冬天临时搭盖芦席棚,然后人工浇水冻结成冰,因为有棚,所以冬天也还温暖,其地势交通便利,颇受天津人喜欢。

天津冬日之游戏

环境最好的当属旧俄公园的冰场,这里是公园,空气清新,冬天湖面凝结成冰,光滑,面积广大,晚上设有电灯,因而晚间亦能游玩。收费也比英球场更为便宜,更适宜人们的冬日游戏,但地势偏僻,交通不便,天津人很少去。旧俄公园、英界球场为了招徕顾客,聚集人气,还常常举行派对与比赛,"化妆溜冰大会"是当时各冰场的保留节目。

第二节 跳舞时尚与禁舞运动

一、天津的跳舞风潮

外商、侨民进入中国,西式舞蹈也随之而入。最早进入中国的舞蹈被称为"夜会舞蹈"(Ball-room dance)。初始,中国人排斥这种娱乐方式,"男女授受不亲"的观念限制了交际舞的流行,交际舞只是在使馆区或者租界地举行,参加者也大多是外国侨民。披着长辫子的男人、裹着小脚的女人无法把自己与"以男女身体的亲密接触、封闭的'对舞'、三拍子的、旋转的舞蹈"联系在一起。① 随着自由、平等、博爱等思想的传入，封建伦理道德对人性束缚的瓦解，国人逐渐接受西方社会生活方式。

跳舞时尚

(一) 跳舞风潮初起

天津的跳舞之风源自租界。天津有九国租界，洋味十足，跳舞始于租界洋人开办的饭店酒楼，起士林等饭店酒楼不仅售卖西洋点心，还推广新鲜的娱乐玩艺，"窃自欧风东渐，发起跳舞之一端，起士林等实开其始"②。北画记者记录了起士林屋顶花园上演的"跳琴记"。

舞厅中的形形色色

上星期六之夕，暑气凌人，热不可耐，因于晚食之后，约同侨数辈，赴起士林屋顶花园纳凉焉。是夕适到有西洋女子跳舞团者，其领袖为一华人，衣绿色避日光之上衣，白裤、黑袜、白鞋，鞋上嵌有无数黑花；以如是时髦之妙装束，使不为舞团领袖，亦大可异矣。所谓舞女者，则均硕大无朋，绝不若舞台上或咖啡馆中所见之娇小轻盈，是盖"舞语"中所称为"石头"者也。此四块之西洋大石头，初不操舞业，而喜为"票友"式的娱乐跳琴（津人称跳舞为跳琴，北京则称为跳戏，百共为跳，则彰彰也）。是夕无他人舞者，盖有此名团莅止，咸退避三舍，不敢献丑，抑跳舞本文明举动，退让所以示与人无争，固应尔尔，且不如是，则团员恐亦无用武之地，以尽展所长，而引起观众之注目也。兹有乐声起矣：瘦小之领袖，拥一"石头"而前，有如小猿附巨木，状至奇异可观，一时群众之目光，咸集于此二人之身上。二人者，共作狐步之舞。大摇大摆，如老虎之撼石头然，吾侨观众，亦不觉为领袖捏一把汗也。舞兴方浓间，忽闻屋顶嘎灰作响，是盖抖苦之声欤？尝闻物不平则鸣，况负千钧而遭压迫者耶！吾不能怪乎屋顶也！半烟之顷，乐止，

---

① 刘青弋.民国时期的中外舞蹈文化交流[J].吉林艺术学院学报,2009(4):25～26
② 名流.跳舞与阎王[N].大公报,1927-6-6

则见领袖狂喘如牛,盖已不胜其疲矣。然犹竭其最后之气力,击掌呼乐者
重奏一曲,幸乐者不之应,而领袖亦如释重负,将石头归,鞠躬道谢,然后
返已座,于是一幕止于此。俄顷,乐又作,领袖又起,又拥他一石头出而作
"华尔思"之舞;然而华尔思者,盘旋舞也,非体态轻盈者,不克以尽显其
美,是又较狐步为难,所以人恒不喜之。但领袖以地位关系,不得示弱于
人,因起而舞焉。石头以千钧之重,焉能旋转如意,领袖固无可奈何,则亦
惟有作简单步开,或趋前,或退后,或横行三步,间或集以"登高"舞之步,
是则诚领袖聪明之处,而为吾人所十分嘉许者也。是夕石头团员先后登
场,直至夜阑人尽,领袖始率之大开步走而去。该团之舞技虽毫无可观,
然其奇形怪状,则殊堪令人发噱,是以特为之纪,以资谈助(1926 年 7 月
24 日,6 期)。

这是东方人眼中的西式舞蹈,时人称跳舞为"跳琴",西洋的舞者也被称为
"硕大无朋"的"石头",文章文言赘口,在中国人的眼中,优美的"狐步舞"是"大
摇大摆,如老虎之撼石头然";"华尔思"舞则是"石头以千钧之重,焉能旋转如
意,领袖固无可奈何,则亦惟有作简单步开,或趋前,或退后,或横行三步,间或
集以登高舞之步","奇形怪状"、"令人发噱"是作者对这场舞蹈的视觉感官概
括,循着中国人的思维,守着中国人的礼教,带着中式的审美眼光,起士林上演
的这场西式舞蹈,在中国人眼中不过是令人发笑的"西洋把戏"。北画的"舞
话"介绍了几种西式舞蹈:"狐步舞(Fox—Tort),是为两步舞之一种,而最时
髦之查尔理士顿(Charleston)实其变态之支派";"三步之华思尔舞(Valse)甚
美,本不难,然舞者易疲乏,故乐简者恒不喜之。至四步之登高舞(Tango),本
阿根廷国国舞,屡经变易,近复盛行,能之者甚少,抑又较华尔思尤难,宜乎为
粗暴者所弗取也"(1926 年 8 月 7 日,10 期)。

天津初始的舞场,据北画的介绍,起于平安饭店,"津市之有舞场,远在十
三四年前,而始于平安饭店,按即今国民平饭店旧址。后平安饭店被焚,继有
天津饭店(中街宝德饭店旧址,早已不复存在)、起士林楼下(夏日迁楼上屋
顶)、利顺德"。之后,"后起者为大华饭店屋顶、国民饭店、西湖饭店等。同时
小规模之舞场,则有福禄林(永安饭店之旧址)、梦不来兮及特一区之露天舞场
Jasi-Gaden(加斯戛登),并无中名。光陆亦一度设舞场"。初始的舞场,颇不
正规,均为饭店的附属品,"惟各舞场皆为附设性质,旋设旋止",即使这样,跳
舞也逐渐进入天津人的生活,日益盛行,成为"贵公子、名闺及缙绅阶级"摩登
生活的标志。1927 年 2 月,天津福禄林饭店开业,饭店附设跳舞场,跳舞场得
到的追捧让人难以想像,北画略微描述了这种盛况,"自跳舞场开幕消息传播
后,津门仕女,每夕联袂而至者极众,尤以上星期六为最,后至者几不得座,来
宾以华人居大多数,泂空前未见之华人跳舞场也"(1927 年 2 月 26 日,65 期)。

初始营业时,福禄林跳舞场就用不少新鲜花样,比如举行"化妆跳舞大会",晚上九时,门首就已悬挂"座已客满　诸君原谅"的告示牌,记者"探首张望",只看到"千头攒动,五色纷缤,观者目眩神迷,男女踵接肩摩",跳舞场中"男女老幼,无不俱备"。此一番盛况,如作者所言,"自上俯望舞众,恰如蝌蚪金鱼游泳缸中",舞者里,也有"不审舞术也,则丑态百出"者,而舞场外,尚有许多观舞的,"其后立者,复成数排,胸背相接,引颈张望,以观跳戏"(1927 年 4 月 13日,78 期)。这也估且可看作近代新思潮、新思想冲破封建牢笼时表现出来的"疯狂"释放。

(二)"打倒跳舞运动"

福禄林、国民饭店开办跳舞场之后,跳舞盛极一时,随之风气大开,但也有人反对。北画登载了"诛心"写的小文《打倒跳舞之运动》,预示着一场"风暴"即将来临,"别有用心之徒,则侧身其中,以遂具拆白之欲,是盖难免者耳","巨意某等自被逐于某舞场之后,引以为奇耻大辱,必欲一泄此愤,乃运动津门名流出名函请政府当局,转请各租界禁止跳舞"。北画三天后即登出题为"请看关于打倒跳舞运动"的妙文。

公致李赞侯书:赞侯总长台座,敬启者,窃维男女授受不亲,防瓜李嫌疑之渐,关睢挚而有别,为夫妇起化之原。我中华自黄帝而降,称四千年文明之古国,所以高出环球者,惟此礼教垂刑,足以振纪纲而维万世。近以欧风东渐,宇内几有统一之机,然其重女轻男,实为天翻地覆。故自由结婚,自由离婚,女子不以再嫁为耻,其身体发肤,亦不以亲近男子之身体发肤为羞。即以跳舞一节而论,于大庭广场中,男女偎抱,旋转蹲蹋,两体只隔一丝,而汗液之浸淫,热度之身射激,其视野合之翻云覆雨,相去几何。此

关于打倒跳舞与动的一篇妙文

等寡廉鲜耻、伤风败俗之事,真名教所不容,法律所应禁。而外人相沿既久,犹自诩文明,鼓掌称奇,此租界中仍蹈苗民跳月之陋习,有心世道者所望而却步者也。不意天津自福禄林饭庄开设以来,竟有招致外人跳舞之事。始犹借资游观,继乃引诱中国青年子女,随波逐澜,使干柴烈火,大启自由之渐,遂开诲淫之门。数月以来,已不知良家闺阁堕落凡几,而国民饭店,尤而效之,陷阱日多,坑害愈众。惟源祸始,福禄林之股东适为集矢之的矣。夫论一视同仁之理,败坏他人之子女,即无异败坏自己之子

女,搂以君子远疱厨,函人惟恐伤人之义,开设饭庄,日杀百万生灵以取利,择术者尚嫌失于残忍,况毁坏名节,伤风败俗,不遭天谴,亦受冥诛。我公或不知内中黑幕,一经揭破,当必不寒而慄。尚望俯采舆论,从速撤去跳舞,以挽狂澜。庶阴德及物,我公之名誉,更蒸蒸日上矣。昏愦妄言,伏维采纳。除另函国民饭店外,顺颂善安。(1927年5月21日,89期)

文章以封建伦理为纲常,以"男女授受不亲"为准则,颂扬中华四千年文明之古国"高出环球"的原因乃是因为"礼教垂刑",并能"振纪纲而维万世",痛斥欧风东渐、世风日下、道德沦丧,抨击"跳舞"的兴起,跳舞给天津带来的危害更甚于"洪水猛兽","使干柴烈火,大启自由之渐,遂开海淫之门,数月以来,已不知良家闺阁,堕落凡几"。这些人视福禄林、国民饭店"日杀百万生灵以取利,择术者尚嫌失于残忍,况毁坏名节,伤风败俗,不遭天谴,亦受冥诛",因而津界的十二名流荐书政府当局建议"从速撤去跳舞,以挽狂澜"。该信一经发表,立即引起轰动,成为社会各阶层关注的热点话题。各大媒体更以"禁舞"事件为噱头,进行了广泛公开的讨论。

北画反对"禁舞运动",理由大致有以下几种:

一是"个人的种格高尚,跳舞也似乎于风化没有多大关系"。认为名流们看到的社会流弊并不是由跳舞引起的,而是人格问题,对于社会中"一班大人物嫖娼狎妓,讨姨太太,那一种事情可以算有益风化?"对于名流们所提出的"败坏他人之子女"的问题,文章认为,跳舞是"交际场上的一个仪节","如若不赞成这种'欧风东渐、美雨西来'的调儿,尽可自家约束子女,少在这等场合胡调,既免伤财,又少惹气,多少是好"。[①]

表4-1　北画中关于"跳舞运动"的文章

时间	题目	作者
1927年5月18日	打倒跳舞之运动	诛心
1927年5月21日	请看关于打倒跳舞运动的一篇妙文	诸名流
1927年5月21日	禁止跳舞运动小成功	诛心
1927年5月25日	禁舞运动平议	诛心
1927年5月25日	关于禁止跳舞的几句话	二板
1927年5月28日	适逢其会之"打倒跳舞运动"	王小隐
1927年6月01日	饭店跳舞会应否取缔之商榷书	迈叟

---

① 诛心.打倒跳舞之运动[N].北洋画报.1927-5-18(2)

续表：

时间	题目	作者
1927 年 6 月 11 日	禁舞运动之与将来	钟吾
1927 年 6 月 11 日	再接再厉之"打倒跳舞运动"	诸名流
1927 年 6 月 18 日	关于禁舞运动近闻	诛心
1927 年 7 月 09 日	时髦消息一束	
1927 年 7 月 27 日	禁舞运动的尾声	武越

二是"即使租界华人所立跳舞场从此关门大吉，外国人开的，试问你们能奈他们何吗？"[1]天津的九国租界享有"法外治权"，政府当局关得了华界的跳舞场，又怎能关得了租界内的跳舞场，若关不了租界跳舞场，又如何能禁止华人跳舞？

三是跳舞之风由来已久。跳舞也是我中华古国的传统，"我国之舞，始于唐虞，或敷文德，或昭武功，而交际宾僚，亦所不废，是以式歌且舞"[2]，况且，西方的"交际跳舞，自有其一切礼仪规则，非可以胡来者，是以西国宫廷宴会，亦视跳舞为重典"。

北画诸人明确反对诸名流提出的"禁止跳舞运动"。对于"禁舞运动"的发展，北画预言说，"总之'禁舞运动'之将来，仍归于'各人管管自己孩子'耳"。

处于风口浪尖的两家跳舞场态度截然不同。福禄林在 1927 年 5 月 21 日的北画上刊载了一则广告，上书"福禄林跳舞暂停"，并不言他。国民大饭店则刊登了半幅广告，图文相衬，一对摇曳舞姿的男女之外，以花边纹底写着几个大字"高等跳舞场　国民大饭店"。国民大饭店的广告似无声的抗议，但强而有力。"禁舞运动"在媒体上讨论得热火朝天，国民饭店的跳舞场依然火热开场，国民饭店泰然自处、"自娱自乐"，"记者于十二时许入场，来宾已拥挤不堪"，"况有各式化妆，糅杂其间，诙奇谲怪，不可名状，亦为吸引观客之绝妙法术乎"，跳舞会中不乏当地的商界、报界名流（1927 年 5 月 28 日，91 期）。名绅的上书不仅未抑制跳舞风潮，反倒激起人们的好奇心，国民饭店也乘机自我宣传了一把。

1927 年 7 月 9 日北画上的"时髦消息一束"栏目提到政府已下令禁止跳舞，"凡在政府势力范围以内，不准经营跳舞场所云"，但记者怀疑政令效力，一是"但不知在特别区内之起士林及天升屋顶花园，亦算在范围以内否"；二是当初禁止妇女剪发，且"三令五申"，"然剪者仍日见其多，不但公然出入特别区及

---

①　诛心.打倒跳舞之运动[N].北洋画报.1927-5-18(2)

②　诛心.禁舞运动平议[N].北洋画报.1927-5-25(2)

河北而不见被捕",今之禁止跳舞是否也当如是。记者的怀疑颇有预见性,在7月27日的《禁舞运动的尾声》一文中,作者写道,"特三区之天升屋顶花园,甚为热闹,可见禁舞运动之全归失败矣"。"禁舞运动"的失败并不仅限于这场争论,其对于跳舞运动的推动更甚,初始人们对于西方的跳舞限于好奇而去模仿,在这场"禁舞运动"的讨论中,学者、文人、记者等对于"禁舞运动"的文章不仅表明观点,更是全方位介绍西方的跳舞运动。通过这场争论,人们了解了西式跳舞,是一场"社交舞蹈",是一个"西国宫廷宴会"的舞蹈,是一种"礼仪"舞蹈,更是一种"公共娱乐"……通篇的"褒义之词"无疑为跳舞进行了广泛的宣传。"禁舞运动"中的完胜者——国民饭店的跳舞场中,记者采写了这般盛况,"自设露天跳舞池以来,其沿电车道之墙上,亦'挂'满'民众',偷看妙舞,如蛾附火,如蚁附膻,一种不可思议之好奇心,可自类似新年肉店门前所掛整猪整羊之一般"。自此,"禁舞"从喧嚣一时归于沉寂,舞场的兴盛则日胜一日。

(三)"禁舞运动"后的天津舞场

1928年3月28日,北画登载了一则《春申杂讯》传递上海的舞讯:

关于跳舞,最近半年来沪上大有"跳舞热"现象,舞场亦日益增设,计有巴黎、爵禄、大华、月宫、新新等诸饭店。舞女则中西俱备,生涯极盛。电影明星李丽娜,月前为爵禄舞女中之红姑娘,颇负美誉,后因事改入巴黎饭店,仍为浪漫的舞女,而不复现役银幕,足见跳舞之乐也如是。新创"桃花宫"舞场,业在法租界建筑,聘定各国舞女二十余名,并影星数人,拟编排最新式的"桃花舞"。俟开幕时实现于"桃花宫"里云。海上影星如杨耐梅、王汉伦、毛剑佩、宣景琳、韩云珍辈,对跳舞亦醉心若狂,几无虚夕,伊辈所沉湎之舞场,当属"巴黎",旁观者皆注意焉。劳合路东方跳舞研究会专授各种跳舞,业务甚为发达,盖沪人莫不视跳舞为时髦而群相学习也。虽然,由迷舞而失业荡产者,亦常事耳。(1928年3月28日174期)

"禁舞运动"后的天津,与上海一样,笙歌夜夜,灯火通明。自福禄林、国民饭店之后,天津的大饭店、西餐厅都设有豪华舞厅,舞女、女招待、舞客等经常出入于此。跳舞不仅是都市名流、上层人士、新式知识分子趋之若鹜的公共娱乐活动,也进入普通人的视野,成为日常娱乐活动。随着普通人的介入,跳舞早已不再值得炫耀,跳舞的平民化使其趋于平常。《电影中的雀儿

圣安娜舞厅广告

斯动》一文介绍了电影在跳舞平民化中也起到积极的推动作用。

最近跳舞一事在天津社会上，依然有一种动人之力量，连日新新电影院于正片之后加演著名跳舞家毛雷氏教授"雀儿斯动舞"。前数日演第一课，余亦偷闲往观。是日适为星期六，九钟到院，已不售票，退出者极多，旋有人强入加座，余亦乘机加入，于楼上得一席地。其时电

新式跳舞

影尚未开映，而楼上下确已满座。先演映贝贝蛋泥儿之《战地莺花》，此片为贝贝杰作，情节曲折可观，及演毕，而"雀儿斯动"遂开映矣。毛雷氏之第一课教授，确是得法，加以电影上再三映演，详细说明，初学者观之，殊易于领悟。片中又演西人老少对于"雀儿斯动"之狂热，如侍者于扫地时习之，女职员于公事房习之，以表明此舞在西国之普遍。而对于此舞来源之说明，则谓起于酒醉者之步武（片上并映一醉汉走路之情形），盖醉后行路，两足忽前忽后，忽左忽右，惝怳不定，后人取以创为跳舞，即为"雀儿斯动"。此说当最为可靠，然以醉后之失态，而演之成舞，则其舞之亦殊可笑也，然亦曰欧美归来者谓此舞今已不趋时矣。（1927 年 10 月 8 日，127期）

跳舞平民化，越来越多的人参与这项活动，跳舞成为人们生活中必不可少的"润滑剂"，跳舞的社会交际作用日益明显。

1. 跳舞成为社团社交活动

普及之后，跳舞成为组织发起活动的噱头，如 1927 年 1 月的天津留美同学会举行化装跳舞大会，1928 年 12 月的天津扶轮会举行时装赛艳跳舞大会，1929 年的西湖别墅耶稣圣诞化妆跳舞大会，1930 年 10 月的狐狸社的外友人之茶舞大会，1931 年 3 月的俄国医院慈善跳舞大会。这些活动多以赈灾、游艺、慈善、社交等为名目。

2. 跳舞成为企业促销活动

1928 年 12 月，捷隆洋行为推广其公司代理的雪佛兰汽车，特别组织了雪佛兰汽车夺标跳舞大会，在报纸上大登广告。跳舞大会借西湖别墅的跳舞场举行，舞会设置了诸多奖品并发行彩票，门券二元，券上印有号码，当晚以门券号码摇彩，中奖者可以得到雪佛兰牌汽车一辆，价值达"三千四百九十五元"。跳舞大会当日，捷隆洋行把这辆"奖品"张灯结彩

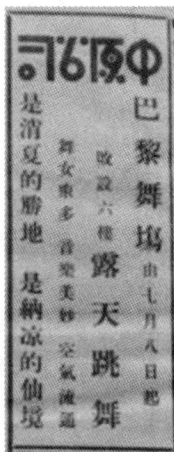
中原公司广告

地停在西湖别墅的门口,以示招徕。舞场中,洋行还备有大量奖品,"如银杯珠链化妆品之类",在舞厅地板上印有号码,当时舞会上以"转轮盘开彩","每舞一停,即转轮盘开彩,舞者足踏号码如与所开出者相符,即得奖品",因此,响应的人非常多,"是夕来宾之盛,得未曾有;场中仅能容六七百人,偏间亦均占满;殆达千人,中外各族,靡不纷至沓来;舞坛内转身不动,奚止肩摩踵系"(1929年12月12日,409期)。可见,捷隆洋行借舞会形式进行促销,取得非常好的效果。

3. 跳舞学校的出现

跳舞平民化之后,为免为朋友所耻笑,不会跳舞者也要想方设法学习,社会中也就出现满足此种需求的行业。北画中记载的狐狸社即是以教舞为事业的团体,"舞风盛行后,因社会间不能舞者居多,于是以教跳舞为事之狐狸社遂应运以生"(1930年10月2日,532期)。跳舞场也兼"教舞"营生,如梦不来兮的舞场经理办的"美国跳舞学校","有俄籍男女教授四人,每日有十小时之教练,闻学生以华人及日人为多,总数已达四五十名"(1931年2月28日,592期)。福乐丽舞场也在广告中声明"欲留青春请学跳舞",注明"附设跳舞学校,教授新式交际舞"(1931年1月10日,574期)。当然也有专业教授跳舞的学校,如北画中的"维高舞社"广告,"教授跳舞,男女教员,时髦新步,学费低廉,功效纯速。随时报名,良机莫误"(1932年8月23日,823期)。

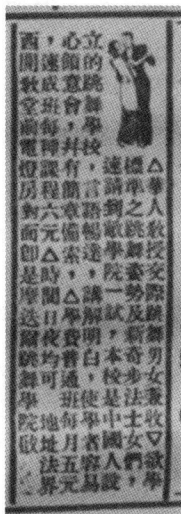

跳舞学院招生广告

(四)舞场出现的问题

跳舞活动普及,虽然带来新的风尚、新的娱乐,但出现不少问题。1930年10月北画上的《舞场战纪》一文写道,"从我最近在城南某饭店舞场所得印象上回忆起来,除了觉得它是堕落青年的陷阱、毁灭人家产业的罪窟之外,还有,它实在是最容易引起中外交涉的'是非窝'"(1930年10月14日,537期)。跳舞时常引起拌嘴、打斗;舞女也引起冲突,"一个'熟手'的舞星告诉一个初开蒙的舞星说:'在跳的时候你别忘了'蹭',如果你不蹭他,一定不会有人开你的香槟,给你跳舞券'。"跳舞引起的家庭矛盾、社会纠纷日益增多,短文《冰激凌惹起醋波》特别提到某铁公子特约舞女摄影引致铁少奶奶"波兴醋海,大发雷霆"(1933年

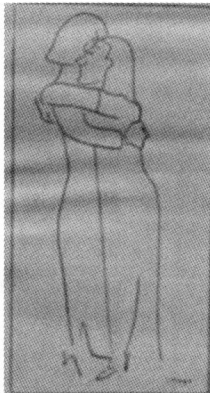

巴黎舞场印象之一

8月22日,975期)。舞厅良莠不齐,藏污纳垢,"惟其中以'跌落猛脱'为最著名;盖每夕均有剧台歌舞节目十数种,为他处所无,裸舞占大半,舞女亦多姿色,故人咸趋之若鹜"(1929年4月18日,307期)。唐杰的文章《跳舞的艺术》中提及:"从艺术的立足点讲,跳舞原来就是一种最高尚的艺术。它本来就是我们人类艺术气质的一条最好的表现途径。人类之应该个个去实习这种或那种,跳舞原是无足为奇的。忧时之士每每认此为世风日下的兆征,其实未免过于抱悲观。固然现世许多的跳舞场所都成为一种淫乱的源泉,有许多下流的跳舞表演是志在引起人的欲望以遂其营业的目的的。这种跳舞真是丑态百出,令人作三日呕。其更甚者,则把跳舞用于诲淫的媒介。使忧时之士过抱悲观的,也许就是这些事实罢。然而,这不过是妄用这种艺术的坏处。一切表现'美'的艺术,一切表现'真''善''美'的学术,人们如果妄用了,也是会生出许多流弊的。我们断不能因为这些流弊,就抹杀它本来的好处和价值。"①

二、天津的舞场一窥

从舞场的设置地点而言,可划分为两类,一类是室内舞场,一类是室外舞场。北画皆有记载,我们分举一例来展示天津舞场的面貌。

天津的室内舞场以西湖别墅为代表。西湖别墅由平津人士雍剑秋所建,在英租界拓马厂道旁,风景优美、地势优越,本作为个人休养之所,后雍氏在此开办饭店,于旧居侧修建新楼。雍氏考虑到世道不宁,为避免军阀的"苛索不休"而以别墅命名。饭店专门聘请了大华饭店的经理赵道生作为副经理来共同经营(1930年1月1日,417~418期合刊)。西湖别墅修建时,考虑设置跳舞场,其室内舞场硬件设施特别精良,"有全埠第一公开之弹簧地板跳舞场","大礼堂跳舞厅极为宏敞富丽,跳舞地板仿上海大华饭店之凹式,下有弹簧,随人起落,非常舒适云","大厅可容坐客七百人",还从海外聘请专业音乐师,"有特由外洋聘到之最优音乐队,舞乐新颖动兴"。因交通便利,空气清新,西湖别墅受到名流闻人的青睐,别墅开业时,盛况空间。

> 西湖展幕记:本埠马场道西湖别墅大饭店大楼筑成,于三十一日正式启幕;先一日设茶会,柬邀津门各界人士以及西侨巨商莅临参观。是日也。群贤毕至、少长咸集,可容七百人之大舞厅,国旗一面,高竖门首;两警丁临时惠临维持秩序而已,盖汽车如长龙排列,直至佟家楼头,其盛况乃可想见。是日贵中有颜惠庆君、张学良夫人等;名闺淑女、各界闻人,指不胜屈。弹簧地板,乘时开张,舞乐起处,西国女宾,双双下台(舞场低地

---

① 唐杰.跳舞的艺术[M].上海:上海良友图书印刷公司,1928:37

板三四寸,故云),盖善于尝新者也。其后来宾相继结伴而舞,场之四周,弹簧地板边上,"足光"忽明,舞者之足,如突受刺激,莫明其故;俯视之乃知灯光也。足光忽红忽绿,自动改变,弥觉有趣;而音乐之佳,更可信为一时无两,盖乐队乃自海外特邀而来者也。场中均分小桌而坐,惟较宽一面,设有大案,西国女宾二三十人踞以高坐,无一男子,或谓此西人妇女协会也,其然岂其然乎?是日来宾约达千人,先至者有不得不退让之势。经理雍鼎臣君、副经理赵道生君,往来招待,备极殷勤,主人雍君剑秋更上下道观一切;住室陈设与被褥之华丽雅洁,实为历来州之所未尝有,使我辈穷措大,望之垂涎三尺矣。(1929年11月2日,392期)

西湖别墅外景

西湖别墅之景

天津的室外舞场较多,如中原公司的巴黎舞场、光明大戏院的屋顶舞场、国民饭店的好莱坞舞场、天升影院毗邻之欧林匹克舞场。这些舞场或是室外花园舞场,或是屋顶花园舞场。国民饭店的好莱坞舞场,"舞场即在国民饭店之前庭,喷水池头,灯光碧绿,男女相将,绕池而舞。音乐悠扬,舞影杂乱,较之灯光辉煌之游艺场所,为饶趣味"(1931年6月22日,949期)。圣安娜舞场的广告词说"庭园逸趣,花木丛密,夏夜乘凉,芳香四溢,世外桃源,超凡入圣",如此舞场,谁不向往。久负胜名的大华饭店更是此中的代表,在饭店开设的二周年伊始,即将屋顶花园开放为舞场,下文《大华屋顶开跳记》细致地描绘了大华屋顶舞场"开跳"的场景。

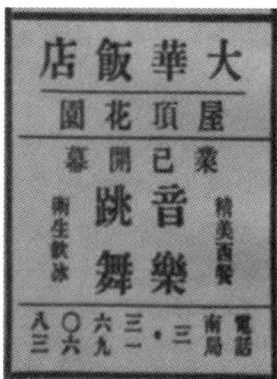

大华饭店广告

大华屋顶跳舞之首届大拇指于天津卫,早已有腿共赏……以迄于五月十九之夜,而一九二八之大华楼头,伸腿拉胳膊而开跳矣……再达于屋顶花园之门,二洋人在焉,一男一女,出证据示之,再缴半价每票二角五分,若过关卡。去年此事,由中国司事者管理,今年改用客卿。此今年大华舞场之所以异于去年者一也。楼面、楼梯，一碧无际，楼梯转角处，有镜子在焉，灯光掩映之镜中，另有一部分之舞侣，一部分之看客，一部分之仆欧，虽然与镜外者，谁也知其一而二，二而一，然而究竟热闹了许多，想借镜于洋货铺者不少。此今大华之异于去年者二也。环楼安置花样翻新之油绿杂篱色，篱色上遍安小电灯，红绿黄白，各异其色。日本纸灯笼，今年一概打倒，场前音乐亭，白如雪洞，中有流苏长垂之灯一盏，作浅蓝色，两架灯皆蓝紫间。惟音乐队之鼓，上张广告，一夕数易。场后宴息之所，灯衣下垂，作乳头形，又似花蕾，其色娇艳。此今年大华之异于去年者三也。

大华饭店屋顶上的"特色"舞客　　大华饭店屋顶花园跳舞舞场盛况

大掌柜御晚礼服，襟悬红色之花，脚登漆皮之鞋，来往之忙，忙于花中之蝶。而"未婚女掌柜"亦复丝其袜、单其衫、笑其脸、坐其椅，看掌柜忙生意，大发财之得意的神气，不禁于形式上眉飞色舞。即精神上，当亦大跳而特舞。此尤其是今年大华之所以异于去年者四也。去岁镜台，本在舞场之角，其色若巴黎之凯旋门，又像一个大玻璃树，今已打倒，舞场面积，因之扩大，远至旗杆所在，旗杆之高矗天，其色白而不红，与"八字粉墙"前的"两根大旗杆"又不同，杆上无旗，殆以国家"多事之夏"，升旗有所不便。下半旗，似可不必乎。旗杆位置与粗而高之烟囱，相映成趣，一高一矮，一粗一细，真有些错综美、艺术化。此则今年大华之异于去年者五也。若夫来此跳跳者，看跳跳者，除洋人之脸记不清楚之外，中国人来者，似乎一大半还都是去年的诸公诸母。"别来无恙"，在这个年头，已大不容易，照旧还是"好花堪折直须折"的精神依然存在。跳跳蹦蹦，不失其赤子之心，则尤难能而可贵，初看跳舞时，曾对于年幼者，发生"这么点小孩就跳，什么时候跳出到老"，对半老太太，发生"这般年纪，还跳些什么"。今而后，吾知年青者终有跳到老时，而半老太太也终有个跳不动的年纪也。剪发之风，似已如猩红之热，不可遏止，偶见一贵妇人，红其旗袍，黑其长背心，大把抓其鬓，而跳焉舞焉，以为终不如光头大和尚与覆额小姑娘把臂之有趣也。（1928 年 5 月 26 日，191 期）

第三节 电影从"无声"到"有声"

一、电影进入天津

电影较晚传入天津,但却成为戏剧之后最受大众欢迎的娱乐形式。1895年12月28日,法国人发明电影,揭开娱乐发展的新篇章。半年之后,电影传入中国,当时不叫"电影"而叫"西洋影戏"。1896年,电影登陆中国。1906年12月8日,美国平安电影商人来到天津,租用法租界内的权仙茶园放映电影,每三天更换一批新影片。由于连续放映数月,这段时间,电影即成为该茶园的主要业务,不久它就更名为"权仙电戏园",这是天津的第一家电影院。

电影进入天津后,并未如人们所想的一样,迅速进入人们的生活,天津人日常喜好非常丰富——戏剧、曲艺、杂耍……电影暂难进入人们的视野,因此观众也"多为西人","虽间有华人,亦类皆习近欧化者"[①]。随着电影的茶园化、戏院化,"电影的放映活动逐渐在上海、北京、广州、天津等大中城市多了起来。除了一部分守旧者将之目为'西人蒐集人眼精华之法'外,大多数中国观众对于观看电影均怀有莫大的兴趣"[②]。

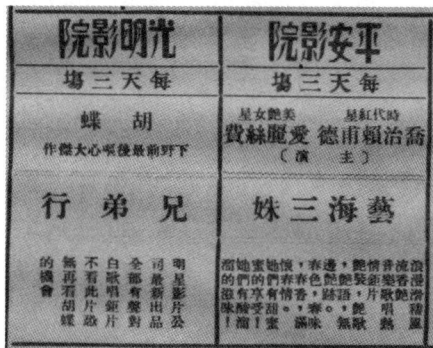

电影院广告

电影初进入中国时,并不作为独立的娱乐形式,成为其他娱乐形式的点缀与丰富。天津大华影院在西洋的圣诞佳节时特邀世界著名滑稽大师"千面孔"白卓夫来大华表演,在其表演完之后放映"克拉宾最新得意杰作《海国情鸳》",以此点缀节日气氛;电影放映场地也不固定。天津巡警局还发布了一则关于

---

① 尚克强.论近代天津市民文化的兴盛[A].天津:天津市社会科学院出版社,2000:11~12

② 陆弘石.中国电影史(1905—1949):早期中国电影的叙述与记忆[M].北京:文化艺术出版社,2005:5

春节活动的公告"凡市场摆摊话匣及茶园所演电影，一律准演"。可见，直到1909年，天津的影院、戏院、茶园的并不明确区分。

到了20年代，天津的电影业进入辉煌时期，电影成为民众娱乐生活的主要部分，大大小小的影院逐渐增多。天津的影院主要集中在三个区域，一是南市附近的日租界，二是英租界的小白楼一带，三是法租界的劝业场中心。日租界的"新明"和"皇宫"两家影院最为兴盛。"皇宫"设置有电扇和藤靠背座椅，四周有散步走廊，场外有咖啡和西点。去"皇宫"看电影成为时

电影院、大戏广告

尚。20年代中期，日租界影院兴盛延续的民初南市的繁荣，影院中多少带有茶园的痕迹；1910年开幕的平安电影院，地点在今大沽路与滨江道转角处，1916年迁至今国民饭店处，1919年毁于大火后迁建于英租界小白楼。平安电影院坐席达1000多个，票价昂贵，楼上长期卖2元，楼下也要5角，看客多为外国人，偶尔有华人光顾，也是些欧化的中国人。平安一般不演国产片，在无声片时代，只打英文字幕，没有中文字幕，直到1928年才上映国产片《王到氏四侠》。1929年建成的蛱蝶影院，由天升与新新影院两家合资建造。其建筑设计专为电影观众考虑，"该院建筑法，纯用最新西式，楼下座位，坡度极大，并作环抱形，洵为天津影院之特出者，而壁饰清雅，尤觉可爱。惟楼上坡度亦甚大，俯视台上，有处危楼居高临下之势，妇孺及神经衰弱者，当感惊慌耳"。其设备在当时的天津堪称首屈一指，"音乐改用百代公司前次运津试演之'潘纳托诺'高音话片机以代乐队，台上两旁置有极宏伟之扩音器"，"该院所用映射灯为最新发明之水银灯，云系津门所仅有，光映银幕上作青白色，洵他处所未及也"，周围的环境更是天津难得一景，"临窗一望，即是海河，帆樯往来，颇饶佳趣，隔岸为旧俄公园，林景入目，倍足怡人心志。夏日有屋顶花园，河风送凉，诚消暑胜地也"（1929年4月27日，311期）。影院附设咖啡馆，由洋人经营，建筑费就花费了14万元，场租费也要2000元，价值不菲，上映的全是美国影片。同年建成的大华影院，由上海奥迪安公司经营，票价也昂，楼上一元至一元五角，楼下也要五角至一元。因而在洋人聚集的小白楼一带，形成以平安为首的天津一流的影院环境。这里几乎不上映国产片，票价昂贵，一般华人也

不敢涉足。20 年代末 30 年代初,随着天津劝业场商业中心位置的确立,电影院集中到法租界劝业场一带,"明星"、"光明"、"新新"、"春和"、"天宫"、"天丰"等影院相距不过一二百米。劝业场一带的影院最大的特点是票价较低,多为 2~4 角,为一般大众所能接受,因而,这里拥有天津最多的观众。光明耗资 11万元,在全市第一家安装新机,施行大众票价。劝业场楼上的天宫影院,影院不分楼上楼下,不设包厢,票价一律一角,结果是每日满座。①

电影初入天津,放映的片子大多是风光片和喜剧短片。广告上列举的影片有《俄国皇帝游历法京巴里府(巴黎)》、《罗依弗拉地方长蛇跳舞》、《马铎尼铎(马德里)名都街市》、《西班牙跳舞》、《骑马大道》、《母里治地方跳舞》、《拖里露比地方人民睡眠》、《辣博鲁里地方人民跳舞》、《印度人执棍跳舞》、《以剑术赌输赢》、《俄国皇帝游历巴雪依鲁地方》、

《风流少奶奶》电影广告

《以拳术赌输赢》、《骡马困难之状》、《西方野番刑人》、《和兰大女子笑柄》。之后,美国影片源源不断输入天津,天津是华北主要的影片放映区域,美国各影片公司的影片在上海放映后,便直接运到天津放映。当时,长期驻津的外国电影公司就有派拉蒙、米高梅、华纳、二十世纪福克斯、联美、哥伦比亚、雷电华和环球 8 家。天津电影院与世界各大电影公司发行网建立长久联系,使得天津市民能够源源不断地欣赏到欧美电影。欧美最新流行的新片半年左右就可以在天津放映,如明星影院一度拥有派拉蒙、米高梅、环球三大公司的电影放映权;春和影院也有哥伦比亚、米高梅的作品;新新影院与二十世纪福克斯合作。各种类型电影,打斗片、侦探片、爱情片、歌舞片等进入中国,这些影片向中国观众直观地介绍了西方世界的风土人情,展示了近代西洋人的生活方式,对中国人的社会生活产生潜移默化的影响。

《永不归》电影广告

随着电影影响的扩大,国外的生活方式、服装样式、礼节习俗等逐渐进入人们的生活,成为生活范式。国内制作的电影也逐渐站稳脚跟,天津明星大戏院于 1927 年 2 月开幕,即以国产新片名义为号召,上演《探亲家》一片,"连日观众拥挤不堪,至稍后者,均以不得座而去"(1927 年 2月 12 日 61 期)。北画刊布的电影广告中,也有大量中国电影预告,如 1926 年 8 月 18 日天津北方影片公司出品的《永不归》,同年 8 月 21 日上海新人影片公司的新片《风流

---

① 周俊旗.民国天津社会生活史[M].天津:天津社会科学院出版社,2004:195

少奶奶》,同年 10 月 9 日六合影片营业公司披露的上海神州影片公司的《花好月圆》、上海中华第一影片公司《好寡妇》、上海大中华百合公司《透明的上海》、上海明星影片公司《四月里底蔷薇处处开》、上海公司的《传家宝》及 1927 年 3 月 12 日北京光华影片公司出品的《燕山侠影》。电影的兴盛催生了民营电影公司,推动了国产电影业的繁荣。

相对于上海而言,北方地区制片业较为薄弱,为数不多的几部作品都集中在津京地区。天津曾经成立过 5 个电影公司,分别是北方电影公司(1924 年成立)、天津影片公司(1924 年成立)、渤海影片公司(1925 年成立)、新星影片公司(1926 年成立)和中美影片公司(1926 年成立),但作品寥寥,仅有 4 部,其中一部还是后来到上海发展的著名导演沈浮拍摄的。天津影片公司和中美影片公司都没有作品。①

二、电影从"无声"到"有声"

天津有声电影,据北画报道,始于 1929 年 4 月,在《对影闻声记》一文中,记者描述了饶柏森博士的有声影片在天宫影院首映时的情况,影片开始前,饶博士介绍了有声电影,影片甚为简单,"首映四人奏琴,名女歌唱家清唱,余自鸡鸭牛狗、飞艇火车以及总统名人之类",记者对认为这是"零七八碎之有声影片"(1929 年 11 月 9 日,395 期)。虽是新生事物,但有声影片的首演未如影界人士预料的那样轰动,票价也仅为一元。但自饶博士之后,天津的有声影片发展迟缓,"惟有津门,除今年四月间饶柏森博士曾携零七八碎之有声影片来此演讲原理外,后乃寂然无闻,各影院之不努力,于此可见"(1929 年 11 月 9 日,395 期)。1929 年 11 月,蛱蝶电影院登出广告,称已运到有声影片,不日上映,"今者蛱蝶影院,突然运到有声影片,事先颇为宣传,继复刊登大广告,以引人注意,谅其不虚",而与之针锋相对的平安电影院则登载广告声称,"看得见(!)……听得见,片内带有歌唱之《歌声泪影》一片",广告中专门登载重要启事,"声明完全之有声电影,今年以内,不但本埠各院无其设备,即《歌声泪影》亦只为初期的有声电影,片内仅附歌唱及音乐,对话仍用字幕云云"(1929 年 11 月 9 日,395 期)。原来平安所放映的"有声电影"《歌声泪影》之"不完全"指其使用百代公司的"潘纳唐诺尔"无线电话匣机,其"声"总共才"歌乐三段",因而,相对无声电影而言,这不过是多了"无线电机及播音器"的有声电影。蛱蝶影院大肆宣传的有声电影也令天津市民大失所望,其"头一部为百代有声新闻",使用的"声音"一如平安影院,"其主要片仍用配好之话匣片播音,非如其广告所言之'真正有声'电影";其第二部有声片为饶柏森博士带来天津放映的有声片，但是"片已旧，原音不清，雷鸣不绝"，因而被观众诟病（1929 年 11 月 19 日，399期）。真正的有声电影是 1930 年元旦平安影院在全市首家上映的有声片《歌舞升平》。

平安影院所属公司华北电影公司是北方影院业的巨头，其旗下有天津的光明社、平安影院，北平的真光、中央影院。平安影院早就为放映有声电影做好准备，1930 年新年元旦，平安影院在报纸上发布广告："从新年除夕这一天起，专演有声电影。"记者接受邀约去看这场"有声电影"，"第一片《歌舞升平》，描写纽约舞场中之一故事，取舞剧为其主体，精彩部分都加着五色，声色具备，洵为大观"。该片首次未出现字幕，音响效果也颇能让观众满意，"声音都十分清晰，观者简直等于置身舞台中，丝毫不生不快之感。一切应有之声音尽有之，无用的声音，都未曾摄入片内，实在是最近进步的制品，不比以前其他各片之瞎凑"。记者还细致描写了有声电影的机器设备（1930 年 1 月 1 日，417～418 合刊）。平安放映的有声电影，让天津人大开眼界。

大华影院也于 1930 年 1 月 24 日公演有声电影《群英大会》，影片宣传说："歌舞甚盛，兼具诙谐。内有著名歌剧家玛丽懿敦所唱音乐，大家爱文柏林氏特为此片而作之歌，名曰'我梦何时实现'，业已名扬欧美。"公演前一日，大华影院特别邀请新闻界电影界人士参观，盛况空前（1930 年 1 月 23 日，427 期）。之后，明星、天升、蛱蝶等也相继放出消息，开始筹备有声影院。

大华电影院广告

初期的有声歌舞片渐渐让人们失去新鲜感，"盖有声影片除竭力表演歌舞者，足使人常观生厌外；其纯属对语之片，就余所见者言，其情节均属过于平淡，较之白话剧尚且不如，去无声片更觉远甚，此在艺术上言，不得不谓为退步也"[1]。相较于无声电影，单纯的歌舞、苍白的情节、简单的构思难以吸引人们的关注。各影院设置有声设备时，"为数甚巨"，"演有声片之机器，其价綦昂"，"然安装费用数万金，片租亦殊贵"，装置之后，有声影院只能抬高票价，"池子散座售一元五角，楼上座二元"。观众并不追捧有声影院，影院的盈利也不如人们料想的那样。1931 年 3 月，明星电影院放映《混海龙王》，"上座竟售至八

---

[1]　有声电影终于失败［N］.北洋画报，1930-11-20（2）

百余元,超过有声纪录,大出主办者意料之外"(1931 年 3 月 12 日 597 期)。有声电影出现后,是否安装有声设备,变成影院的两难抉择,"是以国内除沪津粤三数大埠,共有十数院勉强装设有声片演机以外,其他或因失败而去,或裹足不前"。北画记者认为,"盖亦已洞见有声电影之终归于灭消,而尤难生存于我国矣"(1930 年 11 月 20 日,553 期)。有声电影并未真如记者所言"终归于灭消",但为观众提供耐看、乐看的有声电影片确实迫在眉睫。

表 4-2　《北洋画报》列举之"十年来之著名影片"①

十年来之著名影片	序	无声电影	有声电影
	1	茶花女	情泪悲歌
	2	钟楼怪人	大饭店
	3	最后之笑	流氓皇帝
	4	浮士德	莫路哥
	5	红字	英宫艳史
	6	如此巴黎	美人心
	7	酋长之子	生路
	8	爱国男儿(又名昏王末路)	西线无战事
	9	三剑客	科学怪人
	10	党人魂	亡命徒

到了 30 年代中期,美国有声故事片大量涌来,国产片质量不断提高。1934 年,平安影院首映《夏伯阳》,电影院里挤满了影迷。此后各种影片纷纷涌入市场,中美电影明星引领时代潮流、生活时尚,电影业空前繁荣。

三、电影业的营销

(一)电影业存在的问题

电影一进入中国人的生活,就欣欣向荣。平民化的票价,丰富的表现形式,使众人易于接受,许多投资人自然看到其经济价值,因而,影院如雨后春笋般开设,1927 年出版的中国影业年鉴记载,单是上海就有 141 家电影公司,许

---

① 十年来之著名影片[N].北洋画报,1925-7-7(6)。记者注:列举出无声和有声时代的影片各十部,以应编者。不过列举这二十部片名,既未经过"选举",又大多限于我曾看过而且是马上想得到的,尤以偏见甚于美国式的公论,所以不足为定评,幸希读者注意。

多公司连一部影片都没摄制出来就夭折了。当时人们对电影企业的兴味,足见得十分浓厚。北画记者总结说,这些影院"此仆彼起,中间不知经过几许波折","都会像昙花般一现,而没有壮实的结果",原因在于"国际的经济压迫和国内的政治变乱,什么事业都在风雨飘摇之中,自然电影事业也不能例外"(1936年7月7日,1422期)。电影行业本身的问题也很多。

1. 电影投资的投机心理

电影投资者心存投机心理,不以优良的影片来博得观众的厚爱,被观众唾弃,"一般电影公司的企业策略,总是用投机的心理,以期博得多量之利益,因此粗制滥造是在所不免了,以不成熟之出品欺观众,岂可久长?因此不久便为观众摈弃,于是公司没有充实力量,不能顺应环境,就受到了最后厄运"(1936年7月7日,1422期)。

2. 电影公司与影院的无序竞争

电影公司拍片"一窝疯",不知道创新,不了解观众的需求,题材选择"一拥而上","又为了武侠神怪可以迎合低级观众的心理,彼此都走向这条路线上去,一两年内竟摄成数百种之多。但是这么的拥挤,市场上如何消纳得下,势必因过剩而低落它的价值"(1936年7月7日,1422期)。影院陷入更惨烈的无序竞争,因为不了解天津电影市场的容积率,片面看到电影的兴旺而随意投资,造成影院供过于求,"最近数月内有大规模之光明、最新式之蛱蝶及票价低廉之皇后、新明相继成立,风起云涌,盛极一时;自表面上观之,必且以为津人酷嗜电影,旧有影院不敷容纳观众,而究其实,则影院之日场竟有仅见数人,夜场仅有数十人者,是可见影院之数虽增,观众之数实毫未长进,因分散各院之故,而人数遂形稀少也"(1926年5月16日,319期)。正如记者所言,于天津来看,受战争、经济等因素的影响,天津人口"已形减少",而"以人口骤减之市,而积极增加其娱乐场所,是直倒行而逆斯耳"。针对影院的无序投资,记者直言相谏,"尤望继起者之明察情势,稍戢雄心,移其资本于他项实业,以发展民生,不必竞向民众娱乐及消耗事业上着想也"(1929年5月16日,319期)。

3. 影院管理混乱

电影院不比电车、电灯、自来水等城市公用设施,只是公共娱乐的场所,但关涉市民的行为与素质,乃至城市的形象。天津电影院管理混乱,记者提出改善的愿望。光明电影院因为影院宽畅,票价适中,地理位置便利,得到观众的厚爱,前往观影的观众甚多,但自从影院将下午五点半场改为七点后,"其秩序之乱,得未曾有",原因是"观众往观九点一刻场,虽八点后即能入座,然七点之场尚未散场,较佳座位为前场观客占去,势不得不俟散场后再换座位。亦有在未散场时即寻找座位者,然七点场之观客,则大受搅扰矣"。影院管理人员不穿制服,"逡巡于观客身傍,虎视眈眈",因而使影院观众"心为之疑惧不已"。

4. 影片内容类型化严重

电影进入中国，类型化现象一直存在，起初风光片、滑稽片充斥于市，侦探片、爱情片、歌舞片相继蹿武。这些片子长期播映，严重影响观众的审美，北画记者撰写《外国片日趋没落》一文揭示这些类型片遭到观众的抗拒，"一种是肉麻的歌舞片，拿女人的大腿、靡靡的歌声来诱惑、麻醉我们观众。一种是毫无意识的所谓滑稽片，这种外国味道不三不四的笑料，也不一定合乎我们的口味吧。再有一种，便是富于刺激性的战事片了，这种片，无论是海战陆战空战，处处全在表现着显示着帝国主义的强大的武力，虽然有时含蕴着极重大的非战意味，若从人类应该厌弃战争方面说来，固然比较是有些哲学的意义，然而若为中国现在的情形着想，恐怕未必需要这些吧"（1934 年 9 月 4 日，1136 期）。记者期冀电影公司为"艺术与人生"拍出精彩的片子，更期冀国内电影界在外国电影的"粗制滥造"中找到发展的契机，从而赶超。

（二）天津电影的营销方式

电影普及化、大众化，影院面临观众日益减少与影院日益增加的矛盾，影院间的竞争异常激烈，"战云弥漫，大动其员，调兵遣将，将以干戈相见"。天津大华电影院开幕时，曾因影院竞争激烈，"戚然忧之"，而特别邀请当时的滑稽博士陆克到天津来"请任调停"（1929 年 9 月 14 日，371 期）。为了占得一席之地，抢占先机，影院采取各种营销方式推销影片。

1. 电影广告

北画中的戏院、影院广告每期不落。影院广告的内容大概有以下几类：

（1）以著名明星、导演和电影公司为号召。春和大戏院请杨耐梅主演《花国大总统》，朱瘦影导演、阮玲玉主演的《珍珠冠》；大华电影院的"俄国革命历史战争爱情巨片、伟大明星、表情圣手詹宁氏主演《最后命令》"，大华电影院、德国乌发公司破天荒的杰作《东方之秘密》。这些广告中，明星、影业公司及电影名称都用极大极粗的醒目字体来标示。

电影院广告

（2）以电影故事情节为卖点。光明影院的电影《金钢钻》的广告说："比《一身是胆》更激烈更紧张！比《翡翠马》更进步更警策。"（1936 年 7 月 7 日，1422 期）光明影院的电影《王先生到农村去》广告说："王陈初次到乡下，到东到西闹笑话。城里朋友来看了，当心笑掉大门牙！本片是面照妖镜，千奇百怪都照尽，豪绅丑态大展览，狐狸尾巴显原形。"（1936 年 2 月 11 日，1359 期）平安影院的电影《艺海三姝》广告说："浪漫滑稽风流香艳,音乐歌唱热情巨片,艳装、艳歌、艳阳天语,无边艳迹;春色、春味、春香,满怀春情。她们有甜蜜蜜的享受!她们有酸溜溜的滋味。"(1936年3月3日,1368期)根据故事内容与观众喜好,巧妙设计语言文稿,以寥寥几字打动观众并吸引观众购票入场。

(3)以影院环境、设施为推广对象。春和大戏院说自己"地址宽敞,布置华丽,场内洁净,座位舒适,空气流通,温度合宜,光线透彻,秩序整齐,茶水卫生,女子招待,平津名角,轮演大戏,电影精选,中外佳片,剧片既好,售价尤廉"(1929年12月23日,414期)。明星大戏院说自己"建筑好、布置好、影片好、音乐好、座位好,般般好,真正是新年寻乐的好地方"(1927年2月9日,60期)。明星大戏院的广告还说:"幕幕滑稽,字幕滑稽,穿插滑稽,表演滑稽,遭遇滑稽,故事滑稽。"(1927年2月19日,63期)

影院广告多告知影剧信息、放映动态,介绍影院形象。有的影院广告还大胆改良广告形式,取得良好效果。光明影院在中秋放映《红楼艳史》,特别制作草帽形式的广告,送给商店、小卖铺贴在窗门上,广告背后印优待券,剪下拿去购买电影票能得到优惠(1932年9月13日,830期)。由于恶性竞争,也出现文过饰非、言行不一,甚至以不雅词句来吸引观众的虚假广告。明

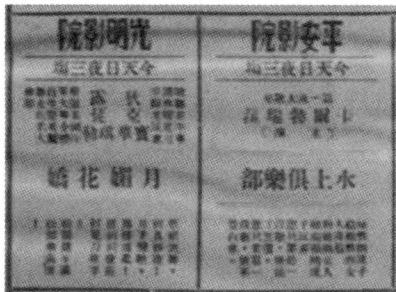
电影院广告

星戏院上演的《皇后私奔记》广告词为"最香艳,最肉感的裸体古装片"(1929年5月2日,313期);平安电影院的《歌坛风月》的广告说"数百白姑娘,脱去罗裳,向人丛中作蛱蝶穿花之舞;一群黑美女,身着奇装在云端里唱拜佛求神之歌"(1936年6月20日,1415期)。平安电影院的《水上俱乐部》中,"硬性的汉子给软性的女人降服,粉嫩的女人被倔强的汉子玩弄。你只要听一段歌,便值了票价;您只要看一段戏,便不算白来"(1929年11月18日,1399期)。这些广告以"性"与"色"为卖点,扰乱观众价值观,很多是虚假广告。天升电影院上演《巴黎舞女》时,其广告大书"幼年童女,不宜来看",引来特别三区警备长到影院审查片子,发现影院虚构广告词,伪造故事招徕观众(1927年10月30日,133期)。蛱蝶电影院上映《爵士歌王》,"宣传过当",造成观众不满,损害了影院的形象(1931年4月7日,608期)。

明星戏院电影广告

影院广告鱼龙混杂、文过饰非,明星影院则首出奇招,在各大报刊刊登广告,以广告自律的形象改头换面,作出表率:"各大日报所载明星大戏院之广告,上有标语曰:一,不以假道德作换汤不换药之宣传。二,不作损人利己之无聊宣传文章。三,誓死不受托辣斯主义者之征服。四,凭独立之精神,在荆棘途上奋斗。五,以勇敢锐进之真诚中花果。"紧随其后,皇宫、光明、平安影院等也在报纸上刊登广告标语:"一,不以淫邪说为招徕。二,不以诱惑欺骗为广告。三,以提倡艺术为使命。四,以辅助教育为职志。"(1929 年 5 月 21 日,321 期)

2. 以电影明星作为号召

电影广告以明星为卖点,电影放映与推广期间,影院更是极力发挥明星的号召力。邀请明星在电影放映间隙向观众献歌成为时尚,"礼聘诸明星上台而奏其四不像之京调,外加小曲,如黎明晖之《毛毛雨》,曼声浪度,竟博欢迎"。北画记载,上海中央大戏院开演杨耐梅的《花国大总统》时,杨耐梅亲自登台演唱《寒夜曲》,"以回肠荡气之声出之,听者如醉"。北京国光影片公司开演《三国志》时,特别聘请司仪倪红雁登台演唱。中央大戏院更是别出心裁,公映《风流少奶奶》时,邀请演员韩星"上台演其将上镜头《唐宫艳史》中贵妃游园之歌剧,而上

明星戏院电影广告

台时,乃是化妆活的杨贵妃,说是征求观众对于扮相服装上之教益,同时更另外扯京腔,唱《宝蟾送酒》中的一段"(1927 年 10 月 8 日,127 期)。时人认为均因影星收入"太薄",只能"四出鬻技",更重要的原因是,影院需要电影明星现身招徕,以他们的号召力来获取观众对影片的喜爱,从而推广影院,打开销路。

3. 以其他娱乐表演来帮扶影院的收入

电影进入天津时,借助戏剧的舞台、游艺场所的场地,从公园、茶园、戏院再到影院。人们对电影失去新鲜感时,电影重回进入天津的状态,影院要使用更多的娱乐表演形式,丰富影院内容,找补影院运营。天津戏院、影院兼演电影、唱大戏由来已久,许多影院在电影不能满足观众需求时,转而邀请京剧名角到影院来唱大戏,北画记者分析说,"本市影院之首约京角开演大戏者,为明星,每次演唱,恒获厚利,常以戏之盈余补电影之亏损焉。其初角不常来,戏不常演,而嗜戏者多,故定价虽昂,看客则无不争先至。其后群起竞争,角色接踵来,有时各院争唱对台,营业反日渐冷落,所谓盛极必衰也。当时人有谓戏剧中心,已由北平移至天津之趋势,确非虚语。两三月来,竟寂而无闻,可见戏

剧中心之移津，又难为事实。最近明
星始又有约马连良、朱琴心来津之
事，已定期开幕，嗜剧者莫不引领望
之"（1930 年 8 月 9 日，509 期）。天
升电影院为了招徕"华人观客"，特别
从北平邀请名角韩世昌及章遏云来
天津奏技。可见，"常以戏之盈余补
电影之亏损焉"成为天津影院的一项

明星开演的灵肉舞

经营措施。魔术、马戏、歌舞等也常受影院相邀表演，皇宫电影院邀请张宝
庆表演武术跳舞；明星戏院邀请号称"环球闻名世界第一"的那云地表演新
奇魔术。

　　4. 生产电影副产品

　　除邀请明星出台出镜让观众一睹真容，许多影院还充分利用摄影技术、印
刷技术制作影星小照、图片、月份牌，或出售，或赠送，以此赢得影迷们的购买
与追捧。北画记载，新新电影院上映《歌场春色》、《最后之爱》之后，专门制作
电影经典场景的相片，如"宣景琳之入浴图"，由大华照相公司进行影印，向观
众出售，每幅售价一角（1932 年 5 月 7 日，775 期）。明星戏院邀请马连良、朱
琴心登台演出，特别印制两位明星的近照，分发给观众（1930 年 8 月 16 日，
512 期）。

第四节　戏剧从"茶园"到"剧院"

一、天津戏剧（京剧）

　　戏剧是传统的艺术形式，与新兴的艺术形式交汇，呈现丰富多彩的面貌。
北画以"时事、艺术、科学"六字为宗旨，本着"传播时事，提倡艺术，灌输常识"
的精神忠实履行职责，戏剧艺术成为画报刊载的主要内容。北画确定每期图
画刊载戏剧或电影一或两张图片。到中后期，北画开办"戏剧专刊"，登载戏剧
相关内容，戏院、剧场广告充斥北画。戏剧构成北画的主要内容，成为吸引读
者的特色。北画的戏剧专刊与戏剧报道中，以京剧为甚，戏剧专刊中多为京剧
名角、京剧剧讯。

　　京剧是天津最有影响力的传统娱乐形式，清代统治者对京剧的青睐使京

剧成为广大百姓的主要娱乐形式。天津与北京之间有特殊地理依存关系,京剧初创不久即从北京传入天津并在天津发扬光大。同治年间,天津发挥桥梁作用,京剧从天津传到上海。

(一)天津的票友群

京剧在天津的兴盛,首先得益于人数众多、阶层广泛的京剧爱好者——票友的推动,"京剧命运,在最近五年前,以受政局不定影响,成苟延残喘之势。民十八年以后,建设工作,渐趋积极,又经爱好者之提倡,风靡一时"①。"同光十三绝"中的名丑刘赶三原来就是侯家后群雅轩票房的一名票友,"后三杰"之一的孙派老生孙菊仙、京剧南派生行泰斗孙春恒等入行以前就是天津票友。天津的票友形形色色,各阶层人物都有,既有官僚军阀政客后裔、天津"八大家"盐商子弟,又有洋行商号职员及小市民。寓居天津的"寓公"、洋行买办、富商也是高级票友的重要来源。1911年清王朝垮台,清朝的遗老遗少们随着末代皇帝溥仪寓居天津租界,以京剧来调剂日常生活。这些人不仅有大量闲暇时间,载振、载伦、袁克文等皇族亲贵还有深厚的京剧功底。他们不仅是北京名伶的老朋友,也是艺术活动的支持者和赞助者。租界寓公的堂会成为京剧表演的重要场所。堂会虽然在家中举办,但规模愈来愈大。《许姬传七十年见闻录》一书说,看遍了天津的堂会,最精彩的要数张勋家的堂会。堂会主人肯出巨资,有时达万元以上,邀请社会贤达,请各派大师集中于一两场演出,每位都演最精彩的片断。堂会实际上已经发展成为私人出资的大规模调演、会演活动,各派艺术家可从中学习、借鉴,这促进了京剧艺术的发展。②

1927年,中国首都南迁,"北京"改为"北平",大批官员、权贵随之南下,天津的演出市场蓬勃发展,北京的伶界出于生计被迫南下巡回演出,"演员视外码头为唯一之生路,势力亦日渐向外膨涨,其所以受外埠人士欢迎,虽为技事之关系,在观众亦慰情聊胜于无耳"③。杨小楼、梅兰芳、程砚秋、余叔岩等京剧大师也长期往来于京津之间,北画中的戏剧专刊、戏院广告都留下这些京剧名家的"墨迹"。京剧表演场地也由私家堂会向公众演出场所转移,票友阶层分布扩大,有稳定收入的机关职员和知识分子也相继加入,京剧爱好者日益增多,"上而达官贵人(如委员秘书长类),下而贩夫走卒,凡日常交际周旋,若不哼两句京剧,即似有如何遗憾者"④。

二三十年代,新成立的票房如雨后春笋,票友则多如过江之鲫。有的票友

① 杀黄.十年来京剧概述[N].北洋画报,1936-7-7(8)
② 周俊旗.民国天津社会生活史[M].天津:天津社会科学院出版社,2004:205
③④ 杀黄.十年来京剧概述[N].北洋画报,1936-7-7(8)

家庭富裕,饱食终日,无所事事,爱戏剧成癖,不吝金钱结交京剧名演员,日积月累,对京剧艺术有很深的造诣。有的票友以上台演戏为乐,在唱、作、念、打上都下了扎实的工夫,其中不少人"下海"变为京剧专业演员。有的票友"讲排场,摆阔气,请内行人说戏用私功,苏州定绣活,北京三顺戏衣庄做蟒靠,'胡子周'打髯口,'把子许'置盔头,'靴子高'做厚底(靴子)。样样考究,炫耀内外行,洋洋得意"。遇有名角来津,大摆筵席,表示欢迎,花钱买脸,俗谓之"好者为乐不为冤"。遇有义务戏或给某内行"搭桌聚"(即所得盈余,赠给某内行人维持生活),也参加演出,还要认多少张票分赠亲友,为出风头不计花费金钱,即所谓"清票"。① 逢年过节,家有喜事或社会活动时,票友们也会应邀而至,置备行当,上场演出全当一回事来做。研究京剧的团体与教授京剧的学校也日益增加,"公立如戏曲音乐学院、省立剧院;私立如国剧学会、国剧传习所、国剧保存社、国剧研究社等,其间虽有一二不专重旧剧,然大部分则以旧剧为必修课程"②。新闻界也关注京剧,许多报纸开辟专栏,介绍各派大师的生平,刊登评论性、理论性文章,"谈戏几乎是中国新闻事业的一种固定附属品,在五六年前,无一报纸无戏评,即无一报社无兼评戏之记者,如凌霄汉阁主,如养拙轩主,如马二先生……其尤著者也。而黄远生亦有关于小叫天之著作焉"③。许多京剧名家在天津都拥有大批知心懂艺的观众。刚出道的京剧演员,如果得不到津观众的认可,就很难在全国唱出名气,梨园界的老话"北京学戏,天津走红,上海赚包银"指的就是这个。

　　京剧已经不再是宫廷垄断的艺术,而成为市民艺术;艺人们看重的不再是欣赏者的品位,而是"包银"的多少;决定艺术成败的不再是"老佛爷"的好恶,而是戏迷们的掌声。不断增加、不断完善的演出场地,市民的狂热,使京剧表演者得到更多的演出机会;京剧票友和票房的大量出现使京剧日益成为大众娱乐活动形式。

(二)天津的戏院:从戏楼到剧场

　　早期京剧要在庙宇、祠堂、会馆等所搭建的戏楼上演出,戏楼建起来,京剧才能正式登台演出。每年庙会演大戏,逛庙会的人接踵摩肩,天津天后宫在对面增建戏台。之后,私家祠堂、会馆也增建戏楼,成为同乡聚会与节庆酬神的主要演出场地。1907年,天津广东会馆建成,其中,备受世人瞩目的是戏楼。

---

① 　惜云.天津的票友和票房[A].天津市政协.天津文史资料选辑(21辑).天津:天津人民出版社,1982:199

② 　杀黄.十年来京剧概述[N].北洋画报,1936-7-7(8)

③ 　王小隐.一个机会—谈谈旧戏[N].北洋画报,1927-4-23(2)

该戏楼可容纳 800 人左右,没有立柱支撑,舞台顶部的藻井是一个玲珑剔透、金碧辉煌的螺旋状回音罩,既拢音又传声,音响效果很好,其设计独具匠心,成为早期我国古典式戏楼的代表作。1917 年 9 月,京剧名角谭富英、王凤卿、龚云甫、尚小云等在广东会馆戏楼演出《群英会》、《张义进堂》、《奇双会》,第二天梅兰芳又演出《千金一笑》、《汾河湾》。缙绅人家、盐业商人、寓居天津的军政要人在其深宅大院中也多建有戏楼,每逢喜庆节宴,常邀名角、名票到家中演出堂会,这些庙宇、祠堂、会馆和私宅戏楼为戏剧演出提供了舞台。

　　天津茶园出现于 19 世纪初期,茶园的出现标志着京剧从皇家艺术、贵族艺术变成普通百姓的欣赏对象,成为广为人知的大众艺术形式。"茶园"又叫"戏园",一般都有楼上楼下,楼上前面为"包厢",可坐七八个人;包厢后面设部分"散座";楼下的中间地方叫"池子"。前面设有方桌,观众围桌而坐,后面系长条板凳,两旁叫"廊子",座位斜向排列,票价比较便宜,女座即设在这里。舞台是三面敞开的伸出式方台,台前设有矮栏杆,在台的上方还安装铁栏杆,以备演武丑戏。当年武丑张黑演《连环套盗双钩》等戏时,从后台一出来,就很轻巧地腾空蹿上铁栏杆,在上面表演各种偷盗动作,以示有蹿房越脊的功夫。顶棚当中有一块八角形天井,在演《南天门》走雪山一场时(或其他下雪的戏),从天井往下撒白纸屑,表示下雪①。茶园是营业性质的,观众围桌而坐,随聚随散,一边喝茶,一边看戏。茶园只收茶资,不收看戏钱。茶园也不需要对号入座,观众购票入场,自行选择座位。天津茶园发展迅速,清道光四年(1824 年)崔旭撰成的《津门百咏》就有"戏园七处赛京城"之说,戏曲名角在茶园的演出激发了茶园的兴盛。在商业发达的河北大街、侯家后、东北角兴建了绘芳茶园、天桂茶园、大观茶园(后改名大观新舞台、天津电影院)、天升茶园(后为天升戏院、天升电影院)、三德轩一批茶园。随着商业区向城南转移,"三不管"的南市也建了华乐茶园、凤鸣茶园、开明茶园、天喜茶园(后名平安戏院、长城戏院)、天华茶园、畅春园茶社、明香阁等茶园。租界中茶园也渐渐兴起,《津门纪略》中记录有天福茶园、福仙茶园,还有聚兴茶园、天会茶园、松凤阁、富春茶社。据《中国戏曲志·天津卷》记载,当时天津的茶园多达 113 处,茶园前后延续时间,长达 30 多年之久。茶园的兴旺,促进天津京剧的繁荣,吸引北京和外地京剧演员来天津演出。茶园的兴旺,带动了天津票友群的扩大,天津的大街小巷常听见学唱杨小楼的《金钱豹》、李吉瑞的《独木关》、孙菊仙的《雍凉关》。

---

　　① 惜云.天津的票友和票房[A].天津市政协.天津文史资料选辑(21 辑).天津:天津人民出版社,1982:199

民国以后,随着现代建筑、房地产、电灯等业的发展,租界内新商业区进一步繁荣,茶园已不能适应观众的需求与戏曲演出的需要,改建和新建的娱乐演出场所——戏园出现。戏园里取消了茶座,设花楼、月台、排椅、包厢,有的还增设灯光布置设置,茶园向现代化的舞台过渡。

表4-3 天津著名的戏园

戏园	后改名	地址	特点
下天仙舞台	新明大戏园	日租界闸口西	上下两层,可容1300多人
天仙舞台	天宝戏院	奥租界大马路	梅兰芳时装戏《一缕麻》首演地
第一舞台	上光明戏院	南市东兴大街	李洪春、李盛斌、高盛麟等,专演武生戏
升平舞台	升平戏院、黄河戏院	南市荣安大街	砖木结构,楼板、包厢、舞台为木制
大舞台		南市荣安大街	砖木结构,转动舞台,三层楼房,
上平安	长城戏院	南市东兴大街	上演京剧,并放映外国电影

来新夏.天津的城市发展[M].天津:天津古籍出版社,2004:197~204.

除了戏园,商业中心、大型商场、游艺场所等都可以唱戏。天天大舞台(法租界)、中原妙舞台(原中原百货商场)、庆云大舞台(河北大街)、群英大舞台(南市)、广和楼戏园(南市荣业大街)、北天仙舞台(河北大街)、新欣舞台(原天祥商场四楼)、中央舞台(谦德庄)、新声舞台(原泰康商场四楼)都是后起之秀。戏园的出现,为京剧成为大众艺术起推波逐澜的作用。如中原妙舞台,位居天津的中原百货商场,初期运营时聘用名角出演,但票价高昂,以致广受非议,不为戏迷们所推崇,乃至于经营亏损,"中原妙舞台,前此每有好角登台,动辄售价二三元,论者颇议其昂,且以商场附设之戏场,更不应售此高价。盖各大埠商场内之戏场,大都均不另售门票,妙舞台既另售票,而不售高价,殊非所宜,以致马连良、雷喜福先后出台,营业均甚亏损"。之后,中原妙舞台"改往易辙",走大众路线,把妙舞台并入中原屋顶花园的管理范围,实行平民票价,"通共售门票三角",顾客既可听戏也可游园,一举两得。中原妙舞台还邀请名角来演出,一时生意兴旺发达,备受顾客欢迎(1920年7月12日,497期)。

20世纪二三十年代,天津京剧发展到极盛时期。使用新式剧场,采用西方镜框式舞台,对演员的表演要求更高,服装、装扮更趋精美,剧本、音乐也有改进,京剧成为天津人娱乐的首选。1927年春和大戏院建成,坐落在滨江道福厚里,规模较大,设备完善,建有对外播放实况的音响设备,采取预先售票、对号入座,名角杨小楼、名票刘叔度等人皆为春和的股东。戏院的设备更新,管理制度的改良见证了京剧市场的繁荣,戏院的竞争也渐趋白热化。北画记载了春和大戏院与北洋戏院之间的营业竞争,"最近津市春和北洋两戏院营业斗争,颇为剧烈,春和所约杨小楼定月底登场,同时北洋亦约尚和玉出演,而售价特廉,两院针锋相对"(1933年9月26日,990期)。名角、票价、戏院设施、环境、戏院管理等都成为戏院竞争的手段与法码,"春和北洋二家,各有长短之点。北洋园基较小,原易满座,但场内秩序凌乱,雅不为一般顾客所喜,而茶役之凶如虎,尤足使人却步。春和戏院秩序上较好,殆缘上期院主新记公司旧范宛在,故尚不失典型。但内部仍多隐患也"(1934年4月17日,1076期)。1936年,拥有2000个座位的超大型剧院——中国大戏院在法租界建成,"院中设备,为本市冠"。该戏院系中法结合式建筑,混凝土结构,"楼下正门有三,傍有太平门四,虽院中可容观众两千,但在三数分钟内,即可出尽"。戏院共五层楼,一二三楼设观众席,可容纳1800多人,剧场内没有柱子,任何地方的观众视线都不受影响,前台与后台之间设有防火铁幕,"观众可无火除之虞",剧场灯光柔和,"全场之顶皆为平面之磨光玻璃灯",戏院所有服务人员,全部正规考试录取,服务员着装整齐,"女卖票生着白色学生装,朴素整洁,男招待员着白色中山装式之制服,较之他戏院着白大褂者,自觉'边式'也"。戏院开幕的广告自称"冠绝华北,惟我独尊"。戏院开幕式中特别邀请名角马连良进行演出,"门启后,观众峰拥而入,未三分钟,座位已满"(1936年9月22日,1455期)。就规模及布置、陈设而言,中国大戏院不仅是天津剧场之冠,也是全国少有的一流剧场,京剧名角以在中国大戏院演出为荣。先进的现代化舞台,非昔日之戏楼、茶园可比,京剧的发展达到鼎盛时期。

(三)京剧新的表现形式

随着电子技术的发展,京剧脱离剧场表演,通过其他形式走进人们的生活。无线电广播"放送声音极大。凡歌唱音乐不独听之如在户庭,而且声闻数里。以故马家口一带,伫立听歌者,竟达数百人之多"。天津无线电业公司开幕时,特别邀请天津名角、名票演唱,"开幕之日,并请本埠著名票友暨坤伶于是晚七点半起,在电话南局广播无线电台歌唱。即由该公司放送。是晚首先发送者,为叶庸方君之《卖马》一段,又陈富年《法门寺小嗓》一段;其次为马艳云之《虹霓关》、马艳秋之《斩于》各一段,王茗直之《空城计》一段,最后为刘叔度及张孟文合唱之《昭关》数段……听者均大为赞叹"(1927年10月15日,129期)。之后,无线电业公司更在市特一区设立电台,定期播送京剧节目,"定每星期六晚八点至十一点半,邀请著名票友清唱,播音放送,由今晚起始。计为刘叔度、青云主人、刘献庭合唱《二进宫》;讼咏居士、徐觉民合唱《宝莲灯》;尚有幻书元之《吊金龟》等"(1934年9月1日,1135期)。北画在"近日之广播津台"栏目中也特别提到,天津广播无线电台"初成立时,每晚放送戏剧,声音清晰异常,以故数月之间,人人皆视为家庭娱乐最上之品,收听机器,几于无地无之,广播事业,似将蒸蒸日上矣"(1929年1月10日,267期)。借助电声传播,听众得以摆脱戏园局限一饱耳福,广播电台也借助京剧的演出,充实了节目。

20年代,留声机与唱片出现,这促使京剧大范围传播,天津的百代、高亭、得胜等唱片公司在报纸杂志上广登广告,内容多是名家名角的唱板,梅兰芳、荀慧生、尚小云、程砚秋等专辑唱片广为行销。艺术家甚至自设"灌音制片社"灌录唱片,北画文章《马连良灌音制片社一瞥》描述了京剧表演艺术家马连良在北平创办灌音制片社,"室中陈设尚称雅洁,四壁张有马连良各种戏装像及闻人墨迹,及试片之电机留声机一具","外间壁上,满挂锣鼓丝弦",其所制作的"锌制唱片""则为德国出品"。而此种营业,"上海已先有一大华公司,该公司且收有马之唱片",唱片的内容则是"二簧一段"(1933年2月28日,900期)。于广播而言,唱机不受时间限制,京剧名段成为唱机客户们乐于享用的娱乐形式,商场甚至把唱机作为招徕顾客的手段,唱机设于酒楼饭店,播放名家名角的唱片吸引顾客注意。京剧走入大众生活,俨然是人们生活中的重要内容。

1905年,辽宁人任庆泰因不满于影戏院里"所映影片,尺寸甚短,除滑稽片外,仅有戏法与外洋风景",动起了拍片的念头。其时京剧正繁盛,谭鑫培、俞菊笙、王瑶卿等京剧名伶十分活跃,极受观众的追捧,于是,任庆泰与京剧名伶谭鑫培合作拍摄了中国第一部电影《定军山》,这也是中国的第一部戏曲片。《定军山》在前门大观楼影戏园公映,大受欢迎,"一个看似偶然的决定,实际上代表着中国电影娱乐化、商业化的起源。那时,京剧是举国若狂的头号娱乐项目,京剧名角就是当之无愧的明星。任老板就这样在无意间触摸了'明星制'的大门"①。从此,于中国电影而言,多了一种类型电影——戏曲电影;于中国京剧而言,多了一种艺术表现形式。《定军山》之后,任庆泰又拍摄了《青石山》、《艳阳楼》、《白水滩》、《金钱豹》等一系列戏曲片②。北画十周年纪念刊总结十年来京剧的发展,刊发文章《银幕上之国剧》评述京剧与电影的结合:

> 年来国剧在社会中之地位,日益增高,其势力亦日益膨涨,浸浸乎有不可一世之概。电影界中人,亦感于电影之吸引力,不及国剧之盛,又感佳剧本不易搜求,于是从事国剧之摄制,希图别辟蹊径,以资争雄。但电影取材于此,其非得计,至为明显。考国剧敢讲摄电影,最初有谭富英之

---

① 李多钰.中国电影百年(上编)[M].北京:中国广播电视出版社,2005:5
② 程季华.中国电影发展史(第一卷)[M].北京:中国电影出版社,1981:17

《四郎探母》,王虎辰之《周瑜归天》,李万春之《林冲夜奔》,梅博士之《黛玉葬花》,及现在周信芳(即麒麟童)之《斩经堂》。此数子者,在国剧中,皆为有数人才,其所摄剧本,又为其生平杰作。乃在银幕上演映,竟不能与舞台上演出相比美。其中虽由光线收音,间有因陋就简之处,但技术上不同,要亦为重要之因素。盖国剧与电影,分缰画野,各不相犯。国剧之取材,多趋重于稗官野史,一举一动,均不失古代典型,流传既久,入人自深;一旦摄入电影,布景服装,新旧既多忤格,而剧情方面又难充分表现,且国剧动作,多属象征,如以鞭代马,以桨代舟,以屏代城,以旗代车,当两军交绥,刀枪并举,生龙活虎,如火如荼。设搬上银幕,其能以一鞭驰骋,以一桨容与,以屏为蜿蜒之城,以旗为辚辚之车乎? 则必呆板无生趣也,明矣。否则据实扮演,亦觉画蛇添足,味同嚼蜡,故在此种情形下,国剧改编电影殊非上计。(1937 年 7 月 13 日,1580 期)

二、天津戏剧的副产品

(一)《北洋画报》的戏剧专刊

北画中,戏剧类的新闻与图片是特色,客观反映了天津戏剧发展兴旺的时代境况。北画未设戏剧专刊之前,就确定每一期图片"戏剧或电影一或二",而从北画所刊内容来看,戏剧的报道与图片的分量远超这一规定。画报封面上,京剧名角、女坤伶的照片成为特色,梅兰芳、尚小云、程砚秋、孟小冬、马艳云、马艳秋、章遏云等人多次登上封面。创设戏剧专刊之前,北画对戏剧的新闻与图片的安排,是"以剧讯剧影随时插登时事版中,所谓'混合制度'是也"。

在画报中设立剧刊,据北画记者考证,最早的有《丁丁画报》、《常识画报》,"尝考画报之有剧刊,《丁丁画报》始于十七年七月二九日,《常识画报》始于十七年十一月(记者注:日子说不一定了,因为我所有的十一月三十日的该报剧刊不是创刊号),《天津画报》始于十九年二月二一日,《玲珑画报》始于十九年一月一四日,其在二十年以后发刊者尚未列入"(1933 年 3 月 2 日,901 期)。北画的剧刊创始于 1928 年 2 月 19 日。第一期剧刊中,记者概述了北画剧刊创办时的天津戏剧的发展情况:"观夫今日剧场之所演,舞不以节,歌不以律,剧本之编制,切末之构造,能合乎改进社会,与夫文艺美术之旨者,究有若干?"作者认为,戏剧的发展与剧评无不关系,当时的戏剧批评的状况是,"近世虽名伶辈出,然大都研究一腔一字,而于戏剧大体,究有若何裨益,而况于一腔一字之征,尚多隔靴搔痒者乎?"因而,北画创设戏剧专刊是应时之需,负以戏剧发展的重任,"以目下戏剧现状而论,确有待乎一般人之研究发明,以互助其改进与发达,一面以艺术之眼光,褒贬伶人,以改进社会之宗旨,批评剧本,凡于戏剧有研讨之兴趣,有改良之愿望者,以及伶人有关于剧艺上之意见,必当尽量容纳,以供究讨,俾吾国戏剧,日趋于揖熙光明之域,是则本报添设本刊之宗旨"(1928年2月29日,166期)。北画制定了戏剧专刊的编辑方向,"决定新旧剧一律容纳;少登捧角文字,而今生于剧艺上之研究;同时提高伶界职业之地位;持论严正,实事求是",专门聘请业界专家、剧评家就戏剧理论与演出等撰稿,"本报已约定新旧剧专家熊佛西先生、王泊生先生、言菊朋先生,评剧专家张镠子先生、王小隐先生、梅花馆主等分期担任撰稿",并向广大读者征稿,"除捧角文字不受欢迎外,爱好及研究剧艺诸公,倘以鸿文见锡,无任感盼"(1932年5月7日,775期)。在文字上,"以阐扬旧剧固有之艺术的美为上选","有时间性之记事,与评述之论文同收,话剧与乐剧并重,并无畛域。至如伶工艺事介绍,伶票名手之字画,亦不悖风雅趣旨",与其他报纸杂志的"重纪录轶事之剧坛习尚"有明显区别。在图片的选择上,北画独能"仰给于伶工自动拍照之图片",因而,北画的读者称誉北画剧刊为"真""美""善",原因只是北画的剧刊与其办报精神一致,"实则北画之版式材料,(合文字与图片言之)及一切内容建设,又均不背'新'与'先'之要素"(1933年3月2日,901期)。

除了戏剧专刊,北画还为名家名角出版专号,如"程艳秋特刊"(1927年3月25日,72期)、"梅兰芳专号"(1927年4月23日,81期),介绍名家名角的戏剧、剧评与剧讯动态、照片,以飨戏迷。每年的新年号、纪念号中的"重磅"内容也以戏剧为主。如两周年纪念号中,"第五版是专为'旦角'而设,属于戏剧;四个最著名的男旦和四个最著名的女旦,给您站班了!他们各显本能,和读者相见,那能说不看呢"(1928年6月30日,200期)。北画新年号中,"第二张封面为梅兰芳、程艳秋、尚小云三名伶合扮《断桥》中青白两蛇及许仙戏像,与从前本报会刊者不同,外间绝不多观,洵属名贵之品"(1928年12月29日,263期)。北画戏剧专刊200期纪念号中,"图片有梅兰芳博士与'汉口梅兰芳'名票南铁生君之合影,现在欧洲之名伶程艳秋与戏剧学家徐凌霄、王泊生合演之《二进宫》剧照,青衣泰斗王瑶卿,唯一小生金仲仁,本报所选四大坤伶皇后之一之章遏云,名票乐咏西之合影,名老生马连良之最近戏像,名净侯喜瑞、蒋少奎,武生李万春,名坤伶华慧麟之最近便装像……均为不经见之珍品,并印有古代及近代脸谱十余种,尤为名贵。文字方面,执笔者有戏曲学校校长焦菊隐、燕京大学戏曲讲师王泊、王夫人吴瑞燕,戏剧学家马彦祥、王小隐诸氏,琳琅满目,美不胜收"(1933年2月23日,898期)。

北画的《戏剧专刊》以其明确的宗旨、清晰的定位、丰富的内容、独特的材料吸引广大读者与戏迷,不仅见证天津戏剧事业发展的见证,更体现新闻与戏剧结合,成为天津戏剧史研究的重要史料。

(二)四大女伶皇后选举

北画讲究"趣味化",文字力图"饶趣味之文字,可资传诵"(1926 年 12 月 8 日,44 期),因此有意识策划有趣的活动、游戏,以引起读者的兴趣。北画剧刊 200 期策划举行过名伶竞猜活动,登载名伶照片,让读者竞猜人名,"其原照亦均曾登在本报中发表,凡有剧癖者,不难猜中某号之眼或口属于某人也"。奖品颇有吸引力,"凡全猜中者赠阅北画全年,名伶放大照片一张,平制最精脸谱人头玩具半打"(1933 年 3 月 2 日,901 期)。竞赛读者与画报互动,有益于传播画报的声誉,加深画报与读者的联系。北画策划的诸多竞赛中,以"四大女伶皇后"选举最为轰动。

1930 年 5 月 3 日,北画特别刊发"四大'女伶皇后'选举"竞赛启事:

平津报界久有女伶四大名旦(章遏云、雪艳琴、胡碧兰、马艳云)之选,惟不过一时流行,初未经正式公选,且近年女伶勃兴,人才辈出,亦难使已成名者故步自封,后进者向隅兴叹。故本报戏剧刊百期纪念之机会,行女伶四大皇后之公意选举,一以觇顾曲者人望之谁归,一以励女伶界艺术之进步。兹将办法列下:(一)被选人以现在舞台执业者为合格。(二)本选举取不记名投票制,选举人将所选之女伶四人名书于票上,寄至本报社。至截止期由本报社将得票最多之四人,定为"由公意选出之女伶四大皇后"。(三)中选之女伶四大皇后,由本社各赠银盾一面,以资纪念。(四)选举票附印本文后方(下期移至外骑缝),请剪下填明寄来,另纸无效。(五)选举期限以一月为度,自本期起始,六月三日截止收票,七日揭晓。(1930 年 5 月 3 日,467 期)

除设在北画社外,投票箱还分别设在几家大戏园的门口,每天派专人开启。选票原本定于 6 月 3 日截止,但 6 月 3 日北画登载启事延期半月,理由则是"卒以多数读者要求票数公开发表,展期半月"。北画因读者要求公开票数而延期半月,481 期到 487 期的北画都刊载《后票披露》来公布前十位女伶票数,被选者多达 86 人,票数递增情形不同,章遏云、孟丽君、胡碧兰、新艳秋、雪艳琴、金碧莲等都是热门人选。选举于 6 月 21 日结束,最终结果为:胡碧兰 25534 票,孟丽君 21767 票,雪艳琴 20809 票,章遏云 19131 票。当日的北画头版中心刊登了"本报女伶四后选举得票最多之胡碧兰皇后"的便装照,显示其"女伶皇后"尊崇的地位,在第三版面上方由右至左依次刊登孟丽君、雪艳琴、章遏云三位"女伶皇后"的便装照,"四大女伶皇后,至是乃得定选"。

章遏云、雪艳琴、孟丽君、胡碧兰

北画宣称"以故手画报一纸,得见许多各时各地之名伶名剧",为票友们了解名角们的动态提供了很好的平台,"以故介绍'艺者',刊布消息,既为读者所乐闻,亦为剧界所信赖",成为票友、读者与戏剧界交流的平台。"四大女伶皇后"选举聚焦票友与剧界、媒介的目光,打造媒体、受众群与戏剧界互动的平台。这种互动性是多方面的,尤其表现在与读者的互动:截止投票最终因为读者要求而延期,开栏披露各期名伶的选票数,以新闻通讯的方式提供选举动态,如487期报道了"名刊伶孟丽君,因本报选举女伶四后,本人极有希望,于十七日驾临同生照像馆美术部摄取相片数种,以便布告天下,咸使闻知"。商家也不遗余力借机"搭船"做广告:"大华饭店经理赵道生君,对本报举行之女伶四后选举,极表同意,特备纯银像架一具,奉赠第一名皇后之被选人,已通知银店,着手精制。"(1930年6月16日,486期)"四大女伶皇后"选举见证了读者、戏迷对于京剧的热爱,也见证北画戏剧专刊活动所策划的成功,"足见阅者对于本报之热诚,亦可见戏剧嗜好入人之深,诚可谓盛极一时矣"。

这样的选举最大限度地调动了票友们的积极性和参与性,在同类报刊中脱颖而出。媒体与娱乐形式的结合,市场化运作调动受众参与,成为媒体选秀活动的点睛之笔,即使在今天也不失其借鉴意义。

第五章
《北洋画报》消费视野下的文化解读

广告把消费者整合到充满复杂的社会身份和符号意义的大网里,以这些符号建构生活形态和文化生态。北画是近代天津城市化的见证者和参与者,其广告作品、消费元素以独特形式反映这一进程中传统与现代、中国与西方、保守与时尚的纽结和冲突,其所塑造的日常生活因此又现代又都会,不再是传统的、不变的,再现了近代中国城市化中文化的消解与重塑、社会价值观的反思与改造。工业时代到来,农耕时代渐去,科技的进步是物质表象,文化、思想的转向更为纠结,于是,我们清晰地看到,北画中的文章《津市新年一瞥》中,传统的新年节气挂上"电光彩牌坊",《西物东用》里记载着汽车车头贴着"出门大吉"的门联;我们还看到女性范围从身体转向思想观念,从"什么都由男子来负责,也就什么都要听命于男子"到女明星、女记者、女教授、女外交官大量出现。当然,我们还看到消费意识与特殊时代结合的产物——国货意识,作为与"洋货"相对而立的概念,国货生发于近代中国民族资本家们"实业救国"的观念,也成为商品销售中的广告主题,崇洋的消费趋势与爱国的情感诉求结合成为这一时代文化纽结的真实写照。

第一节　"五味杂陈"的"津味"文化

一、"五味杂陈"之"津味"

"津味"是个什么味,是一种"味儿",还是两种"味儿"? 天津人藏策在《"津味"到底什么味儿?》一书中写到:"如果以天津的文化地理分布来加以区别,那就是'老城里'、'三不管'的'津味'和'五大道'、'小洋楼'的'津味'。"北画上的广告反映了天津的政治、经济、文化、体育、娱乐、艺术等,保存了丰富的史料,有助于研究天津的社会转型与社会风貌。

天津以海纳百川的胸怀接纳来自异域的商人与
商品，汲取其文化。华洋共处，南北共存，传统"津
味"融合"洋味"、"京味"、"海味"、"广味"而"五味杂
陈"。中西文化、新旧文明在天津尽情交织、演绎。
1933年，北画七周年纪念刊号封面上刊登了一张滑
稽图照，成为这个时代转型社会的真实映照。

北洋画报七周年纪念刊封面

> 本期的封面，是一张"中西合璧"、"古今会
> 通"的滑稽图照；一位戏装的织女，站在新式的
> 纺纱机旁工作，织女所用的中国旧式纺线车已
> 由外国纺纱机代替了。这很显然的，工业革命
直接影响到七夕神话中的女主角，虽然这是更向荒唐演大荒的造意，但它
提醒给人们的，是现在是什么时代了，天上的织女都随着时代而转变，产
业落后的中国，应当怎样改进呢？本报得到这画的启示，是应怎样随着时
代向前迈进呢？所以这张图照表面上似乎荒唐、滑稽，但它的意义也不十
分单纯……(1933年7月7日,956期)

织女高高的发髻、青衣戏服、温婉柔弱的形象与冰冷硬朗、整齐有序的机
器对比鲜明，时代的落差、文化的落差给人思考的空间。这幅"滑稽图照"如记
者所言"表面上似乎荒唐"，"但它的意义也不十分单纯"。滑稽图照真实呈现
时人遭遇的困惑，中西文化的碰撞交汇，西方工业革命对东方农业文化的冲
击，古今文化的冲突融合都得到韵味深长的展示。

二、传承与变异之传统

开埠后的天津分华界与租界两个地界，城市社会也分成租界与华界。租
界里的天津人受西风东渐的影响，讲究西方作派、西方风俗、西方文化。他们
居住在小洋楼里，享受着西方近代文明带来的优越的物质文化，是"西洋镜"里
的中国人，被常人观瞻与崇仰。华界却是另一番景象，那里可见天津的风俗和
地域文化。华界的天津人生活在老城区与周边地区，生活较为传统，相对稳定
的生活秩序、较为固定的生活空间、相对封闭的生活圈子，使他们的生活习惯、
行为习俗、思维模式沿袭传统定式而显得保守、固执。

北画1218期的文章《津门祈雨习俗》记录了天津在民国六年祈雨"因福得
祸"的过往。祈雨是传统农业社会遗留下来的地方民俗，但因区域的差异，天
南地北求雨习俗各有不同——"南京之活佛，上海之天师，皆盛为当世所称
道"，"苏州且以祈雨故，发起迎神赛会"。民国六年，天津旱灾肆虐，"人不夏不
雨者三阅月"，天津百姓以祈雨仪式来祈求甘露降临，"断屠三日，阖市商民，门

前一律黏'商羊鼓舞'、'油然作云'、'沛然下雨'等标语,但百姓祈雨未见成效。人们以为是心不诚恳,龙王未能驾临,因此,则改换仪式,'以肩舆荷泥龙王巡于市。龙王属诸城西千福寺,舁之直出东门,憩于玉皇之阁,时人咸谓玉帝与龙王会议'"。没过几日,果然天降甘露,没曾想,这一降就没停过,导致民国六年的水灾,"水浸全市几达五阅月,城西一带经冬冻结成冰"。自此之后,即使偶遇天旱,也没人再敢"以肩舆荷泥龙王巡于市",求雨的仪式从神圣的仪式变成孩童娱乐游艺的形式,"塑泥成龙形,置长凳上,招摇过市,名曰求雨,实则意在挨门歆化"。

中国地方民俗中最丰富和最有文化韵味的当属年节文化,天津是北派文化的中心,其年节文化也有代表性。北画中的文章《津市年俗种种》让读者领略了旧时天津人新年来临时的年俗与年品。

> 旧年虽已废除,一般人仍在加意点缀中。盖数千年积习如此,殊无奈何。据查津市年份消耗,凡五百万元,且有一部分消费于迷信之事,甚为无聊。以所供神像论,有"全神"祃、"财神"祃、"灶王"祃等,几于无室不备,至香烛纸锞,尤为年中消耗最多之货。津俗年三十之夜,不得脱衣睡卧,谓为"守岁"。十二时前,阖家恭迓"全神"之降临,焚香膜拜,备极虔诚,全神像绘元始天尊、三古佛、三清及关帝、天后、药王、地藏、十殿阎君等神祇。像前五供,以花糕为最贵重。花糕为枣蒸食之一种,层次堆叠成塔形,高者三数尺,短者不过尺许,糕上遍撒"饭花",顶端插"花糕顶",作聚宝盆形。是夜彻夜香火不息,名曰"接香",直迄五更既尽,便须送神,俗曰"发纸"。初一日俗吃素饺子,初二日吃捞面,初三日吃"盒子",故俗有歌曰:"初一扁食初二面,初三盒子年年转。"初五日,再包饺子,曰"捏小人口舌"意谓小人经此一捏,终年可避免小人谗谤。年后自初一至初十,以天气之阴晴;卜各种生物之命运曰:"一鸡,二鸭,三猫,四狗,五猪,六羊,七谷,八麦,九果,十菜。"三十夜有投机者,持"财神祃"赴各商店及住房内派卖,曰"送财神",人以其语近吉祥,多乐购之。更有以卖"粽子"、"带子"、"栗子"等物者,则以其叶音"种子",为一般乏嗣者所争买。夜焚香后,即"忌人",禁女性外人进门,谓曰"不祥"。至于初二三日,始举行开市典礼,嗣即不禁女人出入。初五日曰"破五",破五前惟事嬉戏。商店中则例于初二日敬财神,以邀财禄。年前年后,更餐必珍馐,是曰"换年饭"。普通人家则亦多加菜,所谓过年者,并无若何重大意义,不过各饱馋吻而已。(1935年2月9日,1203期)

风俗经过时间积淀,为人共同遵守并形成生活定式,它有很强的生命力和延续性。很多习惯、饮食、岁时节令、婚丧仪式等都世代流传,难以改变。随着时代的进步,虽然风俗仪式的原始意义与功能淡化了,但其形式、表现与内容依然沿袭与传承。《津市新年一瞥》中记载,天津老城区有各种庆祝会、游艺会庆祝新年,"洋化"的租界"亦有一番新年气象",租界饭店酒楼成为人们庆祝新年的主要场所,"除夕西湖饭店贺年跳舞大会,人山人海,全津中西闻人,全数出马,利市百倍,实为开张以来未有之盛","大华饭店上座亦极盛,无数大小团体举行新年宴会,均早定座,几有挨班排宴之概况"。天津人还举办各种烘托节日喜庆气氛的节目,"粤剧、京剧、幻术、荡漾歌曲、国术等","风琴独奏、丝竹合奏,滑稽剧、昆剧、相声、双簧等"。哪些是传统的,哪些是现代的,哪些是本土的,哪些是异域的,传统杂糅着现代、西方、异域的各种文化。

三、欧风东渐之"洋味"

开埠后,列强强行划定租界,设立领事馆,控制海关,开设洋行,培植买办,建立教堂,开办学校和医院,扩大了对华的政治把控、商品输出和文化渗透。清政府内的有识之士掀起洋务运动,带动社会风气的转变。天津人接触了新事物、新现象,生活观念与生活方式不断改变。

> 西物东用(白头):记得今年的旧历新年里,有一次在下偶然去逛逛娘娘宫。出来时候,迎面蓦地里来了一辆大汽车,车头上贴着一张红纸,写着四个大字是"出行大吉"。在下真想不到二十世纪的新利器,也居然被我们贵国的阔老,这样的利用! 现在各大旅馆,差不多都备有洋式的马桶 Lavatory,但是仍有许多人,上桶的时候,用两只脚踏在桶口上,蹲着身子大行方便。外国东西,一到中国,便能有不可思议的妙用,像大汽车、洋马桶这类的事情,正多着呢,我们又何必少见多怪了。(1930年4月5日,455期)

汽车、马桶,这是时人直观感受到的"洋为中用"。天津为九国租界,列强云集津沽,租界成为国中之国、法外之地,成为绅商(甚至一般难民)的避难场所。西方的政治、经济和文化从这里登陆,向周围发散,租界成为中西文化碰撞交流、古今文化杂陈延续的重要传播载体。各色外国人侨居租界,留下"洋化"的足迹:小洋楼、自来水、电车、供暖、卫生等舒适的"洋化"设施,电影、跳舞、赛马、体育等新式的"洋化"娱乐,西餐、西点、西服、西俗等组成租界里的时髦生活。北画说,英租界的十字路口安设着新式的红绿指挥交通灯,但"除红绿色外,并有一种橘黄色介于其中",这是"仿自美国最新式者"(1934年11月27日,1172期)。意租界的回力球场从上海运来美国的"'汗吃无牌(Hazle-wop)原包冰激凌",清洁卫生美味;更重要的是,这是"沽上尚系第一次来之新物品"(1935年7月9日,1267期)。浙江人杜永康准备创办一个大华牛乳厂,据说是中国人"始创第一家",因为他购买的乳牛"系荷兰种而产于美国

者"……(1933年8月1日,966期)

1934年的北画刊载《西洋妇女家庭生活》一文,上有"沐浴"、"画眉"、"唱随之乐"、"读倦"、"缝纫"、"早餐"等照片展示西方妇女的生活常态,既满足人们对西式生活的好奇心,也有意识引导天津人追随洋式生活。租界里的中国人跳西方交际舞、烫发、穿皮鞋、穿洋装,画报上时不时刊登西方的时尚潮流新闻。如下则《关于装饰之各国新讯》,介绍美国、英国、匈牙利、墨西哥等地的时尚信息。

> 关于装饰之各国新讯(鸥自英伦寄):美国于去年九月间,社会新流行
> 一种女长外套,因惹起一般人之研究,分为赞成及反对两派。辩论日久,
> 问题日益扩大,于是纽约有十妇人于今春组织一"时装会"以解决装饰上
> 一切问题,自手镯小物及房屋之陈设,皆包括在内。会中设会长一人、副
> 会长二人、会计一人。于纽约立总会及公司,凡由会中议定之服装式样,
> 即交公司制出发售,且作时装教育之计划,以期普及。如在广播无线台上
> 作服装心理之演讲,在报章杂志上作服装发送之宣传,皆曾试行有效云。
> 英国烫发之风盛行,全国女子烫发者约一千万人,故理发业关于烫发收入
> 之统计,年可六万万元,盖烫发每次需十五元,而每年最少四次。时髦贵
> 妇人每年消耗于发者,常至二三千元之巨,而每星期中流连于理发肆者,
> 常至六七小时之多。近英伦时又有时式理性展览会之发起,陈列各种模
> 型器械化妆品,以供观摩,好修饰者趋之若鹜。欧洲中部,近流行不帽风
> 尚,以匈牙利国为尤甚,因之帽业大受影响。于是各帽店皆于玻窗上,贴
> "不戴帽子者一律拒绝交易"之纸单,以为抵抗。政府为维持帽业计,只得
> 宣传戴帽为最高礼节,又教儿童遇先生必脱帽行礼,以为消极之提倡,盖
> 因不能以法律强迫戴帽也。墨西哥近开一贱价服饰比赛会,与赛之衣饰,
> 价不得过五元。以逊诺利太卡门尔底斯女士之衣为最美而价最廉,故当
> 选第一,得奖金千元云。(1930年3月18日,447期)

西人、西俗、西式时尚加快天津近代化步伐,商业贸易与社会习俗都发生变化,西式礼俗也逐渐扩大影响。西方节日进入华人世界,圣诞节、感恩节、万愚节提供了新的庆祝日与娱乐形式。圣诞节,天津各大跳舞场总会举办各种盛大跳舞会,譬如西湖别墅,"该店开化妆跳舞会,西人化妆者甚众",饭店特别为舞客准备各种化妆面具,"该店备有精致纸帽玩物,贻赠宾客"(1929年12月28日,416期)。感恩节来临,西湖别墅特别举办"火鸡大会"(1929年11月28日,403期),精制各种佳肴来庆祝节日。北画介绍西方节日时更是不遗余力。为了赶在4月1日愚人节出刊画报,原定周二四六出版的北画在4月1日星期一这天出版,围绕"愚人节"精心策划画报内容,好好"愚弄"一下读者,这一天报纸上所登的照片,"便有做作,不实不尽",明目张胆地说谎,譬如"鼓

楼顶上站了人演说,德国气艇飞到北平"。《报界四人歌舞团》中把新闻界的"闻人""王小隐先生"、"王镂水先生"等开涮了一通。画报编辑辩解说:"我们并非欧化,学人皮毛,跟着人去庆祝,不过因为这个节有很大的趣味,可以随便和人开玩笑,之者不得见怪;而且我们的报是社会刊物,志在引起一般人生活中各种兴趣,所以这种好机会,便抓住不肯放松。"(1929年4月4日,301期)

除了年节文化之外,西式礼俗在大中城市的上层社会扎下了根,向社会广泛扩散。北画中有《赵梁缔婚记》(1928年2月11日,161期,短文见第三章)一文,描绘了一对新人的西式婚礼,婚宴设在食堂内,婚礼色彩也采用西方的白色,但即使这样,来宾们赠送的花篮"均按华俗用红花矣",西俗中男女交换的戒指变成女方为戒指,男方用手表,取中文意思则为"守忠"。中西文化的交汇彰显毕露。在西方物质与文化的辐射下,天津与中国其他区域截然不同,充满"洋化"魅力。

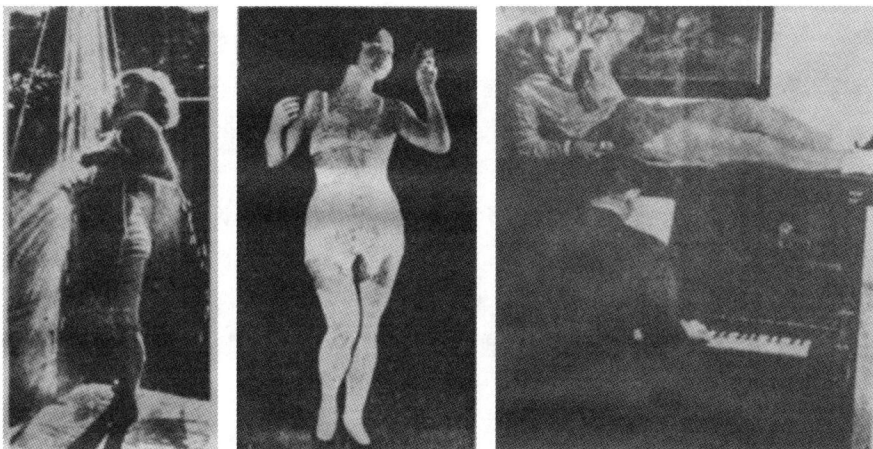

西洋妇女家庭生活之沐浴、画眉、唱随之乐

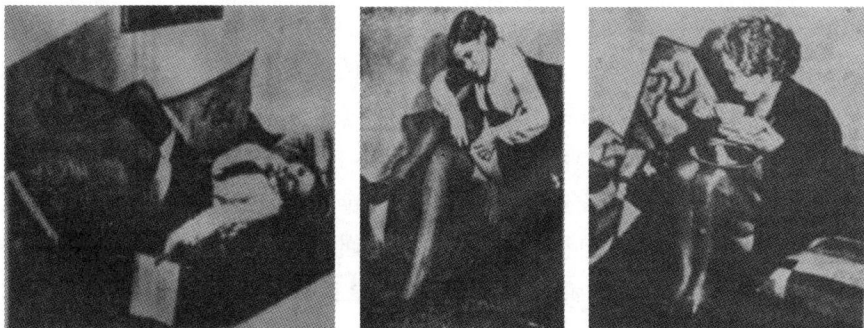

西洋妇女家庭生活之读倦、缝纫、早餐

四、皇城根下之"京味"

众人所聚,天津很快成为北京的"政治后院"。租界是"法外之地",不仅可成为脱身庇护之区,且离京城较近,便于打探风云走向或对手虚实,所以成为理想的避风港,成为政治活动策源地。遗老遗少、下野军阀、失意政客、迁客骚人、革命志士纷纷来到这里,其中地位最显赫的莫过于逊帝溥仪,他寓居天津达6年之久。王公贵族和遗老遗少辐辏于此,载沣(溥仪的父亲)、载振(庆亲王)、载涛、铁良、荣庆、李准、张鸣岐等也躲进租界,眷怀昔日的荣光,闲谈往日的轶闻;北洋政府的政客——总统袁世凯、黎元洪、冯国璋、徐世昌和曹锟,风云人物曹汝霖、刘冠雄、鲍贵卿、张勋、孙传芳、汤玉麟、张作相、梁启超等都在天津租界建起小洋楼,或久居,或暂住。"北京是前台,天津是后台",平津文化不断交汇与融合。

京剧形成于北京,但天津却对京剧的发展传播起到举足轻重的作用,"北京学戏,天津唱红,上海赚钱",天津和上海同样是近代京剧重要的演出基地,但天津以其得天独厚的资源优势传承了京剧的正宗。据记载,19世纪初,京剧已经在天津广泛流传,天津是许多杰出京剧表演艺术家经常登台献艺的地方,也产生一批著名的京剧流派演员,影响遍及全国。许多演员都在天津唱红,后回到北京,或扎根全国各地,京剧进入上海也是通过天津。20世纪20年代之后,天津兴建了一批设备优良的剧场,各派著名演员不断来津演出。①北画刊发《天津的"京戏"》一文记载"京戏"兴盛的繁荣景象,甚而有人说,中国的戏剧中心"已有由北平移至天津之趋势"。

> 本市影院之首约京角开演大戏者,为明星,每次演唱,恒获厚利,常以戏之盈余补电影之亏损焉。其初角不常来,戏不常演,而嗜戏者多,故定价虽昂,看客则无不争先至。其后群起竞争,角色接踵来,有时各院争唱对台,营业反日渐冷落,所谓盛极必衰也。当时人有谓戏剧中心已有由北平移至天津之趋势,确非虚语。两三月来,竟寂而无闻,可见戏剧中心之移津,又难为事实。最近明星始又有约马连良、朱琴心来津之事,已定期开幕,嗜剧者莫不引领望之……(1930年8月9日,509期)

北平天津距离较近,交通便利,汽车更为两地来往提供了方便,寓居天津的寓公名流们来往平津之间甚为便当。春天的北平,春意浓浓,到北平踏春游春的天津人日渐增多,"由津乘汽车入平游春者极多,每日平津道上,非常热闹"。因为北平西山饭店设备优良,物美价廉,前去食宿的人越来越多,颇为拥

---

① 罗澍伟.天津史话[M].北京:社会科学文献出版社,2000:189

挤,因此天津大华饭店成为北平西山饭店的驻津代理人,想去西山饭店的顾客可到天津大华饭店预约西山饭店的房间(1931年3月12日,597期)。1936年,政府出钱修筑平津公路,两地来往更方便。北画上屡屡可见天津人到北平开店、北平商家到天津营业的事例,如天津北洋摄影会会员张子赫在北平东安市场独资创办明明照相馆(1929年9月26,376期),北平著名饭店天和玉把总店移到天津"三不管"(1930年2月22日,437期),天津松园饭庄专门聘请北平东兴楼的厨师来做山东菜(1930年1月7日,420期)。平津两地之间的商业买卖、人事流动十分频繁。

跳舞风潮起自上海、天津,也在北京兴盛。1930年,北平跳舞风气大开,"中央中国华北各饭店,先后添设舞场,随后北平舞场的兴盛一日胜过一日,似有超过上海天津的气势。1933年北平市长袁良就职,下决心整顿北平的舞场,"通令社会公安两局,协力入手整顿舞场","通知各舞场截至八月五日止,以后不准雇用中国舞女伴舞,否则即加干涉"(1933年8月3日,967期)。公安当局甚至在各舞场门前布防,凡中国妇女入场跳舞的,一律严加阻止。北平舞场经这一政令后,日益萧条,最受打击的当数以跳舞为生计的舞女,"自平市禁舞后,一般舞女,风流云散,四散逃奔",其中大部分舞女涌入天津,受到舞迷的欢迎,"当此辈舞女初莅津时,大受一般舞迷之捧场"(1933年8月22日,975期)。中原公司的屋顶花园舞场——巴黎舞场接纳了北平来津舞女,以其作为招牌,"自北平禁舞后,所谓舞星,不能立足,纷纷来津,平市为业驱雀,巴黎遂纳其较佳者,闻星期六夕该场特开盛会,专为欢迎由平来之名星数颗云"(1933年8月8日,969期)。天津的舞场因北平舞女的到来"搅乱了一池春水",给当时"疲软"的天津舞场带来活力,天津舞场又呈现繁盛兴旺之态。

五、海派文化之"海味"

自开埠以后,上海成为中外文化的碰撞点、融汇点,也是中国南北文化、内地文化和沿海文化的汇合点。多种文化互相渗透、借鉴、移植、认同,形成上海兼容并蓄、吐故纳新的特色。海派文化就特指开埠以后的上海本土文化与西方文化碰撞融会后产生的新的、独特的文化,其特征为反传统,敢于打破传统观念的禁锢和前人的束缚,积极创新。上海被称为中国"现代化运动"的"火车头",中国的现代化"首先在上海出现,现代中国就在这里诞生"[1]。在30年代中国现代派作家笔下,上海被当成中国现代都市唯一的文本[2],"上海模式"成

---

① [美]罗兹·墨菲.上海——现代中国的钥匙[M].上海:上海人民出版社,1986:5
② 张瑾.二十世纪二三十年代"上海模式"对重庆的冲击[J].史学月刊,2000(3):111

为中国城市现代化的象征,"由于拥有巨大的经济和文化辐射力,上海已经成为一个远远走出其城市地域的影响源泉"①,其影响力超越沿边城市而覆盖中国南北。北画在周年纪念刊中提到上海画报对天津的影响:

> 北洋画报开办的时候,在下便从旁赞助,一直到现在,居然发刊周年纪念号了,这的确是很可喜的一件事。在外国人所称为华北(North-China)的范围里,除了《北京晨报》有画报以外,竟没有第二家。天津社会爱读画报的,都买上海的画报,所以在北洋没有出世以前,天津充满了上海各种的画报,这也可见画报在天津是怎样的需要了。(1927年7月6日101期)

上海聚集了现代化的标志——繁华的商业中心、高楼大厦、电影院、咖啡屋、西餐馆、照明、自来水、电话,各城市的现代化也以此为标本,或以其为模式,或学习观摩,或采办机器、聘用人员。天津也受"上海模式"的影响。法租界梨栈大街被称作"小上海",它的周围有劝业场、天祥市场、泰康商场、中国大戏院、北洋大戏院、明星大戏院、新丰舞台、国民饭店、交通饭店、中华百货售品所。1928年1月开业的天津中原公司,标志着天津商业中心达到新的阶段。"中原公司"寓意中国北方最大的商场。天津中原公司由原上海先施公司的高级职员林紫恒、林寿田、黄文谦等集资兴办,以上海公司为蓝本,以专营高档日用百货而闻名华北,自诩"始创无二价,统办全球货"。其一二三楼为百货商场,经营洋广杂货、绸缎、布匹、呢绒、食品及各种器皿、电料,后增建附属鞋厂及家具工厂,辟地销售;四五两层开设舞厅、游艺场、影戏院、中西餐厅;六七楼是露天花园。全楼设计新颖,规模宏大,货色齐全,设备先进,尤以垂直电梯最为引人兴趣,招徕大批游客。1928年秋,天津中原公司专门从上海低价组织大批滞销商品,在天津举行首次大规模的大减价活动,大受欢迎。顾客群起抢购,日营业额高达五六万元,当时在国内各大商场中也实属罕见。其业务经营颇有上海风范。

"上海模式"对于天津的冲击,更表现为推崇上海摩登的时尚生活。民国时期的上海是全国公认的最时髦的城市,是全国仿效的目标。上海是中国服装特别是女士服装的中心,当时上海有海上航线直通欧洲各大名城,欧洲流行的新式服装只要三四个月后即可登陆上海,然后再从上海向国内各地流行,"全国妇女永以上海妆饰唯马首是瞻"。天津商店也以经营上海商品为噱头,服装店更是如此:

> 天津福康绸缎公司春季大减价三星期:近由上海总行运到大批新绸料式样新颖,颜色入时,兹为酬答顾客起见,廉价销售,各货一律八折。

---

① 张瑾.二十世纪二三十年代"上海模式"对重庆的冲击[J].史学月刊,2000(3):111

（1935年3月14日，1217期）

  在本埠梨栈开设多年之久大鞋店，首先输入海式的男女鞋，颇著盛名，但迩因竞争剧烈，生意萧条，不能不另辟蹊径……（1929年6月22日，335期）

天津与上海的联系十分密切，也是国内较早接受新潮服装的城市。因而天津的报刊成为传播这种时尚文化的载体，北画上经常可以见到介绍沪上流行趋势的文章。北画记者"吾耶"由天津到上海，写下《游沪杂记》，连载13期，详细介绍上海的城市风貌、建筑、旅馆酒楼、戏院剧场、百货公司、夜总会、回力球场、按摩院、城隍庙等，作者有意识比较天津与上海，让津人领略上海风情，品味海派时尚，"上海有三多：即汽车多，女人多，高楼多是也"，"汽车上喇叭，非至必要时，不准常按，违则罚洋五元。此与津市不同之点也"，"上海各通衢中，熙熙攘攘者，尤以倩妆少女为多"，"凡乔寓沪上小家庭之富翁，皆须有一APARTMENT为荣，故今日之住小洋楼者，实较昔日减少矣"（1936年6月4日，1408期）……海派时尚在作者笔下风采夺目，"物质文明，淫风昌炽，此上海之所以为上海也"（1936年6月13日，1412期）。这是天津人向往的海派风味，也是与天津文化交织的视野下的海派风尚。

六、岭南粤风之"广味"

随着天津的开埠，外国洋行及其买办在天津崛起，其中，广帮买办实力最强，如怡和洋行买办梁炎卿，太古洋行买办郑翼之，安利洋行买办陈日初，先农公司买办欧阳炳、黄振华。此外，粤商以闽粤、广东会馆为中心开展的商业和社会活动，扩大了粤商在天津商业、社会上的影响力，他们在天津的活动与足迹也由报刊所记录，在近代天津史上留下深深的烙印。

据民国《天津志略》"会社篇"载："广东会馆还于1915年成立广东音乐会，由杨文昭、徐玉麟、徐杏裳等创办，同乡音乐爱好者每周一聚。至1917年发展粤剧，天津的粤剧即从此开始。剧团的演出，对赈灾尤其对旅津广东学校的创办，资助最多。"[①]对此，北画辟专文进行记录：

  旅津广东音乐会缘起略史（音乐会稿）：溯我会自民国初元，首由杨君文昭、徐君玉麟、徐君杏裳、冼君题阁、黄君忠可、黄君赞廷、陈君恒爵诸公，以旅津同乡公余之暇，向乏正当娱乐，爰集同志，从事音乐，藉管弦丝竹以畅襟怀。每周一集，此唱彼和，恒至子夜，其时无所谓会也。北海开

---

  ① 杨仲绰.天津"广帮"略记[A].天津市政协.天津文史资料选辑（27）.天津：天津人民出版社，1984：62

樽,东山雅集,各适其适而已。嗣以来者日众,纪
元四年,乃公推杨君文昭为会长。杨君宅居津城
东北三多街,楼房数十楹,姑借其一为会所。每
夕不约而会,丝弦杂遝,各奏尔能,音乐会之名方
始成立,然犹弹筝击筑耳,尚未袍笏登场也。民
六天津水灾,各处演剧助赈,如云而起,同人以粤
剧亦成一家,宜襄善举,当仁不让,佥议赞成。奈
人数寥寥,服装又非仓卒可办,恰唐山乡友备有
戏服,遂约来津合演。津埠之得聆粤剧,此为嚆
矢。乡人复踊跃解囊,结果获数千金,悉捐赈灾
之用。音乐会之名由是大著……(1929 年 10 月

广东女子时装

12 日,383 期)

旅津广东音乐会原是由杨文昭、徐玉麟等人组织的民间游艺性质的同乡
会,遭遇民国六年天津水灾,同乡会以粤剧形式来组织赈灾,后改组成广东音
乐会。广东音乐会组织了旅津广东商人捐资捐款,筹措组织各种赈灾慈善活
动,活动遍及全国各地,天津、广东、北平等地的活动尤其频繁,以捐资助学活
动为代表,做了许多有益社会的善事。广东音乐会既为旅津粤商进行了商业
形象的宣传,更为广东文化在天津的传播做出积极贡献,他们以粤剧为号召,
在天津传播广东的艺术与民俗,使天津添加岭南文化风味,使天津戏曲荟萃了
中国南北戏曲精华。北画上的《粤剧漫谈》介绍了粤剧的戏曲种类与其在中国
广为传播的景象,简要介绍了天津粤剧的发展概况。同期的北画还登载了广
东音乐会在春和大戏院演出粤剧的广告。

粤剧漫谈:此番吾粤旅津音乐会,纪念成立十五周年,举行大规模演
剧,并印行专刊,以其事就商于予,且属予为之介绍。予于剧艺,本门外
汉,而睽违桑梓,又念载于兹,于粤剧实非所念,奚足以当此责? 顾粤剧初
不因予识见之浅陋,而略减其价值。抑予尝谓谈国剧而忽略粤剧,极为失
当。良以就剧艺本身论,粤剧剧本结构至精,其曲调至妙;而其音乐之繁
富,与夫服装之丽华,更远驾乎国内各剧之上。何况粤剧势力,早已远被
重洋,勿论近者如平津,均有粤剧团体之组织,即北美南洋,亦早有粤剧剧
场,长期春天演,所以昔西人之研究中国乐剧者,胥引粤剧为标准;而安南
暹缅诸国之戏剧,更莫不受粤剧之感化,而取法焉。于以见粤剧在国剧中
地位之重要及其势力之广且远矣。津门粤乐会创立至今,垂十五年,始终
不替,是诸君子之毅力有以使之;然而创业固难,而守成尤非易易,惟诸子
发扬光大,增荣乡党,记者馨香以祷祝之。(民十八双十节之夜番禺冯武
越志于北画楼头)(1929 年 10 月 12 日,383 期)

民国是传统向现代转型的时期,商业文化崛起,天津成为"现代性"的发祥地,成为耀眼的北方国际性大都市,拥有"世界性"文化背景。新的"洋玩意儿"使天津人大开眼界,成为他们自豪的资本,孕育和滋生出莫名的优越感。天津有一首民谣说:"你吃过洋白面吗?你喝过自来水吗?你打过特律封吗?你坐过四轮电吗?"[①]洋白面是进口的面粉,不是石碾子磨出的麦子。自来水今天看来虽然普通,但绝对不是老城里的人喝肩挑手提或手推水车从大河里打来的水。"特律封"是电话,当年普通人是摸不着的。"四轮电"就是有轨电车,当然是新鲜的交通工具,与祖祖辈辈坐马车、驴车自然不可相比。这些新鲜的"洋玩意儿"与传统的"老玩意儿"让近代天津更加生动与鲜活起来。天津不仅有类似于"京味"的"津味",有类似于上海"海派"的"津味"[②],更有类似于"粤派"的"广味",以及"洋派"的"洋味",这些味儿各自不同,相互消融,此消彼长,因而,带着民族性印记的地域文化的"老城里"、"三不管"是天津的"津味",有着海外殖民印记的中西交汇文化的"五大道"、"小洋楼"也是天津的"津味"。

(第二节) 妇女解放:从身体到观念

一、关于妇女解放的话题

传统中国,女性依附于男权之下,没有独立与自由,"什么都由男子来负责,也就什么都要听命于男子,妇女们只能俯首帖耳的去做贤妻良母,假使稍涉非分之想,那男子们便要喟然叹曰:'唯女子与小人为难养'了,这'养',便说明了是把女子看成'哈叭狗'一样的东西养着的"(1936 年 11 月 7 日,1475期)。不仅如此,女人还成为"玩偶"与"蛇蝎"的代名词,"所以女人之在世上,一方面被人视为玩偶,一方面又被人视为蛇蝎,因为她们可以使人身心舒畅,所以被人看成玩偶,又因为一提到她们就会被人认为轻薄,所以她们就又成为蛇蝎了"。女性作为社会家庭的一份子,说小了关乎民生,说大了,妇女还需传宗接代,更是关乎家国未来,"妇女之强弱,关系未来国民之健康至巨"(1934年 5 月 26 日,1093 期),妇女成为热议的话题。

近代中国,西风东渐,新思想新风潮传播,生活发生激剧变化。"跳舞风

---

① 林希. 见多识广天津人[N]. 天津日报,1996-8-21(7)

② 藏策."津味"到底什么味儿?[J]. 小说评论,2008(4):33

潮"打破"男女授受不亲"的伦理成规；大量知识女性出现，"女子无才便是德"的说法不攻自破。经济独立、个性自由的都市女性完成从传统妇女到现代女性的形象过渡，从社会生活中寻找到新的角色定位。"要人家尊重女性，女性自己先要自重"，"男子不应该压迫女子，同时女子也不应当想压迫男子"，"男女是要一切平等，第一应当先求知识同技能上的平等"，"女子不应当自馁，承认自己是弱者，尤其不应当受人的原谅，让别人说'她们永远是不如男子的女子'"（1931年1月29日，582期）。个性自由、自尊自重、自立自强、男女平等等新兴观念注入人们的思想与生活，报纸杂志纷纷发表有关妇女问题的文章，男女平等、妇女解放成为时髦的热点话题，不唯独天津，北平、上海、青岛、武汉等开埠城市的近代化中都包括女性的解放，二三十年代天津女性形象成为社会女性形象的缩影。北画中那些独立、自由、知识、运动、交际的时尚女性成为新女性的代表。

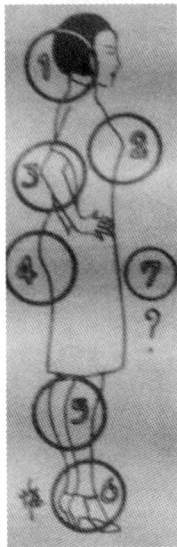

肉体解放之数点

北画333期刊载了一幅名为"新女子肉体上之解放点"的图片，图示中附注文字："新人物谓之为'曲线美的表现'，老道学家诋毁尽至。乡下人见之瞠目结舌。吾亦无以名之，说声：'倒也唔啥！'"图中一位女性身体部位中，头发、胸部、手腕、臀部、小腿、脚等6个位置分别以数字标示，喻示为时代新女性身体解放的几个重要部位，旁边的数字"7"还打着个问号，喻示着画者所难以预知的下一步解放的位置。图画直接明了地勾勒了新女性身体审美观念的几个变化，也暗示着身体解放所隐喻的思想观念的变化，而这种变化尚无止尽，时人的态度也于注文中一目了然，或"诋毁尽至"，或"倒也唔啥"。

借助北画中的广告与史料，我们从身体解放、角色解放、观念解放几个方面勾勒近代中国女性的面貌与意识，描述这个群体的改变。

二、身体的解放：从束缚到人性

自古以来，"女为悦己者容"，女人是男人身上的一根"肋骨"，因而女性的审美是由男人来完成的，女人身体也必须服从于男性的审美观，缠足、束胸、发髻成为传统男权的标志，也成为女性屈服于男权社会的枷锁。因此，女性社会角色的变迁、女性意识的萌发也当然从这里开始。

（一）从缠足到天足

缠足是摧残妇女的陋习，因此早在维新时期，放足就成为维新派唤醒妇女意识、传播自立精神所打响的"第一枪",19 世纪末,康有为、梁启超等维新志士开始宣传戒缠足、兴女学。1898年 7 月,康有为曾上书请禁缠足,"妇女缠足……流传孙子,奕世体弱……羸弱流传,何以为兵乎……今当举国征兵之际,留此弱种,尤可忧危",将中国的积弱与缠足相关联。梁启超则以天赋人权和进化论为武器,对缠足进行抨击,说此陋习将中国四万万人口中的一半"纳诸

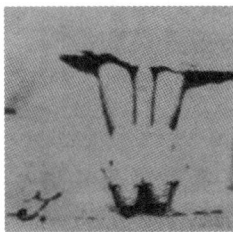

金莲

罪人贱役之林矣,安所往而不为人弱也"。谭嗣同指出"缠足之酷毒"能"亡其国"、"亡其种类",中国要图存强大必须铲除此陋习①。民国建立后官方曾明令禁止、取消缠足,所以"迄今城区女子,缠足者已不多见"②。但在农村,缠足屡见不鲜,"惟乡僻间,则十人之中,尚有其八,可见千年之积习,除之不易"。北画记载了山东、武汉、绥远等地农村的缠足风俗,也反映各地的反缠足措施。

鲁何思源等赴各县视察,见乡间缠足之妇人仍然很多,即日起通令各小学生佩戴"不娶缠足女子之袖章"。仿佛袖章是法宝,小学生一佩上立刻缠足的妇女都把小脚放开了。(1933 年 12 月 14 日,1024 期);

汉口妇女协会,鉴于乡村女子,仍多步步生莲,知理不可喻,乃使女党员侦骑四出。逐户查察,见有弓鞋三寸者,立命脱去,不从,迫之,亲自动手,将长条之布,层层剥净,则如拳之驼峰立现,奇香四溢,聚布焚之,施者相顾笑,而受者辄引为奇耻大辱,泪流满面,百般挣扎,有呼妈者,一家既已,他家如之,致各处之小脚姑娘多相率避地他去(1927 年 10 月 26 日,123 期)

各地成立天足会,倡导妇女解放自己的脚,丢掉裹脚布,教育妇女尊享自由平等观念。北画记载说,绥远天足会特别发布了一首宣传天足、反对缠足,把官府禁令与教育宣传融于一体的七言诗,朗朗上口、通俗易懂,也易于妇女儿童口耳相传。

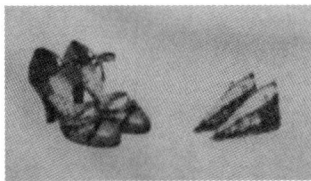

时代的变迁

文云:"劝告各界女同胞,大家及早醒悟焉!本县成立天足会,不准妇女把足缠。现在文明潮流变,不重三寸小金莲。天足操作多便利,男女共同享平权。缠足妇女真可怜,终身痛苦受不完。筋骨裹折肉里烂,步履艰难走不前。此等习惯真野蛮,常惹外人成笑谈。弱元身体属小事,国家强弱大有关。诸姑姊妹听我劝,一月之后要验看。倘仍沉迷小脚观,罚洋必

① 孙正娟.近代女性自我解放思想的历史轨迹[A].苏州大学硕士论文,2001:9~10
② 毛云翘.缠足穿耳之讨论问题[J].妇女月刊,1927(9)

须一十元。遵守规章切莫犯，撤去裹条鞋放宽。一免各人伤体面，二免父母受牵连。父老兄弟听我劝，尤应竭力多宣传。果然尽成大脚片，吾县民众幸甚焉！"（1929年5月14日，318期）

现代女子的脚

20年代以后，反缠足运动在官府的支持、民间团体的宣传下，尤其在妇女自我觉醒的意识下，初显成效。汉口妇女协会的女党员以身作则，其足皆为天足，"六寸圆肤，织肥适中者，固不少"。作为都市的时髦女性，天足更是其追崇时尚潮流、标明新女性身份的标志，所以一般的时髦小姐们，"在二十岁以上，天足的已经不少了，在那些通都大邑，那就更多"，时髦小姐也着意美化"天足"，在夏天，"穿了一双丝袜，一双绣花鞋，或是一对像半双袜子式的皮鞋，在看惯了的人，也就不觉得难看。她们在夏天，又凉快，又舒服，真是人生的幸福"①。随着天足运动的开展，缠足禁令越来越严厉，1935年12月，天津市政府公布了严厉的"禁止缠足办法"，限令缠足妇女一律放足，特别针对30岁以下妇女定出罚则，不遵劝告放足者，将罚款或罚充苦工。②在官方禁令与民间风俗改变中，城市里的缠足习俗渐渐淡出人们的视野，"尖尖弓鞋，便成了古董铺里的陈设品"。

（二）从小衫到胸衣

据北画记者考证，中国女子的束胸行为由来已久，"自贵妃之后，习为束胸，是戕贼天乳者，贵妃也……自贵妃束胸之后，臣下转相仿效，成为风气"③。先不论其考证是否确实，但中国古代束胸习俗曾风行全国，尤以上流社会女子为多。古代妇女束胸，因为"以乳高为羞"，因此束胸成为约束少女胸部发育的措施，也成为女人的生活习惯。"柴小梵所著《梵天芦丛录》卷三十五云：'蔡哲夫藏宋媛妳阑花样，妳阑即阑裙，亦袜胸，阑为襕之婧文，妇人以乳高为羞，用此紧阑胸部，故曰妳阑也'。"④文中所言"妳阑"即是女子用来束胸之物件。束胸对于女人身体的伤害是显而易见的，其与缠足一样，损害女子身心，乃至家庭。"女子束胸，直接地影响于女子的康健，间接地就影响到家庭的快乐，子女的健全以及社会的发达种种，不一而足。所以这个问题，简直是个社会问题，是个女子解放中的一个应先决的大问题"，于是"小衫"

---

①　冻疮药水.时髦小姐们的脚[N].北洋画报,1927-2-19(2)

②　姚灵犀.采菲录[M].上海:上海书店出版社,1998:112～113

③　悦之.束胸典故[N].北洋画报,1934-2-6(2)

④　绾香阁主.关于小衫的考据[N].北洋画报,1927-5-25(2)

成为"天乳运动"首要改良之物。"衣服窄小,有碍发育和呼吸,于人体大不相宜,这是一个常识,许多关于生理学的书籍常常说起,由此看来,用小衫缚束胸部,是大大的不卫生",北画曾经掀起了一番讨论,针对"小衫"是否应该保存,或者"小衫"如何改良。北画中的文章《论小衫之必要》代表赞成束胸者的观点。

天乳美

　　论小衫之必要(张竞生在汕头教会演讲)小衫这件东西,长江流域以北,有许多地方都叫他做小马夹或叫做小背心,广州的叫做衫仔,虽然没有一定的名称,总而言之,不外妇女束胸的一件东西罢了。妇女的束胸,近来有许多生理学家反对,要主张解放即是主张废除小衫,他们说束胸妨肺部呼吸,窒碍身体发育,我虽然不敢绝对说他无理,但生理的机能,是因其境遇而养成适合的活动,妇女的束胸,既自少习惯了,伊的呼吸会自然自如舒服,又何尝见妇女束允之后,便妨碍呼吸,要背人脱去小衫,来增加他的呼吸。就算小衫是妨碍妇女身体发育,也不能因噎废食,所以我主张小衫之必要,为什么呢,因为小衫这件东西是爱的艺术的结晶,妇女们除了性爱之外,便陷于枯寂的生活了,总之我的主张小衫之必要,是因这件小衫能起男性的美感,来向伊要求恋爱。我此次到了广州,看见长堤的地方,海珠岸边的小艇,那当娼的艇妹,把伊们的小衫,用竹竿穿了,坚在艇前,临风摇曳,所谓艳帜高张,令男性的经过,一见销魂,便联想到床第间个椿事,不由得不光顾伊,这尤是一个小衫是爱的艺术的明证,我很愿大家闺秀的小衣,今后也晾在人前当众之处,去引起异性的恋爱。我往日养了几条金鱼,我每日给他的麦片以前,必用一面红旗,在水面一映,他习惯了,一见红旗的影儿,便想到食物去,这与男性的一见了小衣,便想到个椿事,是同一样的作用,若果废了小衣,岂不是栽贼了男性们性欲的热度吗? 更有一个明证,我们男性的欲便热沸起来了。末了,我结束几句,第一,男性的要更加发挥固有鉴赏小衣的知识。第二,女性的要更加讲究小衣的材料、形式、颜色、花边等,务知因这小衣,两性都充分满足了肉欲,这就是兄弟讨论的大要,也就是兄弟唯一的希望。(1927 年 5 月 4 日 84 期)

张竞生主张保留小衫,理由有二:一是妇女束胸已成习惯,不存在"妨肺部呼吸,窒碍身体发育"一说;二是小衫能诱导男性的美感,引起异性的恋爱。因而其演讲结论是,"小衫"不仅要保存,尚要讲究小衫的质量、美丽。针对这篇演讲稿,记者针锋相对进行批驳,一是束胸确有害于人的身体,"将奶部压抑,遂使许多女子得到肺病而死(作者按,现今少女许多肺得病而死者,确有其事是受了束胸之害),自己爱儿也因奶弱不能得到乳浆,至于美观的损失,还是在外不算呢";二是束胸是礼教对于女人的戕害,"把美的奶部用内窄衣压束到平胸才为美丽! 这样使女子变为男人,而使男人不会见奶部而冲动,虽说是礼教的成功,但其结果的恶劣则不堪言说"(1927年5月4日84期)。该篇文章发表后,北画收到很多读者来信,"几乎全数是反对女子束胸的",同时期广州掀起新一轮的"天乳运动","广东省政府下令,禁止妇女束胸,实行天乳运动"。"天乳运动"继"天足运动"之后成为标志着妇女意识觉醒的身体解放运动,"束胸恶习,必须革除,殆无疑义"①成为人们的共识。而对于"小衫"是否保留,北画记者则提出中肯的意见,"束乳的抹胸,只是做得合式,不碍肺部呼吸,所以此制可以推行"②。"小衫"只要进行合适的改良,完全可以沿用。北画连着三期(93期、98期、99期)刊登《中国小衫沿革图说》,以图文形式简要介绍中国"小衫"从"兜肚"到"抹胸"再到"马甲"的发展过程。北画还以图示方式介绍"西妇内衣之沿革",介绍新知识,开阔眼界,引入更科学方法,以改良生活、树立新观念。因而,与天足运动抛弃的"金莲"小鞋不同,改良后的"小衫"成为妇女日用的"胸衣"而得到推广。

表 5-1 中国小衫沿革图说

名称	又名	特点	期数
兜肚	袜肚,袜腹或袜胸	夹不一,其形像盾,只一幅,背后以带结束之,其制之精者,并加刺绣,流行中国南北	93期
抹胸	奶阑及襕及阑裙	形如方巾,长及腰际,围绕为胸围或腰围,现通行于北方	
抹胸		围绕胸部,前有纽扣一排,缚束甚紧,在粤东最为盛行	98期
抹胸		实为抹胸与小马甲二物间之过渡产品,用者不多见矣	
小马甲	小坎肩,背心	前纽扣甚密,领口放大,或作鸡心形,或作横方形,不一而足,开口处镶以细花边	99期
抹胸		不蔽乳上各部位,纽扣多开于旁边,复加挂带两条,御之者只仅于时髦女流,尚不十分普及	

① 武越.中国妇女其注意束胸之害[J].快乐家庭,1卷13号
② 绾乡阁主.妇女装束上的一个大问题[J].北洋画报,1927-8-20(4)

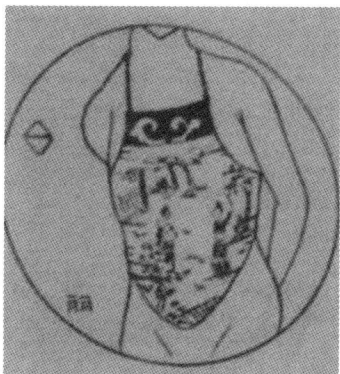

兜肚

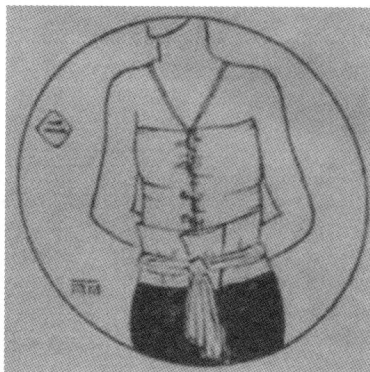

抹胸

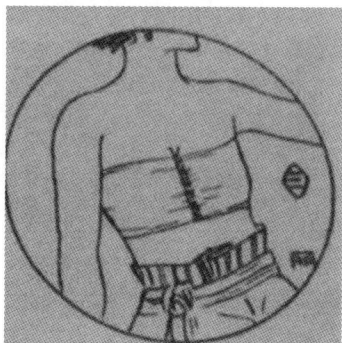

抹胸

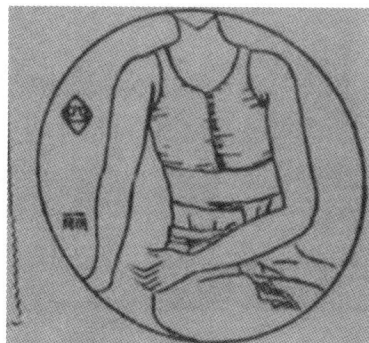

抹胸

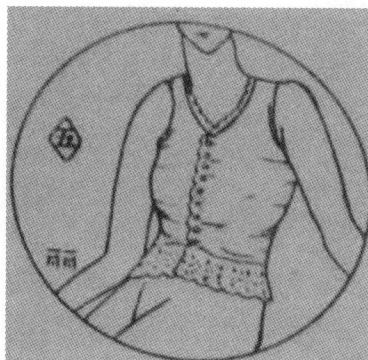

小马甲

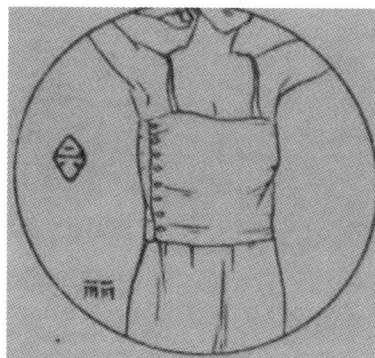

抹胸

表 5-2　西妇内衣之沿革

图示	特点	期数
西妇内衣之沿革（一）		157 期
西妇内衣之沿革（二）		157 期
西妇内衣之沿革（三）	各服其所好	161 期
西妇内衣之沿革（四）	花哨得很	163 期
西妇内衣之沿革（五）	一条很花哨裤子	164 期
西妇内衣之沿革（六）	小围腰	165 期
西妇内衣之沿革（七）	用橡皮料作的衣服	167 期

  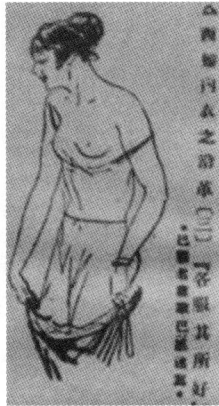 

　（一）　　　　　（二）　　　　　（三）　　　　　（四）

　　（五）　　　　　　（六）　　　　　（七）

(三)从剪发到美发

近代妇女的发式受西方影响,剪发风行一时。"五四"新文化运动中,北京首先有人从卫生的角度提出女子剪发问题,认为妇女"若要作项强健的人,就应按卫生学的法则作去",实行剪短发。[①] 这一主张出现后,天津妇女界很快就响应,"快剪! 快剪!! 快快剪","爽爽快快的剪去了头发,可以不用梳洗"[②]。天津妇女剪发者日众,剪发成为新女性的象征。天津地方政府也顺应潮流,发布剪发的法令,还组织"剪发队"上街劝导、推行妇女剪发事宜[③]。但以保守势力为首的北洋军阀统治天津时也曾逆流而上,倒行逆施,发布剪发禁令。

奉系军阀褚玉璞统治天津时期,曾以"直隶保安总司令兼直隶省长"的名义发布布告,明令禁止妇女剪发。布告中说:"近来妇女竟有自命时髦,居然剪发,标新者倡予先,无识者随于后。"为"维持风化",他布告下令"凡属妇女一律不准剪发","已剪者仍须蓄养,未剪者毋再效尤",如有故违禁令者,"定许其家长或本人以相当之处罚"(《大公报》1926 年 10 月 1 日)。北画刊登了《当局取缔女子剪发之条例》,公布了天津警察厅长丁宏荃拟定的取缔女子剪发的条例。条例中对于剪发女子明令处罚,"未满十四岁者,由警察告知其家长,责令蓄发,不得再剪","处罚时期,

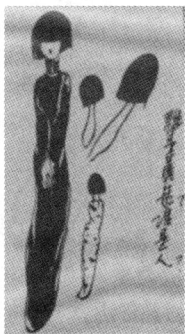

谁是蘑菇谁是人

岗警如遇有剪发妇女,即带送主管官厅传其家长,照条例办法处罚,一面取具剪发甘结,由其家长责管,嗣后不得再犯"(1926 年 12 月 11 日,45 期)。慑于官府的禁令,取缔剪发初时确实取得一定成效,"在租界以外就学者,均缀假发于脑后,或加帽垂辫,以为掩饰,用待发之复长,今如南开女中校所见女学生盖不复有剪发之形迹矣"。但没曾想,沪上明星剪发热的兴起带动天津明星的剪发热:"上海女明星剪发者,已有黎明晖、王汉伦、杨耐梅、傅绿痕、宣景琳、严月闲、顾宝莲、陆美玲等八星,天津女明星之数,虽不及春申江上之多,而剪发者,已有其五,即张梅丽、高丽影……"对于这场由明星所带头的剪发热,民众静观其变,"今尚未及二旬,盖在褚禁令之后所剪也,于此可见明星之剪发热,蓬蓬勃勃,不可遏止,或者当局顾念艺术之应维护,而特予影界明星以便利,使剪发为其一种特殊之标志"(1926 年 10 月 31 日,33 期)。当局处置不力,取缔剪发

---

① 论妇女们应该剪短发[N]. 晨报,1919-12-5(2)
② 劝女子剪发[N]. 大公报,1920-6-20(3)
③ 实行剪发放足之提议[N]. 益世报,1924-4-14(2)

运动很快就被人们置若罔闻,"省政府禁止妇女剪发,业已三令五申,然剪者仍日见其多,不但公然出入特别区及河北而不见被捕,其尤奇者,为时髦女子剪发之所,即在特别一区起士林点心铺之对过,每日前往截发修发者,不知凡几,其门首设有巡警岗位,从未闻其剪发女子也"(1927 年 7 月 9 日,102 期)。如上文所述,天足、天乳、剪发运动都同样为官府所倡导,而唯独剪发运动遭到民众的唾弃,究其原因,实乃应时代之变必然昌之,逆时代之变必然毁之。而剪发运动虽官府三令五申,用至于武力相胁,"'蓄发的砍头',是武汉剪发运动的现象,'剪发的重惩'是北方反剪发的手段"(1927 年 7 月 30 日,108 期),剪发运动不仅未如"缠足"、"束胸"一般淡出人们的视野,反而愈演愈烈,人们不仅剪发,甚至还美发、烫发。

"天足"、"天乳"的对象是身体,展现的是妇女的天然美,"剪发"、"美发"、"烫发"追求的是时尚与人造美。"剪发"、"美发"、"烫发"被人们视作为追求时尚的标志,主动寻求美的表达。虽然政府三令五申,甚至"下令让妓女一律烫发着高跟鞋",以"烫发着高跟鞋"视作为"诲淫的工具"(1935 年 5 月 9 日,1241 期),试图让良家妇女们敬而远之,没曾想,爱美是女人的天性,"贫学富,富学娼,妇女知娼妓之装束为美",因而不仅娼妓以"烫发着高跟鞋"作为时尚,即使是一般的女学生,"但值休假日,或女友间有喜庆事,则艳装入时,发卷而鞋弓(高跟履中空,亦弓足也)",正如时人所叹,"原冀其归真返璞,反增其虚伪矫情,亦始料所不及也"(1935 年 5 月 11 日,1242 期)。时尚、摩登进入人们视野,女人追求美的天性发挥到极致,仅美发一件,"高尚仕女,咸乐趋之",爱美的时尚需求也催生了这个行业的兴旺发达,美发工具、美发式样应运而生,花样翻新、样式潮流。

三、角色的解放:从家庭到社会

传统社会模式是"男主外,女主内",男性"齐家治国平天下",女性则在家相夫教子,以照顾丈夫和养育子女为职责,家庭角色是女性承担的唯一角色,这也是女性依附于男人的切根之由。鲁迅在《娜拉走后怎样》一文中提出,"所以为娜拉计,钱——高雅的说罢,就是经济,是最要紧的了。自由固不是钱所能买到的,但能够为钱而卖掉。人类有一个大缺点,就是常常要饥饿。为补救这缺点起见,为准备不做傀儡起见,在目下的社会里,经济权就见得最要紧了。第一,在家应该先获得男女平

我们的天职

均的分配;第二,在社会应该获得男女相等的势力"。① 妇女要摆脱终身受制
于夫权的家庭角色,首要获得的是"经济权",没有独立的经济也就没有独立的
个体,因而,出外做工似乎成为获得经济权的唯一手段。

鸦片战争后,外国资本家在通商口岸大量投资设厂,丝
厂、纱厂、织布厂等开始雇佣女工,来自农村的农妇为生活
所迫走出家门而成为首批女工。此后,逐渐兴起的民族工
业也使用女工。至19世纪末,中国女工已达相当数量。据
1898年上海《女学报》统计,仅上海就有50多家缫丝、纺织
厂,女工约6～7万人。到20世纪初,女工已占工人总数的
1/3。与此同时,各类教会女子学校培养的女学生也进入社
会,她们或者自己创办女校、医院,或者受聘于教会医院和
教会女校,女教师、女医生、女护士等新职业出现,她们成为

女学生

中国最早具有近代文化知识的职业妇女。此外,随着城市都市化,商业贸易繁
荣,除劳动女工、女教师、女医生、女护士的数量继续大增之外,会计、店员、打
字员、女招待、女书记这些商业服务行业中原来为男子所承担的职业也逐渐为
女子所承担。1924年《妇女杂志》的10卷1号上,陈鹤琴写有《最近十年内的
妇女界》一文,总结新兴女性从业状况说:"十年前,除了教师及医生,只有少数
人从事卑微的不熟练的劳动,现在却已有男子职业的一小部分向女子开放了,
如银行员、铁路事务员,商店的店伙,以及公司会社的职员等……就是大学的
教授里以及官署中的官吏等,也颇有以女子充任的事情,这都是十年以前所没
有的。"到了30年代,法律界、科学界、实业界、演艺界等各领域都已有女性供
职,"妇女参加社会经济生活,谋取社会职业,这是本世纪初期的新生事物,到
二三十年代,职业妇女发展到一定规模,成为妇女界中一支中坚力量"②。

天津开埠较早,得风气之行先,女子就业观念较早开化。北画上就能见到
大量女性职业工作者:

　　女招待:现在卡尔登饭店许多女招待员,派在春和大戏院楼上下行走
任中,于是引起了许多人的注意……听说她们每月俸金本定十八元(小帐
在内),现在改为工钱十元。小帐在外。(1928年2月25日,165期)

　　女书记、女理发师:仙宫有女书记卢荟敏女士,粤人,毕业于北平某女
学,又有女理发师女招待各二人,是亦提供女子职业之一道也。(1929年
1月24日,273期)

　　女店员:本埠英中街某百货公司有中俄女招待数人,姿首颇美,且善

①　鲁迅.娜拉走后怎样[Z].坟.北京:人民文学出版社,1980:7
②　中华全国妇女联合会.中国妇女运动史[M].北京:春秋出版社,1989:101

修饰,一班登徒子流,趋之若鹜,咸欲得而甘心。(1929 年 8 月 13 日,357 期)

女汽车夫:上海汽车提倡女子职业,迎合顾客心理起见,特招募妙龄女郎七八人,授以驾御之术,期月而学成,即携之赴局应考,俾得于最短期间,行使职务。(1929 年 12 月 26 日,415 期)

女随员:中国第一女随员张雅南君,善交际,广结纳,尤喜扩展女权。日前应巴黎妇人团体之请求,出席妇人图书馆,演说"辛亥前后之中国女界",引用班昭女诫"妇德妇容妇言妇功"之归说,抒写中国女界生活。(1929 年 2 月 19 日,282 期)

女记者:我国在北方之女记者,只得二人。一曰汤修慧,二曰李昭实。汤为邵飘萍夫人,于新闻颇具经验,李曾游欧习新闻业,均一时名家,而在本国习新闻有成者,当首推宜兴汪竞英女士,最近卒业于北京平大之新闻系,能文诗,娴音乐,长将置身新闻中,一极有希望之人才。与汤李鼎足而三矣。(1927 年 7 月 13 日 103 期)

女外交家:北来之中国第一女外交家郑毓秀女士(1928 年 12 月 25 日,261 期)

······

女子从事的职业日见丰富,但以体力劳动为主,以脑力劳动为主的职业需要从事者具备文化知识,受教育所限,女性很少担任。这些从事社会职业的女性,虽然经济独立,担当了一定的社会责任,社会地位有所提高,但社会歧视依然存在。以天津的女招待为例,继上海茶楼酒馆有"女执行"之后,天津的饭店、酒楼、游艺场所、百货公司也开始雇佣"女

女招待

执行"、"女招待",这些女性提供服务,成为招徕顾客的"棋子",女店员的姿色、服装甚至身体成为商店售卖的招牌,"女色"实质上成为货品搭载商品而被售卖着。

之一,"天祥市场旁之某饮冰室。本有女招待二,今增其一。有名第三号者,原在惠中大饭店称元号,以浪漫著名,因而被摈,自入该室,顾客登时盈户"。(1930 年 6 月 10 日,483 期)

之二,"天祥市场之屋顶花园,自添女执行以来;营业陡见发达,而风潮亦频传报上"。(1929 年 8 月 10 日,356 期)

之三,"北海五龙亭茶叶庄,有女职员五人,颇饶姿色,于是不数日而

门限为穿,购货者多学界青年,争先恐后,去而复求,肆内拥护固已不堪,而门外围观者更多于顾客,则又围得个风雨不透。远望人山人海,讵知仅为五个女子吸引而来者也"。(1930 年 5 月 15 日,472 期)

北画登载《最古之女招待考》一文,追溯首开女招待之风气的人。不出户庭录云:"赵子昂同李子构过海子,饮于酒家,有小姬劝饮……惟不识此小姬何名,否则可使今世女招待供奉之矣"(1937 年 4 月 22 日,1545 期),考据可知元代既已见"小姬"之女招待的存在。对于"女招待"职业于近代的兴起,北平市妇女职业协会上呈社会局的公文中如此说:"查各饭馆在未添女店员前,其司传递菜蔬饭食者,名曰堂倌。后因提倡妇女职业,始有改用女店员之举,相沿成习,皆称之为女招待。女招待者,意谓于宴会典礼时,主人恐来宾过众,难于周旋尽礼,遂临时聘戚友数人招

女招待的悲哀

待来宾,以代主人之劳。在兹妇女职业萌芽,经济独立之际,饭馆之女店员,亦不过代替昔日之堂堂也。且系长期店员,非若主人临时聘请者可比,顾名思义,谬误莫甚!"但是,随着饭馆酒楼聘用女招待之心愈发"不纯正","周旋于食客间者,多属二八佳人,登徒子流,趋之若鹜,谈笑风生,备极欢娱,营业因之蒸蒸日上","顾客亦多醉翁之意不在酒,因食及色,在所不免,风流韵事,不一而足"(1932 年 11 月 22 日,860 期),因而,社会上对于女招待这个职业颇多非议。"吃女招待"成为社会中对女招待的另类称呼,"女招待员这个词从此被弄得不干不净,真似含有侮辱之意了"。刘半农有一篇文章曾说过:"吃馆子中之酒饭曰吃馆,此新语也,然亦有可以比拟者,'听梅兰芳'谓梅唱之戏,'写黄山谷'谓写黄体之字,评议求简,故取其重而舍其轻耳。最近又有'吃女招待'之语,则新之又新,无可比拟矣"(1934 年 5 月 12 日,1087 期)。甚而有人编著《女招待艳史》一书来说唱传播,此举受到北平妇女职业协会的抗议,建议社会局改换女招待的称呼,"此后请正式改称女店员,废除女执行名称,以整社会之风化"。北京当局则下令,不准商店在门首张贴广告,不得用女店员来招待顾客,同时命令所有女店员一律穿着蓝布长服(1932 年 11 月 22 日,860 期)。除了女招待之外,女子职业倍受歧视不限定于任一行业,即使是政府部门的女职员,也同样受男职员的歧视与曲解,她们被视作为政府部门的"花瓶"。北画刊载的《花瓶歌》即有所指。

花瓶歌(可人):机关的女职员也应当同男职员一样,可是人们偏称她们为"花瓶",仿佛是件小摆设,有时部里开个联欢会,她却同部长跳起舞来,于是男子们便更轻蔑她了。最近上海有人编出一首《花瓶歌》,真是有点侮辱女性的嫌疑,兹将原歌录后:

而里官里办公厅,谁道人员有美名? 云非骨董肆中得,彷彿位置是花瓶,纤腰修颈既合度,有时起立复娉婷,不顺折枝称清供,不待好古竟题铭。若个评头又论足,绰约风流锦作屏,挥汗如雨逃不得,案牍之间无劳形。同室顷刻谐一笑,深谈也许订三生。胭脂北地宁绝世,金粉全朝归典型。万花争说众香国,冻萼寒梅暗递馨。锡此浑号既相似,摩登何必求其真。增添韵事知多少,司香况复灵犀灵。吾为巾帼殊太息,姹紫嫣红那敢承。公然平视任刘桢,极意底诃莫偏惩。吁嗟乎,不设谢家青步障,姣憨儿女待相矜,惹人轻薄情谁解,不如归去掩闺扁……(1934 年 10 月 25 日,1158 期)

从"吃女招待"与"花瓶",可见女子职业所受非议。甚而有人说:"社会上只有女招待与花瓶,没有女子职业,这要归罪于社会万恶,倒不如说女子没有不作玩偶的勇气更为恰当。与其任凭社会把'小一号'(女招待)与大学女生相提并论,那就不如回家作一位贤妻良母,倒有益于社会。"(1934 年 5 月 26 日,1093 期)在时人看来,女子本不该踏入社会,而应该安安心心地呆在家里做"贤妻良母"。有人把妇女的工作分作为"帮闲"与"帮忙","帮闲的妇女就是此辈所作所为,既无关于国计民生,又无益于个人家庭,不过为人消遣凑趣而已,这种工作最显见的,就是娼妓,不具这种帮闲的形式,而实际作这种工作的,也大有人在:如替老爷烧烟的姨太太,球鞋房中陪人打球的女招待(有图为证),跳舞场中伴舞的舞女……","所谓帮忙的妇女,不必是作官参政,凡能作些常人生活所需的事情,或是替人,或是为己,都可以说是帮忙,如家庭中躬亲井臼的太太,被人雇佣的女仆,工厂里的女工,乡村中种田的妇女……"而在该人看来,现今的女子职业则多是"帮闲",少有"帮忙"的,"从前没有提倡女子职业时,表面上女子虽无职业,其实多是为社会帮忙的,现在的女子在表面上虽有些有职业,但多是帮闲的",所以时人对于女子职业社会化的观点终究还是不脱窠臼,"女子不必以在某处'恭喜'为荣,只要做的是帮忙的工作,即便是在家里,也可以说是有职业"(1933 年 6 月 1 日,940 期)。这些人认为,"回家"才是女子的正当职业。

俗语说"嫁汉嫁汉,穿衣吃饭",让女子把婚姻当作职业来看,其时持这种观点的人还真不少,甚至竟然鼓吹女人抓住男人也是个很不错的职业,"况且只要自己手段高妙,常能抓住男子的灵魂,那这职业便一切都可以听从了自己的操纵,更不用担什么心思"(1937 年 2 月 6 日,1514 期)。在上海妇女月刊的一次讨论会上,曾因演《雷雨》中"四凤"角色而出名的"凤子姑娘"封季壬女士与文艺界人士进行过一番理论,席间讨论开"叫太太到社会上去呢,还是叫太太留在家里"的问题,记录这次会议的记者引用林语堂的话,"妇女的职业就是嫁人",并提出"一个物质文明落后的国家,就没有许多'社会工作',所有的,男子们争相干着,还分配不过来,那里有妇女的份儿","欧西妇女都大喊'到家庭去',可是我们东方古老的国家,几个自任为文化推进者,还在讨论妇女问题,这不仅落伍,更不知世界大势"。作者认为,妇女从事社会职业是造成经济恐慌的原因之一,干脆提倡"请你们到家庭去"(1936年7月25日1430期)。

四、观念的解放:从媒妁之言到婚姻自由

礼教对女性的迫害从"三从四德"开始,"出乎大门而先男率女,女从男,夫妇之义由此始也。妇人,从人者也。幼从父兄,嫁从夫,夫死从子","三从四德"之下的女人一生皆受男人主宰,婚姻必须"从父兄",结婚后,女性从父亲的控制之下转移到丈夫的控制之中。缺少自我婚姻的自主权,无法超越家庭与社会的权威,何来独立的人格、自由的思想?包办婚姻带给女子的痛苦是时人难以想像的,为此,女界曾呐喊男女平等、婚姻自主,"夫饮食男女,生人之大欲也。乃男可广置姬妾,而女则以再醮为耻……天下之人何不幸而为女子乎"。男人可以纳妾,女人却要恪守妇道,男女之不平等可见一斑。"贞节,妇人之要道也……然而男何以不贞节,不责之男而仅责之女,其可乎?"贞节是男权社会束缚女子婚姻的枷锁,为寡妇立的贞节牌坊更是写满妇女的血泪史。维新思想家们提出种种观点,希冀新时代的妇女在解放身体的同时解脱思想,解脱"三从四德"之下的婚姻观。

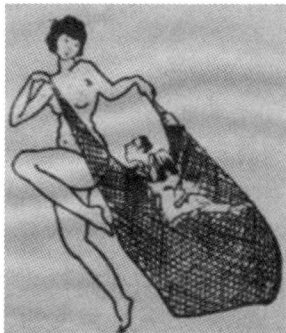

情网

康有为提出"男女听立交好之约,量定期限,不得为夫妇"的设想;谭嗣同主张"夫妇择偶判妻,皆由两情自愿";严复则预言"男女自行择配","实为天理之所宜,而又为将来必至之俗"①。

摆脱男权社会的束缚,首要就是婚姻自主。西风东渐,西方恋爱婚姻制度让国人大开眼界,"观其并肩共乘,携手同行,百年偕老,相敬如宾,亦差胜于薄情怨偶",时人也心向往之,自觉学习西方,"男女年至二十一岁,凡事皆可自主,父母之权,即不能抑制。是以男女择偶,无烦月老,如或两情契合,遂而永结同心"。②封建伦理对于婚姻的束缚慢慢放宽,婚姻自主观念逐渐流行,"现在女权逐渐高于一切,充分的表现着她们也有选择配偶的权利,男子想要得到

---

①② 孙正娟.近代女性自我解放思想的历史轨迹[A].苏州大学硕士论文,2001:13

一个女子,不是单有了健壮的身体便完,一定还要有身体以外的其他种种"①,恋爱、婚姻、家庭观念的更新是这个时期的时代新潮。自由恋爱、宽容离婚、妇女再嫁都成为社会时尚。1931年秋,租住在天津日租界的废帝溥仪的家里也闹起了离婚,末代皇妃"淑妃"文绣离家出走,随后聘请律师要求与溥仪离婚,成为轰动一时的社会新闻。传统卫道士们与追求时尚的新潮人们的唇枪舌剑必不可少。"'自由恋爱'

一个实用的试题

这句话一到了中国,直到现在,在老先生们、卫道者们的眼目中,依然是与桑间濮上之约,同视为大逆不道的,然而也许是因为食色天性的原故,或者是人们爱自由胜于其他一切的原故吧;自由恋爱这把戏,不特没有因卫道者的反对而销声匿迹,并且反倒日见其隆盛起来。虽然因为结果之不必尽皆圆满,离婚的事件也比从前来得多,而且女人们居然也不知道害羞了,这很为卫道者所口诛,譬如说'你看如何,父母定的不好,自己找的呢'!但是自由恋爱者的回答是也颇有道理的,他们说:'小孩子搬砖打了自己的脚,总比被旁人用砖头打在他们脚上要气得时间短一点,甚至于不哭',他们以为自由恋爱便恰如自己在搬砖。"②卫道士终敌不过社会的时尚与潮流,恋爱自由就如穿衣吃饭,被人们视为理所当然。"恋爱犹如吃饭,是人人所不能不有的,强迫的婚姻这所以令人不满,就彷佛是你不吃牛肉,非给你来个"炸牛排"不可,自由恋爱就像是一个百货商店,你进去随便选择,合意了,拿去,货物出门,概不退换;不合适,可以不买,这正如男女的交朋友,先看电影,先吃馆子,先……合适,于是印请帖,此所谓"有情人终成眷属",不合适,男的就当生了一场小病,花了点医药费,女的就当作了一场春梦,什么也没有得着,此后劳燕分飞,各无怨恨。这就是现在的所谓自由恋爱吧!"③

1933年,北画专栏作家"老宣"登报征婚"求耦","故欲求一身家清白,性情和善,相貌不凶,年在二十五以上,三十五以下,双足纤小之寡妇,或莲船盈尺之处女为妻(湘鄂籍者,尤所欢迎,因鄙人曾居此二省有年)。识字与否,不成问题,决不供给学费,誓不携同出洋。不因'救国'娶妻,不为'无后'求耦,惟愿实行'正'式恋爱,以期共度'人'的生活"(1933年5月13日,932期)。征婚条件可见得这位"老宣"尚未脱离固定的审美范式,"双足纤小",或"莲船盈尺"、"处女"、"决不供给学费"等都预示着老宣欲求一位传统的妇女,但其希望

① 大白.维持风化之女性中心说[N].北洋画报,1936-9-3(2)
② 巴人.关于恋爱的事[N].北洋画报,1936-11-17(2)
③ 梦薇.自由恋爱无非如此[N].北洋画报,1936-6-11(2)

"实行正式恋爱"似又是新时代的"新潮"行为。新旧思想、传统与现代的文化观念在同一个人身上共存成为这个时代的烙印。其征婚的结果是,"伊芳龄已逾而立,距不惑尚少五年,家境小康,幼曾读于弟现为英文讲师之某教会女学。虽非弟及门弟子,亦可谓'叔伯学生'。按诸今日最流行名校长名教授婚娶学生之新礼,弟已可附骥诸贤者之后而倡导文明;非但不开倒车,且为先知先觉矣!密司瑞,对已被打倒之'之乎者也',颇有研究;对中国女子所不可不知之'ABCD',亦能背诵至二十六个之多"。应征的妇女6人,最让老宣中意的是这位芳龄已逾而立,曾就读于某教会女学的女子,可见,虽老宣声称的欲求一位"双足纤小之寡妇,或莲船盈尺之处女",但对于应征中的知识女性,仍然是欲求如渴,对于时日最流行的"名校长名教授婚娶学生之新礼",老宣也算是赶上这股潮流,只是不知婚礼能否如期举行,因为"对婚礼之奢俭问题,仍在要价还价之中"(1933年6月17日,947期)。看来,即使是开风气之先的天津,自由恋爱也讲求物质基础,在新式的婚姻中,金钱依然重要。"女朋友问到你月薪数目时,你不要说实话,若你从前想和她结婚,现在请你趁早打消;交女友的人,第一,对于金钱,必须满不在乎,大大方方,若稍露寒酸吝啬的态度,就到了绝交的时期"[1]。婚姻自主让男女间的恋爱显得更现实,媒灼之言讲究"门当户对",婚姻自由同样也讲究"门当户对",只不过,对物质与金钱的追求更使得

如前所言,一些妇女们把婚姻当成职业。林语堂一语中的,"所以唯一没有男子竞争的职业,就是婚姻。在婚姻内,女子处处占了便宜。这是现行的经济制度。出嫁是女子最好、最相宜、最称心的职业"[2]。对这样的终身职业,女人通过自由恋爱作出审慎的选择当然是必要的。因此,传统的"媒灼之言"并无退出江湖之意,只是换成一个崭新的形式叫"相亲"。

新女性

五、女性观念变迁影响因素

天津女性观念的变迁有其必然性,它既源于时代中社会转型、新旧文化冲突、外来文化与本土文化交汇融合等因素的影响,同时,天津女学的兴办、妇女团体的兴盛以及天津知识女性的示范作用等影响也不容忽视。

---

① 恋爱的话[N].北洋画报,1936-4-9(2)
② 林语堂.[J].论语(第24期):881~883

（一）女子教育

对女子教育权的剥夺也是封建礼教对女性的身心迫害的表现。"女子受过教育的很少，所以任凭男子如何的压迫，仿佛是理所当然的事，（妇女）也没有什么反抗的能力，这种习惯相沿直到今日"，由于近来"女子受过教育的渐渐的多了，从前男尊女卑的态度有些不能忍受"①，可见争取并行使教育权是使妇女开化思想，追求男女平等，摆脱封建枷锁的自立道路之一。在一次演说中，有人将"铲除文盲"列为"理性中的女性"的第一条②。

全国女子教育中，天津独树一帜。近代天津首倡女学的是严修，1905 年他将严氏女塾改为严氏女学，率先于私塾兴办女子教育。社会教育家林墨青遵从"立学之始，以小学为先，小学以家教为先，家教以女学为先"的宗旨，积极兴建女学，至 1911 年，在天津建立官办女子小学 11 所。此外，天津还有数量众多的女子中学、女子师范学校。

中原公司教授
纸花招生简介

这一时期的女子教育内容主要集中在两个方面，一是对女子进行识字、新思想的教育，通过学习文化知识，批判封建礼教对女子行为的规制，来打破"三从四德"的伦理规范，从而确立女性独立、自由、自主的精神，培养出具有新时代意识的女性人格。二是对女子进行技能培训的教育，是为了适应社会对女性独立所需的技能进行有目的性的培养与教育，是为女子自立于家庭，求职于社会而作的实业技能准备。北画中有大量实业技能培养的招生广告，如中原公司的"教授纸花招生简章"："本公司为发展妇女职业起见，特由沪聘请林女士来津专门教授制造纸花手工，成功最速，不收学费。有志向学者，请速来报名机会无多。"（1930 年 9 月 6 日，521 期）毛线编织研究所、天津华北护士助产学校、三八女子职业学校等都有针对性地招收女学员，培养一定的技能，以求得将来以所学之长谋职于社会，寻得一份独立之职业。此外，天津许多艺术院校也在北画上刊登招生广告，如天津美术学校、天津私立艺术学校、西洋文艺研究社、天津音乐学院、岭南艺苑等学校在招生简章中都特别注明"招收男女学员"。甚至还

毛线编织研究所
招生广告

---

① 云凡.破除重男轻女的心[J].快乐家庭,1923;1 卷 4 号
② 懿行.一篇演说——理想中的女性[N].大公报,1930-12-24(5)

出现专门针对天津闺阁名媛进行招生的专门技能性学校，如前文介绍的交际舞培训学校、美容学校，还有专门教授英语交际会话的，"袁公石招生闺阁名媛可学交际谈（英语会话）"（1935年6月4日，1252期）。可见，一般私立、公立学校实行男女同招，社会上还出现专门应女子教育所需的学校，女子个性独立、解放与自由之精神的塑造与这些教育取得成效密不可分。

（二）妇女社团

妇女运动的发展，除了有志之士、开明绅士的推动外，先知先觉，受过新式教育的女子也起着不可忽视的作用，她们团结起来成立的妇女互助组织成为妇女运动的旗帜，引领新时代妇女独立自主的方向。"五四"新文化运动之后，天津妇女界组织的团体对各项活动的参与与推动都十分积极踊跃，二三十年代更是天津妇女运动的蓬勃发展时期，各种类型的妇女组织随着妇女运动的开展而昌盛发达起来，"妇女文化促进会"、"女星社"、"女界爱国同志会"、"女界请愿团"等妇女组织是天津最活跃的社会团体。这些妇女团体有组织、有章程，对妇女运动的指导趋于规范。

天津"妇女文化促进会"聚集了天津市内的知识文化女性，"市中知识阶级妇女均已包罗无余"，成员有"女助长郭凤鸣，市党部训练部长刘不同夫人，曾参加本市妇运之王佳文，前四川法官喻维华……"，该会以推进"妇女文化"发展为宗旨，提出妇女身上存在的问题，通过促进会去解决这些问题，诸如"未受教育之女子，以为受了教育，便有希望；不知娱乐场中之女子，却大半又皆受过教育之人"等社会问题，力图革除这些社会弊端①。为救济贫苦同胞，天津市的闺阁名媛们还筹建了"津市妇女急赈会"，急赈会筹办"慈善游艺会"，通过游艺会筹措慈善基金，"入门处以及场内，皆由表演时装及担任招待之小姐，持花向来宾兜售。代价多为一元，其无零票者，即付以五元或十元，亦不找钱"，"其一切费用，亦系各人自备，其热心慈善，诚有足多者"②。慈善游艺会借助天津名媛闺阁的力量来赈济贫民，为社会的和谐发展尽力。天津还有专门的"妇女救济院"，其所起到的作用，如记者所言，"的确给一部分妇女解除了许多束缚和痛苦，尤其给一般可怜的妓女以一个苦海的慈航"，救济院给予无依无靠的妇女临时的住所，提供实业技能培训，帮助她们独立生存，但这些帮助效果有限，正如记者在采写天津妇女救济院之后评论说："就妇协和妇济院一方面说，总算成绩昭著，就妓界一方面说，黑暗却丝毫未减，因为就以往的事实看，妓女能

---

① 秋尘.记妇女文化促进会成立会[J].北洋画报,1930-12-23(2)
② 四方.记天津妇女慈善游艺会[J].北洋画报,1936-12-15(2)

投入妇协的,大约没受着真正的虐待;而受着十分虐待的,却很少能投入妇协。"①

天津妇女协会成立大会

天津妇女协会全体职员合影

北平妇女协会开会时之景况

① 落落.妇女救济院的积极工作[J].北洋画报,1929-12-7(2)

(三)女知识分子、明星的示范作用

北画封面照的对象非常广泛,从军界名人到政界名流,从名媛闺阁到交际淑女,从新派小姐到姨太太、太太,从戏曲坤伶到电影明星,中国的、外国的,传统的、现代的,应有尽有,北画的封面照片极力反映其社会身份之外的时代色彩。北画尤其青睐女性,认为女性身上散发出新时代的文化含义和时尚风采,其脸上的表情态度、衣着的华丽时尚、身姿体现的自醒自觉意识被塑造成为新女性的标板。电影明星胡蝶、夏佩珍、王人美,体育家萧美珍、徐和象,网球家梁佩瑜,坤伶新艳秋、孟小冬、章遏云、胡慧兰,黎前总统女公子黎绍芬,上海交际明星陆小曼,南开大学李廷华,北京培华女校校长周淑清,梁

现代女性

思成夫人林徽音,文学界名媛吕碧城,北京青年画家冯承慧,蒋介石夫人宋美龄,纽约中国学生会会长龚增纬,古城书社经理文学家李雪痕……这些人或有家世渊源,或是才貌双全,是时尚的领潮人,因而成为北画向外传播女性意识、女性解放等理念的窗口。她们对女性读者的榜样与示范作用,正如鲁迅先生在与曹聚仁谈到小报时会说道:"今日却看先生之作,以大家之注意于胡蝶之结婚为不然,其实这是不可省的,倘无胡蝶之类在表面飞舞,报还办不下去。"

此外,北画报道的女记者、女医生、女博士、女官员的消息,更为当时的妇女界提供了文化榜样。如"美国大学中之唯一中国女教授刘叔庭女士","资质聪颖,十八岁即入大学。二十二岁赴美入米西干大学。民十八年在美得天文数学博士学位。现任美国可罗拉多大学教授。中国女子在西洋得天文数学博士学们及任大学教职者,刘女士实为第一人,亦异数也"(1930年4月10日,457期);还有"中国第一女外交家郑毓秀";北方的女记者,"一曰汤修慧,二曰李昭实。汤为邵飘萍夫人,于新闻颇具经验,李曾游欧习新闻业,均一时名家,而在本国习新闻有成者,当首推宜兴汪竞英女士,最近卒业于北京平大之新闻系,能文诗,娴音乐,长将置身新闻中,一极有希望之人才。与汤李鼎足而三矣"(1927年7月13日,103期)。这些知识女性、女文人是女界的骄傲,在男人主导的世界中争得一席之地,以己之长参与社会管理,同男子分享政治权力,相较之前的女招待、女执行而言,是更高层次的社会参与,由她们以身示范的妇女代表更显其社会价值、时代价值。知识女性增多,标志着女性作为社会群体的地位的改善和提高,女性群体如这个社会一般,逐渐摆脱封建体制的约束。

　　1937 年 6 月,天津有名的巴黎舞场举办了一场别开生面的"男子美丽比赛",在当时来说,女子选美比赛已见惯不怪了,男子赛美,还是头一回。据说看这场比赛的女子数量可观,"为看美男子而来之美女子,亦足使男子目不暇接"(1937 年 6 月 8 日,1565 期)。以前女子为男子之消费对象,想必今日男子也与女子一样,成为审美消费对象时也一定有其吸引力。比赛评判员皆为女子,虽然男子参赛不多,但其意义超越选美本身。男女地位平等的变化已然在发生变化,而新旧女

虎标广告:新旧女人的不同点

子的变化已然大矣,正如虎标的广告说的,"旧式女子,出言微弱而缓慢,不苟笑,坐宜端正,步宜稳重,眼不斜视,耳不轻听,孝敬父母,谨侍丈夫,和睦姒娌,恭敬伯叔,丈夫娶妾,自怨命薄,丈夫鸣呼,终身守寡;新式女子,出入于跳舞之厅,阔步于交际之场,出言声大,笑则哄堂,眼眸灵活,柳腰摆动,衣服裹紧身体,屁股显出曲线,视丈夫如奴隶,动辄提出离婚,淫靡奢侈,不可究诘"(1935年 11 月 26 日,1327 期)。紧随时代的步伐,女子在社会中的独立与自主已势不可挡。

第三节　国货运动与国货广告

一、近代国货意识的萌发

　　"国货"是与"洋货"并立的概念,民族资本家提倡"实业救国","国货"概念因此产生。"国货"意识的出现反映了民族资产阶级通过发展民族工商业完成"实业救国"的理想,"国货"意识的萌发与反帝爱国运动不可分割。近代帝国主义列强的武装侵略、洋货倾销及崇洋文化的兴起是"国货"意识萌发的诱因,"提倡国货,抵制洋货"是特殊时代人们爱国情结勃发的表现,因而,"国货"意识蕴含特殊的爱国情怀,是反帝爱国运动的消费行为。

(一)近代反帝爱国主义运动

　　反帝爱国运动中,"抵制洋货"成为工商业者、媒体记者、普通市民积极

提倡与热烈响应的爱国行动,"国货"意识宣传贯穿其中,成为具体的爱国行为。

1904—1905 年为反对美国政府虐待中国旅美华工、华侨而进行的运动首次提出"抵制洋货"主张。19 世纪中叶,为开发西部太平洋沿岸地区,美国从中国吸收大量移民。移民为开发美国西部地区,历尽艰险,做出重大贡献。但随着美国西部经济的发展,美国政府对华工的迫害日益严重。1894 年,美国与清政府订立为期 10 年的条约,载明"两国政府愿合力办理,禁止来美华工"。1904 年条约期满,美国方面要求继续保留"禁止华工"条约中的主要内容。消息传到中国,各地迅速形成控诉美国排华罪行、抵制美国货的爱国运动。抵制的具体措施是:"办货者不办美国人之货,用物者不用美国人之物","佣力于码头者,惟美货则不起,买卖于市上者,于美货则有禁"(《时报》1905 年 5 月 14 日)。上海总商会主持召开各商邦商董会议,要求清政府对美国限制华工条约"峻拒画押,以伸国权而保商利",要求国家制订抵制美国货的具体步骤,以两个月为限期,如美国不改变态度,就实行抵制美货。同时,通电全国 21 个商埠,呼吁采取一致行动。① 天津《大公报》积极响应,在长达 4 个月的时间里,英敛之领导的《大公报》对各地抵制美货的行为进行广泛的报道:1905 年 5 月 23 日登载上海商会发起抵制美货通电;5 月 26 日全文转载上海有关抵制美货的"传单",连续刊登《上海筹拒美国华工禁约公启》;6 月 11 日登载《本报不登美商告白》的启事……号召全国制铁业、洋布业、火油业、面粉业等方面的商界巨头联合起来,不用美货、不卖美货、不消费美货,由此形成强大的舆论攻势。6 月 11 日,天津各邦商董在商务总会开会商讨抵制美约,实行不购美货之办法,"除建邦未到,其余各邦均到,约共 200 余人。所到之邦,凡素日购买美货者,均画允从此不买美货,余如绸缎、洋货、竹货行、木行、杂货行、姜行、北洋烟草公司亦均画允。米商亦允认不购美孚煤油及机器美面。三津众磨坊亦允认同心协力不购美国面粉。并议定罚规,如有违者认罚银五万元"②。

此后,抵制洋货的反帝爱国运动时有爆发。1908 年,因日本二辰凡船走私军火引发全民抵制日货;1908 年,山东爆发抵制德货运动;1909 年,东北掀起抵制日货运动;1915 年,因反对北洋政府承认日本的 21 条不平等条约,全国掀起新一轮抵制日货斗争;1919 年,"五四"反帝爱国运动中爆发抵制日货运动;1925 年,"五卅"运动期间爆发抵制日货、英货斗争;1931 年,"九一八"事变以后发生抵制日货斗争;1932 年,"一·二八"淞沪战争以后发生抵制日货

---

① 王相钦.抵制洋货和提倡国货[J].商业经济研究,1995(7):19

② 彭泽益.中国近代手工业史资料(第二卷)[M].北京:中华书局,1962:498

斗争……在这些运动中,天津始终成为反帝爱国运动的前沿阵地,不仅积极响应各策源地的抵制洋货号召,更发挥其北方商贸中心的地域优势,发挥中流砥柱的作用。在"五四"反帝爱国运动中,在天津学生"抵制洋货,提倡国货"的爱国热情鼓舞下,工商界积极响应,5月中旬开始各界积极开展抵制日货斗争。5月19日,赴日坐庄购货之天津商人决议停办日货。随后,钱业、海货、绸缎、洋纱、洋布、洋广杂货、五金、洋纸等十四大行业提出抵制日货的具体办法决议。商界还发起建立抵制日货"救国十人团"。古玩铺同人组织的十人团议定:"从此后永不用日货,必须坚持到底,始终不变更方针;凡亲友交际等处,务须竭力劝导,提倡普及;凡在同人,如有仍买日货使用者,经本团同人察出,必严重酌量处罚。此乃予为约定,决不食言。"[1]"九一八"事件爆发后,10月2日,裕元纺织公司投函天津《大公报》,宣称自定于9日起停购日货,所需一切原料亦尽量采用国货,并谓"此举自顾于事实方面无甚裨益,即对于日方亦无关痛痒。惟全国各界苟能一心一德,杜绝购买,亦定能收效,希全国同胞一致猛醒"(《大公报》1931年10月3日)。4日,天津市救国会召集钱商开会,议决实行对日经济绝交,各商均不与日本银行及各商往来(《大公报》1931年10月5日)。稍后,钱业公会通过对日经济绝交的简略方案:"有与日商直接往来者,自本日起,一律找清;有与日商买办往来者,自本日起,一律找清;对于经营日货各商号,自本日起,绝不垫款;凡日本各银行钞票,一律拒绝收受;不受日货押款"(《大公报》1931年10月9日)。北画在10月份也相继刊登标语口号,"抵制日货"是这些标语口号的主题,"救国最有效的方法,是抵制日货"(1931年10月17日,691期);"反日十诫:一,不买日货! 二,不用日货! 三,不装日货! 四,不用日币! 五,不搭日轮! 六,不与日人来往! 七,不替日人作工不雇佣日人! 八,不存款于日本银行! 九,不接济日人粮食! 十,不往日本经商求学"(1931年10月22日,693期);"救国要诀,一,凡属中国国民,永远不买日货,营业商人,永远不卖日货;二,督促政府改良政治,收拾人心,劝告军人永息内争,团结实力;三,废止专说空话的标语,要有卧薪尝胆的精神"(1931年10月22日,693期);"购买日货,是莫大的耻辱"(1931年10月31日,697期)。

"抵制洋货"成为中华民族爱国的核心诉求,成为青年学生、工商业者及普通市民切实可行的爱国行动。

(二)民族资本主义的发展与竞争

1903年,清廷发布上谕,重视振兴工商业实业:"通商惠工,为古今经国之

---

① 　天津历史博物馆等.五四运动在天津[M].天津:天津人民出版社,1979;236~276

要政。自积习相沿,视工商为末务,国计民生日益贫弱,未始不困乎此。亟应变通尽利,加意讲求……(应)扫除官习,联络一气,不得有丝毫隔阂,致启弊端。"①此后,发展工商业逐渐成为共识。为挽回利权,抵制洋货,以振兴民族国家为己任,有识之士走上实业救国的道路。但由于民族资本先天不足,又受帝国主义商品输出和资本输出的双重打击,民族工商业的发展艰辛坎坷。西方列强对中国经济进行毁灭性掠夺,民族工商业的发展陷入前所未有的窘境,1900—1904 年,天津各行业倒闭歇业者多达 2000 余家②。

民族资产阶级的困境使商人们意识到,面对西方商人规模性的商品倾销,中国商人只有团结起来形成一股力量才可能发展。1904 年,天津商会正式成立,以"保商"、"振商"为宗旨,力倡"工商立国",把自己的前途命运与国家的命运更紧密地联结在一起③。商人们看到洋货的倾销直接危害国家民族的安危,"耗我菁华,我脂膏,横擩之,摧残之,鹰瞵鹗睨不遗余力,起视我通商各埠之华商,僵如木偶,不知不觉,尽被洋货潮涡卷入于饿鬼道中,而柴立待毙"④。国家的主权关系民生利益,"倘是国家灭亡,商业中人不惟不能营业,就是一个吃饭的地方简直也没有了,所以必要将国家的根基弄得稳固,才有经济界活动的地步"⑤。实业救国成为商会组织的目的,把国家的命运扛在肩上,把商业发展与国家命运紧密联系在一起,成为中国近代民族资产阶级的历史责任。在唤起国人忧患意识的同时,积极投身于挽回利权的实际行动中,积极发起或响应抵制洋货运动成为中国近代资产阶级反帝爱国运动的重要行动,当然也成为"国货"意识输出与传播的生力军。

(三)国民的崇洋风气与商人的"抵洋"情结

天津开埠较早,在西方文化的浸润下,都市化较快,九国租界造就一个有钱有闲阶层,这个阶层崇尚洋货、洋俗、洋娱乐,带动天津地区的洋风。北画淋漓尽致地描绘了当时天津人追崇的风气。

旧剧与低级社会:中国人现在有一种流行病,就是,什么事都是外国好,外国的留学生这样说还不足为怪,我认识的几个留学生还不常这样说。最怪是认识两个半洋字,穿上一条西装裤子的人也会这样说。外国戏我没有正式看见过。不但我,一般认识个半洋字的人,亦没有正式看见

① 刘锦藻.清朝续文献通考(二)[Z].杭州:浙江古籍出版社,2000:11400
② 周英洁.近代天津商人的经营风格及现实启示[J].河南商业高等专科学校学报,2002(5):8
③ 孙炳芳、张学军.天津商会与中国近代商业意识的觉醒[J].河北师范大学学报,1998(4):112
④⑤ 虞和平.商会与中国早期现代化[M].上海:上海人民出版社,1993:338

过。留学生许看见了，恐怕也和普通人看昆曲一样，不入门。然而竟有人斗胆说，外国戏剧是怎么样怎么样，中国戏剧是低级社会的欣赏物。低级社会和中国戏会联想起来，不知他的脑筋在当时是怎么样一转，好坏的观念有时全是感情作用。在一条西装裤子就会忘了祖国的人，脑筋时上"西洋好"三字的火烙印，看见蛤蟆跳一般的跳舞，猫叫春一般的歌唱，便以为多么美妙，问他怎个美妙法，简直他也不懂。其实外国人也许已经看厌了，也许渴望着看一看梅兰芳的身段，听听梅兰芳的歌唱，来调剂调剂……最后我要说的话，便是，中国人不要"长他人志气，灭自己威风"。中国戏和西洋戏是站在东西两个相等的地位的，绝对不是什么低级观众欣赏的艺术。(1931年7月18日,652期)

在作者看来，"什么事都是外国好"是中国人的"流行病"，而在国难交加，外商肆虐，外国人在自己土地上耀威作福的同时，还有同胞把传统的文化精髓视为低级社会的娱乐，确实令人痛心。1933年天津英国球场举行的化妆溜冰大会请一位中国人表演溜冰，这位溜冰人穿着一双传统的中国式溜冰鞋"毛窝"，"把冰刀就用麻绳绑在大厚鞋底的下面"，"装束虽不时髦，而技术并不含糊"，但仅止于这双鞋，某大报报道时用了"用中国式冰鞋溜，大泄中国人之气"这样的字眼，报道刊出后，北画记者对此作了尖锐的反驳，"难道只要鞋是外国的，不会溜也算会溜；一穿中国鞋，会溜也算不会溜不成"，对于现实天津人崇洋风气的盛行，作者的无奈溢于言表："如今这个年头，中国人穿中国衣服，大概就算泄气了！穿中国鞋，又焉得不泄气。""老毛窝"让这些"洋化"中国人泄气，可让有民族情结的中国人解气了，"可知这双老毛窝，并不曾对于外国冰鞋，望尘莫及"(1933年2月21日,897期)，一语双关，写出作者对中国人的警示与期待。

面对崇洋的消费文化，天津的民族工商业者最有切关利益与深切感受，由此生发的爱国情结往往与抵洋运动相联系。1932年4月15日，天津东亚毛纺公司开业。公司命名为"东亚"，反映了创建人宋棐卿的"雄心壮志"。他不仅要占领国内市场，还要把产品倾销到东南亚。东亚公司开办时，正值抵制日货时期，为了唤起国人的注意，宋棐卿抵制当时盛销天津的日本"麻雀牌"毛线，原来打算用"抵洋"作为商标，后来几经斟酌，决定用抵制洋货的"抵"，山羊的"羊"，图案中两个羊是中国羊占东半球，另一只羊占西半球，东半球的羊略高而且雄壮有力，表示已占上风，西半球的羊则略低而且被抵得后腿弯，蓝天、绿草、两羊相抵，"抵羊牌"商标极大地振奋了东亚毛纺人的民族自尊心和爱国情结。为了生产优质毛线，与洋货竞争，宋主动学习西方先进的科学技术与管理经验。1933年，工厂年产100万磅，不仅在国内市场上收复失地，而且打入东南亚市场。[①]

二、国货运动

随着一系列反帝爱国运动的兴起,由青年学生、民族工商业者发起的"抵制洋货"运动迅速转变为支持国货的运动。自发成立的国货团体逐渐组织化、规范化,得到政府的支持,"国货运动"在国货团体的组织下渐成规模。

(一)各地兴起的国货运动

1911 年 12 月,上海成立中华国货维持会,以"提倡国货,发展实业,改进工艺,扩大贸易"为宗旨,针对南京临时政府《服制法》中提出的"绸呢并用",指出"吾国织呢,均在幼稚,物品之美、物质之坚远不逮东西各国。此制一行,势必舍绸缎而呢绒。虽爱国之心人所同有,未必尽人皆用呢绒,然多用一份呢绒,即少用一份国货,少用一份国货即损我国家一份利源",请求将"绸呢并用"改为"用中国自制呢"[②]。1912 年 10 月,参议院正式通过《服制法》,明确规定各种大礼服、常礼服等"用本国纺织品"。[③]　由此,各地仿效上海成立提倡销售和生产国货的团体。1927 年,由三友实业社、五洲固本皂药厂、家庭工业社、冠生园食品厂、天厨味精厂、中国化学工业社等企业发起成立上海机制国货工厂联合会,开展了卓有成效的工作,如要求政府迅速制定国货奖励办法;针对中外产品竞争中民族工厂税负过重的问题,敦促政府制定相关税收政策法;针对当时较盛行的仿冒名牌产品及制造伪劣商品等不正当竞争手段,在公开媒体上予以大胆揭露。在工商业界的热议提倡下,政府也积极起来。1928 年,孔祥熙出任南京政府工商部长,为"策励、提倡国货",在上海举办工商部中华国货展览会,于 1930 年 11 月召开全国工商会议,把提倡和发展国货列为会议的中心议题。政府介入,把国货运动推向新的高潮。"九一八"事变后,东北落入日本之手,民族耻辱与经济危机双重而至,国货运动更加波澜壮阔地发展起来,参与国货运动的成员从工商业界人士扩大到妇女界、教育界、金融界,乃至普通市民,中国各地掀起轰轰烈烈的国货运动。

---

①　赵黎.东亚老字号[A].近代天津知名工商业.天津:天津人民出版社,2004:270～271

②　国货维持会议代表吕立基呈参议院文[N].申报,1912-7-19

③　陈振锟.论国货运动在中国现代化进程中的作用[J].中共福建省委党校学报,2000(10):78

表 5-2　北画中的国货运动一览

序号	时间	国货运动名称	北画期数
1	1930.08	河北省国货展览会	518
2	1931.03	北平青年会的国货展览会	599
3	1931.10	河北省国货展览会	695
4	1932.05	南开大学国货展览会	778
5	1932.05	北平女青年会国货家庭展览	783
6	1932.08	唐山国货展览会	814
7	1933.11	南京国货运动提灯游行	1012
8	1934.01	汉口国货广告游行	1016
9	1934.02	北平中原公司儿童国货年	1054
10	1934.04	汉口妇女国货时装表演会	1072
11	1934.05	南京提倡国货演讲比赛	1090
12	1934.06	北平提倡国货讲演竞赛会	1103
13	1935.02	湖北省国货展览会	1201
14	1936.09	上海国货运动联合会国货运动家庭访问	1457

河北省国货展览会开幕式

南开大学商学会主办国货展览会之一角

广州学生所穿之"抗日袜"

最大之国耻——上海一间卖日货的小商店

唐山国货展览会中之磁器陈列

唐山国货展览会中洋灰出口室

南京市提倡国货运动参加提灯游行之全市歌星

游行狮子灯

汉口举行国货广告游行

北平中原公司"儿童国货年"

汉口妇女国货时装表演会

端午节北平提倡国货讲演竞赛会

从北画记载看,各地的国货运动大致发生在"九一八"前后,尤以之后为甚。"九一八"之后的抵制日货运动规模较大,涉及地区较广,影响也较深远。北画记载了北平东安市场封存日货、抵制日货的场景,"东安市场现所异于平日之惟一表现,厥为各商店皆于窗间门际巾有抗日标语,正门各地且有长白布之标语,皆以市场商人联合会之名义出之",抗日标语铺天盖地,繁华的市场沉寂许多,"昔日堆积如山之货架,今皆大见稀松",凡是经当地抗日会检查过的商店,门口都会贴上红鸡心形的纸,里面画着一"检"字,意即商人凭着中国人的良心做事情。据记者的采访,经这一检查,东安市场的日货被封存"十之五",而大量的日本原料,诸如"日本之假珠假钻而制之首饰",仍然公开出售。这些都是日本原料而中国人制造,封存日货不仅打击了日商,也连带打击了经营日货的中国代销商①。为了鼓励国民抵制洋货,使用国货,国货展览会成为国货运动中最主要的表现形式。1931年,北平青年会为提倡国货,特别发起国货展览会,展期共五天,征集的国货产品必须符合三个条件,"一,限于国货。二,限于北平市内之商家。三,限于日常用品"。据载,参加的商人达60多家,展览分为两类,一类为"展览兼售品者",一类为"展览不售品者",出售货物的商家中,有"清河呢厂之呢,聚顺和之蜜枣,王大珍之丝袜",其产品因价廉物美而倍爱消费者的欢迎。展览会上还有诸多有中国特色的手工业品,如"都一斋之跳舞鬃人与织补赵之织补"②,该展览会虽因筹备时间短而使参加的商家不多,但依然得到多家媒体的报道与市民的关注。1932年,北平女青年会举办国货家庭展览会,更在普通的展览会上创新形式,引人关注。展览室如居家之室友分为"客厅,厨房,饭厅,卧房,厕所等数部",家中用具"一切用具皆国货",货品丰富,家私厨具、锅碗瓢盆一应俱全:

　　客厅之桌椅,皆描金南漆者;靠垫,则系南京织锦;厨房之大铁竈,为北平东城某工厂之出品,可烤外国点心;酱油等,则为丙寅出品;刷碗池等,则为唐山启新出品;饭厅所用碟碗,则为江西瓷,杯为北平所制之锡质者。卧房,则普通之木上,覆以北平女工所制之床单;地下有北平制地毯两条;屏风一,中嵌河南绸;梳妆台一,上陈化妆品,亦皆为广生行等之国货;另五斗柜一,其上陈设亦为国货,如翻制之石膏像等;另一角有衣服多件,男女皆有,但男衣只清河呢所制西服一袭,女衣则甚多,皆国产绸料,中有一袭为南京织锦所作,据云料只费十二三元,甚华丽;其厕所用具一套,为瓷恭桶与尿池,亦皆启新出品也。观其为一家庭设备设计,可谓无微不至,其化妆品搜罗最多,有若干国货,为记者前未之闻者。如该会介

① 无聊.封存日货后之东安市场[N].北洋画报,1931-10-31(2)
② 无聊.记北平国货展览[N].北洋画报,1931-3-17(2)

绍齐鲁大学所制之牙刷,牢固可比外货,惜平中不知何地代售。(1932 年
5 月 26 日,783 期)

随着国货运动的发展,抵制外货,提倡国货成为爱国人士的普遍要求,国
民产生使用国货的倾向性。

(二)天津的国货运动

早在"九一八"之前,天津商家就深受洋行倾销之痛,工商业界早已兴起抵
制洋货运动。1928 年,天津市政府"因本国工业不振,用品仰给舶来,已成痼
疾",因而在东南大市场举办大规模的国货展览会,以展览国货用品,宣传国货
观念(1928 年 10 月 4 日,226 期)。"九一八"后,抗议侵略战争成为民众的集
体意识,对南京政府的对日妥协政策责难甚厉。天津商人则较为保守稳健,
1931 年 9 月 23 日,天津市商会召开会议,认为"自日军占据东北要隘后,本市
谣言甚炽,人心恐慌,倘不急为设法维持,难免宵小扰害地方",故推举银行公
会会长卞白眉等 5 人于次日赴市府谒见市长,"陈述一切,并请市府对于本市
治安方策,妥为筹划,布告民众,以安人心"。卞等谒见市长之后即转告各商:
"必须力持镇静,勿得轻信谣言,自相惊忧,是为至要。"①稳定地方秩序,是事
变之初天津市商人关注的焦点。10 月 2 日,裕元纺织公司投函天津《大公
报》,宣称自定于 9 日起停购日货,掀起新一轮抵制日货的国货运动。4 日,天
津市救国会召集钱商开会,议决实行对日经济绝交。到 10 月中旬,政府介入
天津对日本的经济绝交活动,民众的抵制日货也付诸行动。1931 年 10 月,在
天津市国货陈列馆举办河北省国货展览会,向民众提倡抵制日货的理念,展览
会中多为天津工厂、公司的产品,国产货品之丰富让人眼花缭乱:

> 皮货类中有水貉子皮马褂一,皮纹作成无数党徽,颇为特别。矿产之
> 煤,有堆如盆景,削成山石者,黑泽有光,颇可爱也。墙上悬书画出品不
> 少,惜精者不多耳。有严范孙联一,吴昌硕花屏四,为凤毛麟角。苏张开
> 懿及北平砺君家庭工业社所备各货均精美绝伦。同升号有泥人九尊,仙
> 女八,王母娘娘一,十足表现中国味。光生公司塑像三,一蒋主席像,甚似
> 孙传芳。美人一,甚粗,未见其美,一为济公像,神气极佳,像不像,无从考
> 矣……国货售品所之仿高丽布,可以乱真。各厂所产铅制器皿、腊制玩
> 具、玻璃纸、彩色纸等,乍视之,几无异于日货,是可知商标之不可不深辨
> 也!化妆品以家庭工业社与天津造胰公司出品,最惹人注目,造胰公司之
> "洗洗洗"商标(洗脸,洗手,洗脚也)为尤新颖。新记制革厂作熟皮,标题

---

① 周石峰.民众民族主义的双重面相与历史难境——以天津商人与抵制日货为例
[J].江苏社会科学,2008(2):136

曰"英软皮",不知经"英"字作何解？中原公司有出品一橱,铜银质之烟袋、茶具与漆器丝鞋之类数十件而已。有铜床及木器一堂,标名曰"亚克摩登房间",全会名词之摩登,无过于此者矣。德记工厂粉红地大红字之"喜字巾",殆专为供新嫁娘之用者。鸿兴工厂之脚踏车零件、振华工厂之藤席均不失为挽回利权之出品。同升和有红顶纱瓜皮帽两顶,颇特别,其小仅可供"月孩子"之用耳。南开学生之铁工成绩,排列最为美观。裕源琴厂有仿制之日本大正琴,而改名为"中山琴",似觉有改正之必要,又有上刻"古雅"耳。整袋面粉,置玻璃柜中,乃亦觉其有美术意味,心理使之然也。南乐县所产毡帽,颇似李石曾所戴者,价一角五耳,棉线制褡子口袋,皆坚牢耐用,但在此会中,乃使人觉有"古物"之感矣。冠生园糖盒,装置极美。峻芝堂药店,除陈货品外,并大摆其致谢之函,乃如邮局墙上玻璃盒中所陈无法投递之函件。今年之会,较往岁确有进步,来观者尤多。可见国人对国货,似已具有认识与提倡之决心矣。(1931 年 10 月 27 日,695 期)

国货运动中,民族工商业纷纷响应,大华饭店原以精美西餐为号召,为了响应国货运动,禁用一切日本餐饮原料,"龙虾、鲍鱼、香蕉、味之素等一概停用",在其菜单上加入"不吃日货,亦能救国"之字样(1931 年 10 月 29 日,696期),经营日货的商家因此备受重创。位于天津日租界的须藤洋行经营毛线,因其价廉物美,每年秋天一到,门庭若市,可国货运动中,须藤洋行一如其他日货商店,成为众矢之的,只能采取优惠促销的措施,"凡持学校徽章来者,买一磅赠一磅"①,此举虽然赢得部分女学生的追捧,但因其国货运动期间"顶风作案",经媒体报道,甚至有学生拿着相机要把到该店购货之人摄制下来以示观瞻,以致竟无人敢去,"足证到该行买货者,因受舆论界批评,日来人数确已不多"(1931 年 10 月 31 日,697 期)。尽管如此,天津市场中仍不免存在有些人以"日"充"国"的现象,"奸商之以日货贴国货商标,冒充土产"②,"在普通人去鉴别日货与西洋货,日货与国货,实在不容易。尤其是有许多假冒国货的日货,更容易鱼目混珠"。为了避免这种失误,有人提出解决办法:"一,当国难日亟之时,大家最好什么也不买,省点钱去慰劳慰劳军队。二,假定要非买不可,最好不到卖洋货的商店里去,免得上当,免得把日货当成了非日货。"③当然,还有其他的办法,如到宋则久的国货售品所去。

本市的国货售品所,为宋则久先生创办,已有十四五年的历史,很有

---

① 秋尘.提倡穿棉袄[N].北洋画报,1931-10-27(2)

② 蜀云.蜜罐感言[N].北洋画报,1932-5-10(2)

③ 蜀云.东西要怎样买[N].北洋画报,1932-2-23(2)

成绩,现在英法租界也都设了分号。我们走进他的门,至少可以没有买到外国货的危险。售品所所卖的国货,共总在五千种以上,如果你决心不用仇货,那也就尽够你用的了! 国货售品所,为天津唯一老牌之国货商店,一切人们都应当赞助他,照顾他,国货多买一件,外货就少卖一件。奸商不必去骂,因为他不怕;这"忠商"我们却应该称道,因为他也是志在营利,但是他心里有个国家在,他未尝不知国货的销路窄、利钱小,可是耍傻干,真不可及也。呜呼,中国人可惜聪明人太多,傻子太少了。(1932 年 2 月 23 日,743 期)

国货售品所创办于 1913 年,由天津人宋则久接办官营的天津工业售品总所改装而成。当时国弱民贫,洋货充斥,宋则久认为振兴实业、设立工厂、提倡国货、挽回利权是救亡图存之道。宋则久接手这个专营国货的事业,他从全国各地广泛搜罗产品,采购地区不断扩大。除用品外,还包括各地工艺品和土特产品。1914 年,宋则久创办《售品所半月报》,以"提倡实业、鼓吹国货、激发道德、矫正风俗、灌输知识、传递技能"为宗旨,印赠国货目录,向群众介绍国货产品,同时组织音乐会、新剧团、魔术团等,以提倡国货,约请各界知名人士登台演说,宣传振兴实业、提倡国货的重要意义。此外,宋则久还举办"国货展览会"、"国货大竞卖",出动宣传售货车,提高群众的国货意识①。

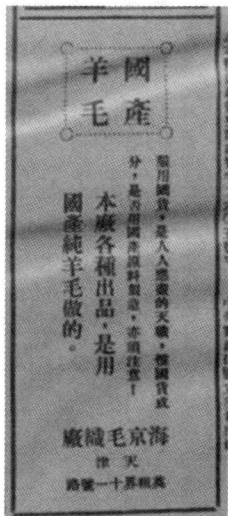

海京毛织厂广告

1933 年,国货运动持续发展,天津人与上海人都把这一年称作为"国货年","国货年"售卖的产品可不尽都是国货,"您不看见许多用外国原料和装潢,像变戏法儿那么样一变,变成了国货的工业大家,正在那儿创造什么'国货年',大事宣传么?"在浮华的轰轰烈烈的国货运动之后,仍然掩藏着难以揭开言说的"国货",此种伪劣产品充斥、日货洋货当道的"国货年"本质上真如记者所言就是一个"国难年"。虽然在国货运动中,工商业界、青年学生及有识之士的疾呼之下,国难当头的国货年确实效果卓著,但随着时间的流逝,随着痛苦的记忆的消磨,"国货年"的成果只剩下一组受人嘲弄的数据,1934 年被称为"妇女国货年",而这一年中,"十个月的海关统计,进口的衣饰花边脂粉化妆品等,就是二百四十万,比洋货年都是有过无不及"(1935 年 1 月 1 日,1187 期)。所以,如北画记者期望的一样,只有生产出"重在质料来源

---

① 马寿颐等.宋则久与天津国货售品所[A].天津市政协.天津文史资料选辑(16).天津:天津人民出版社,1981:93~96

之纯情为国产"的商品,而"价格的确比外货低廉,并且成色不得过于不堪,那么一定有人乐于购用,何须乎大吹大播"(1933年2月28日,900期)的时候,才能迎来真正的国货年。

三、国货广告

国货广告是国货运动的副产品,广告的目的是沟通商情、传播信息、诱导消费者购买。中国民族工商业者充分利用消费者的爱国情感,在广告的信息传播中注入"国货"概念,以国货运动为契机,传递"爱国"的观念。北画"孔家老店"的"重张启事"中,虽因"国货滞销,舶来品充斥"而使本店营业"暂行收市",仍能以推销国货,"而谋自强"的目的重开店铺,让读者不得不为"孔家老店"的爱国行为拍手称赞(1934年8月28日,1133期)。国货广告以广告的形式传输国货概念,使之概念化、观念化,成为国货运动中的旗帜,为国货运动的延伸与发展而呐喊助威,并用它无处不在的形式与声音为国货运动推波助澜,因此,国货广告也成为中国近代广告形态中具有中国特色的广告形式。分析北画中的国货广告,其国货观念大概有以下几类:

(一)什么是国货

如前所言,在国货运动中,洋货受排斥,日货被抵制,许多洋货以打折促销的形式来提高营业额,市面上出现不少打着国货牌子的洋货产品。报刊上的国货广告则用各种广告创意与设计来标明自己的"国货"身份,如海京毛纺厂把中华民国颁布的"国货证明书"印制在广告上(1934年,2月6日,1047期),以验证自己的身份。对那些以洋货材料制造而成的伪国货产品,仁立公司以"完全国货"(1936年3月5日,1369期)、海京毛纺厂以"纯粹国产呢绒"(1932年10月8日,841期)等来以示区别。海京毛纺厂更是不费口舌地通过广告向消费者解释什么是真正的"国货","惟国货成分,是否用国产原料制造,亦须注意!本厂各种出品,是用国产纯羊毛做的"(1934年,6月23日,1105期)、"本国原料,本国人工之国产呢绒"(1932年9月1日,825期)。

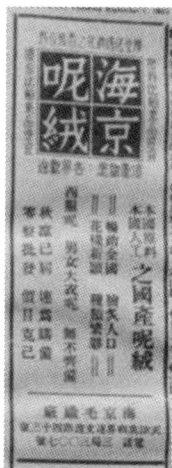

海京毛织厂广告

(二)国货不比洋货差

许多人买洋货,不仅是崇洋媚外,也有对于国产货品的不信任,认为国货物美不价廉,而价廉则不物美,因而国货广告宣传中也特别强调国货产品质量值得信任。正兴德茶庄的广告说,"至应社会需要,则随时改革。即如纯素之茶叶,一易为美术瓶筒;在若干时间以后,当有更进一步之发明。于茶之制造改革成法,装潢美化达于极点,皆该庄计划中事也";该茶庄把"使台湾茶不能侵入,国产茶得以振兴"的责任视为自己的职业使命(1932年9月27日,836期)。海京毛纺厂也以技术创新为号召,以产品改良和推陈出新为目标,为消费者提供满意的产品,"海京出品,无日不在研究改良之中,最近新出品春服呢,其花样之新颖、颜色之幽雅、质料之精纯,足以压倒舶来品,诸君试与本厂数年前之出品较,数月前之出品较,当知本厂进步之速,夫如是庶可保持主顾之信仰心,而为国货界放一异彩"(1934年4月24日,1079期)。元隆绸缎庄则以"货畅其流"为主题,凭借近代交通发达、城市农村飞速发展之利,为消费者寻求满意产品,"国中公路建设已有显著进展,交通电化事业将见次第完成,都会城市、乡镇农村,金融调剂、电力机制造、货物、手工艺术、土产各品,藉交通之便利大可互换有无,元隆号为社会服务,为国产竞销,派有专员各地安庄,凡海内名厂出品,乡镇农村著名土产,无不首先运到,直接采办,凡百货物选拔精良不受间接之分利。元隆绸缎庄本提倡国货之志愿服务社会之精神,薄利竞销"(1937年4月10日,1540期)。这些国货广告无疑给购买国货的消费者以信心,通过广告传播国货企业技术创新、产品改良的信息,商家的巧具心思成为国货产品质量的保障。

元隆绸缎庄广告

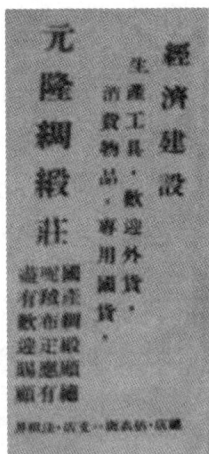

(三)中国人要用中国货

中国人一定要用中国货,国人用国货是国民的天职,国货运动中反复灌输与传播这些观念。在天津青年会与国货售品所举行的国货展览会上,门前装饰用的彩坊巨柱上悬有标语对联一副,白地红字写着:"中国人不用中国货是最可耻的事!用洋货是帮着帝国主义侵略中国!"两个感叹号铿锵有力,是对进入展会的每一位观众的爱国教育,也是对中国人的警醒。展览会里,"壁头,窗上,贴着不少的标语",标语内容无非都是提倡国货、抵制日货,而其中"中国人不用中国货,谁用中国货!"的反问式口吻让记者记忆犹新(1932年10月8日,841期)。元隆绸缎庄则以外国人穿洋装,中国人当应穿国货来对比宣传,"君不见街上走的外国人身上哪有中国货,寄居中国尚如此,何况在本国?"(1937年6月19日,1570期)寄居中国的外国人身上穿的都是洋装,

元隆绸缎庄广告

更何况在本国的外国人又岂会用中国货,中国人若不用国货,那谁还用呢?意思简明,欲语还休。元隆绸缎庄明确提出主张,"穿用一尺国产绸缎罗纺呢绒布疋,亦可尽一分国民天职"(1937 年 6 月 5 日,1564 期)。

(四)买国货就是爱国、救国

国难之际,作为有良心的中国人,都想凭着一腔热血,用实际行动表白自己的爱国情怀,什么样的行动才能达到这个目的呢?国货广告提出主张说,用国货就是爱国,甚至还是救国。好运道香烟的广告简明扼要,国货广告诉求点明确,"好运道,爱国人士请吸国产超等香烟"(1928 年 12 月 29 日,263 期)。陈嘉庚公司更是用通俗易懂的七言诗进行宣传,"爱国须用国货起","钟牌博士鞋,先生早起出讲堂,第一注意学生装,你们全身所服用,是否国货抑外洋,一生敬谨答严师,专用国货已多时,学生所穿的靴

钟牌博士鞋广告

鞋,买于陈嘉庚公司,先生闻言大欢喜,更望诸生都如此,诸生一一齐点头,爱国须用国货起"(1930 年 10 月 21 日,540 期)。北画的标语广告则用精炼简洁的句子指出救国的方法,"救国最有效的方法,是抵制日货"(1931 年 10 月 17 日,691 期)。天津好莱坞照相部制作了许多美术拜年片,拜年片上除了精心制作的相片外,还有宣传救国之道的广告,如"又是一年了,您要雪国耻吗?消极的方法——提倡国货! 积极的方法——到前线去!"(1931 年 12 月 29 日,722 期)如果说,这些标语式的广告只提出主张与观念,不一定让人明白救国与国货之间的关系,元隆绸缎庄的广告则告诉你,国货与国家的经济紧密相连,国家的经济与个人的责任义务息息相关,商家店铺更需宣传这种国人天职、国家义务,"我国入超数字惊人,消费物品尤占多数,全国国民经济建设委员会曾有宣示,生产工具欢迎外货,消费物品专用国货,要即暂期出入平衡稳固国家金融之唯一妙策,现时国际间最低限度,对此平衡二字已成通商惠工之要缺,率皆注重,不可忽视。元隆号绸缎庄提倡国货,推销土产,贯彻精神,服务社会,实事求是,发扬商德,名驰遐迩,有口皆碑,所备国产绸缎顾绣呢绒布疋服御日需等品,无不物美价廉,五十年来如一日"(1937 年 1 月 9 日,1502 期),"提倡国货推销土产,实事求是发扬商德,经济建设,人人要负责任;通商惠工,个个须尽义务"(1936 年 12 月 5 日,1487 期)。这些广告不嫌冗长地告诉消费者国货与国家经济间的联系,可见商家期望用这种说理式的广告教育民众支持国货,树立商家专业且负责任的正面形象。

除了以上关注观念的国货广告外,北画上还有许多商场、店铺开展国货活动的公关广告,这些广告告知消费者国货活动的举办时间、地点、国货类别等。如中原公司举办"美的绸缎呢绒、布疋棉毛织品国货展览会"(1933 年 11 月 14 日,1011 期)的广告,中原公司与国货集合售品处联合销售"海京毛织厂各种出品"的广告(1936 年 5 月 7 日,1396 期),中原公司以"国货商民大职,购用国货同胞合力"为号召的"国货大会"广告(1932 年 12 月 8 日,867 期),中原公司举办"国产草帽、通帽、童衣展览会"的广告(1934 年 5 月 26 日,1093 期),震寰公司"国货新装赛美大会"即将举办的广告(1934 年 5 月 8 日,1085 期)。在这些国货运动中,商场、商家举办的国货运动成为推销国货、宣传国货的主战场,国货广告、国货展览会、国货售卖为国货意识的宣传起到重要的作用。

中原公司国货
展览会广告

　　广告的最终目的是诱导人们购买,国货广告利用国难时期国货运动中国人的爱国情感,运用广告引导的方式纳入民族情感,深入影响国人的消费行为,把国货推销观念化、概念化,甚至道德化,将国货销售同爱国精神、救国行为紧密联系起来,从而把人们的爱国情怀引导到具体的消费行为中。这种特色的促销行为,一方面,使人们的爱国情怀找到宣泄口,另一方面,仍然具有商业特征,因而,"国货"运动是特殊时期使用的特殊促销方式。

参考文献

报纸

[1]《北洋画报》影印版[Z].北京:书目文献出版社.1985(8)

[2]梁得所.艺术的过程——高奇峰先生与画报[J].大众画报.1933-12-2

[3]黄卫.一声吆喝喊出天津老广告[N].城市快报.2003-10-28

[4]李冰漪.津城婀娜追时尚舞池霓虹亮夜空[N].城市快报.2004-12-13

[5]谢其章.百年回眸老画报[N].中国档案报.2001-7-27

[6]美查.点石斋印售书籍图画碑帖楹联价目[N].申报.1879-7-27

[7]委宛书佣.秘探石室[N].申报.1887-2-5

[8]王水:画报迷冯武越[N].(香港)大公报.1962-4-30

[9]忱庵.可怜天津的影片公司[N].大公报·电影旬刊.1927-3-25

[10]国货维持会议代表吕立基呈参议院文[N].申报.1912-7-19

[11]阿英.中国画报发展之经过[J].良友画报.1940-1(50)

期刊论文

[1]陈刚、祝帅.广告史研究的意义:"当代中国广告史"研究的问题与方法[J].广告大观.2008(4)

[2]书林、向保.从"中国广告历史文化展"谈抢救广告文化遗产[J].广告人.2005(3)

[3]吴果中.从《良友》画报广告看其对上海消费文化空间的意义生产[J].国际新闻界.2007(4)

[4]吴果中.《良友》画报文化地位整体建构的历史考察[J].现代传播.2007(3)

[5]吴果中.中国近代画报的历史考略——以上海为中心[J].新闻与传播研究.2007(2)

[6]吴果中.民国《良友》画报影响力要素的综合解析[J].国际新闻界.2007(9)

[7]朱英.开拓近代中国商人文化研究的初步构想[J].华中师范大学学报.1990(6)

[8]吴果中.民国时期《良友》画报广告与上海消费文化的想象性建构[J].

广告大观.2007(3)

[9][美]梁庄爱伦.论中国传统的图像广告设计[J].郑立君等译.南京艺术学院学报.2007(4)

[10]孙会、贺军妙.《大公报》中的系列广告特色[J].历史教学.2008(2)

[11]孙会.《大公报》的教育广告与近代中国社会[J].张文洲.社科纵横.2008(3)

[12]孙会.《大公报》中的另类社会广告与近代中国社会[J].河北经贸大学学报.2008(2)

[13]孙会.《大公报》中的医药广告与近代社会[J].廊坊师范学院学报.2008(3)

[14]孙会.《大公报》的征婚广告与近代社会变迁[J].社会科学论坛.2008(8)

[15]孙会、全文瑶.近代外商广告中的本土化战略——以《申报》、《大公报》为例[J].江苏商论.2008(7)

[16]孙会.传播中的折射——从晚清《大公报》广告透视天津社会生活[J].石家庄铁道学院学报.2007(2)

[17]曾宪明.《申报》、《大公报》1925—1935十年间广告手法评析[J].郑州大学学报.1994(2)

[18]刁苏彬.新记《大公报》时期的经营分析[J].安徽文学(下半月).2007(6)

[19]孙扬骅、梁惠娥、张竟琼.民国时期天津报刊中服装广告的创意和表现形式[J].武汉科技学院学报.2006(3)

[20]樊如森.论近代中国北方外向型经济的兴起[J].史学月刊.2003(6)

[21]王跃年.从《真相》到《良友》——1912—1937年中国摄影画报简论[J].民国档案.2004(3)

[22]徐沛、周丹.早期中国画报的表征及其意义[J].文艺研究.2007(6)

[23]李艳平.图像阅读时代的开启:《点石斋画报》[J].安徽文学(下半月).2009(1)

[24]马媛媛.《良友》画报内容的时代特色[J].社会科学论坛(学术研究卷).2008(6)

[25]郭秋惠.商业与文化的整合:《点石斋画报》的经营与设计[J].装饰.2008(11)

[26]黎宁.《良友》画报中的女性形象[J].青年记者.2008(15)

[27]罗福惠.形塑与变形:《点石斋画报》中的日本图像[J].华中师范大学学报.2008(3)

[28]金秀妍.可贵的"现代"尝试——《良友画报》研究试论[J].现代中国文化与文学.2007(1)

[29]俞玮娅.从《点石斋画报》看视觉文化的融合与延续[J].吉林艺术学院学报.2008(2)

[30]乔云霞.《良友》画报的品牌策略[J].新闻与写作.2007(12)

[31]裴丹青.西医东渐与晚清社会的医学变迁——以《点石斋画报》为中心[J].许昌学院学报.2008(4)

[32]能向群.20世纪二三十年代上海画报的兴盛及其原因[J].中国编辑.2006(1)

[33]郝永伟.晚清民间法观念初探——以《点石斋画报》为例[J].图书馆杂志.2007(4)

[34]俞政.良友忆旧:一家画报与一个时代[J].苏州大学学报.2008(1)

[35]郑祖安.吴友如与《点石斋画报》[J].中华文化画报.2008(3)

[36]刘永昶.民族救亡中的商业媒体觉醒——以《良友画报》为例[J].南京政治学院学报.2007(2)

[37]吴学文.《点石斋画报》研究综述[J].文山师范高等专科学校学报.2007(3)

[38]刘永昶.试析《良友画报》的编辑视野[J].编辑之友.2007(1)

[39]毛时安.《点石斋画报》的新与旧[J].社会观察.2007(10)

[40]杨春晓.解读《良友》画报的封面[J].新闻大学.2004(4)

[41]姜吉玲.论《点石斋画报》的经营管理[J].东南传播.2007(8)

[42]汤静.《良友》画报——新型的美术大众传播载体[J].中国书画.2004(5)

[43]张元卿.读图时代的绅商、大众读物与文学——解读北洋画报[J].天津社会科学.2002(4)

[44]朱灿飞.《北洋画报》的新闻传播学解读[J].青年记者.2008(15)

[45]周石峰.民众民族主义的双重面相与历史难境——以天津商人与抵制日货为例[J].江苏社会科学.2008(2)

[46]陈平原.新闻与石印——《点石斋画报》之成立[J].开放时代.2000(7)

[47]陈平原.书画争夸点石斋[J].文史知识.2006(4)

[48]唐振常.市民意识与上海社会[J].二十一世纪.1992(6)

[49]吴福辉.漫议老画报[J].小说家.1999(2)

[50]吴越生.画报种种[J].文化建设.1934

[51]美云.天津的洋务企业与社会环境[J].史学月刊.1995(4)

[52]任云兰.浅析天津经济发展与商人士绅群体的出现[J].天津经济.2008(7)

[53]高展.天津近代商业习俗成因初探[J].环渤海经济瞭望.2009(11)

[54]樊如森.近代天津与北方经济发展[J].郑州大学学报.2007(2)

[55]于树香.外国人在天津租界所办报刊考略[J].天津师范大学学报.2002(3)

[56]王鹏.英敛之和他创办的《大公报》[J].文史精华.2002(12)

[57]白铭.河北省近现代报业史(1886—1949)[J].高校社科信息.1997(5)

[58]李志雄.《良友》画报:画报史上的一朵奇葩[J].编辑学刊.2002(3)

[59]王跃年.从《真相》到《良友》——1912—1937年中国摄影画报简论[J].民国档案.2004(3)

[60]李斌.晚清报刊与文化大众化[J].贵州社会科学.1996(2)

[61]裴丹青.《点石斋画报》和中国传媒的近代化[J].安阳师范学院学报.2005(3)

[62][德]鲁道夫·G.瓦格纳.进入全球想象图景:上海的《点石斋画报》[J].中国学术.2001(4)

[63]李艳平.图像阅读时代的开启:《点石斋画报》[J].安徽文学.2009(1)

[64]李频.耐心与匠心:《点石斋画报》开拓和占领市场的法宝[J].出版科学.1998(2)

[65]罗宁辉.从画报生态位变化的历史轨迹探索画报发展规律[J].传媒.2008(4)

[66]吴群."摄影迷"和"画报迷"冯武越[J].摄影之友.1996(12)

[67]李莉娟."读图":终结画报的时代[J].对外大传播.2005(7)

[68]罗国干.新记《大公报》的经营管理[J].广西大学学报.2006(5)

[69]袁英珍.《申报》经营管理的史量才时期[J].湖南大众传媒职业技术学院学报.2005(5)

[70]佘绍敏、许清茂、黄飞.汪汉溪广告经营理念初探[J].新闻记者.2005(4)

[71]秦其文.近代中国企业的广告促销技巧研究[J].中国经济史研究.2005(1)

[72]刘青弋.民国时期的中外舞蹈文化交流[J].吉林艺术学院学报.2009(4)

[73]刘小磊.从传入途径与方式看中国电影早期发展格局[J].电形艺术.2007(2)

［74］韩红星.看民国时期的报业选秀活动［J］.兰台世界.2010(1)

［75］藏策.津味"到底什么味儿"［J］.小说评论.2008(4)

［76］张瑾.二十世纪二三十年代"上海模式"对重庆的冲击［J］.史学月刊.2000(3)

［77］王相钦.抵制洋货和提倡国货［J］.商业经济研究.1995(7)

［78］周英洁.近代天津商人的经营风格及现实启示［J］.河南商业高等专科学校学报.2002(5)

［79］陈振锟.论国货运动在中国现代化进程中的作用［J］.中共福建省委党校学报.2000(10)

［80］孙炳芳、张学军.天津商会与中国近代商业意识的觉醒［J］.河北师范大学学报.1998(4)

专著书籍

［1］陈培爱.中外广告史［M］.北京:中国物价出版社.1997

［2］刘家林.新编中外广告通史［M］.广州:暨南大学出版社.2004

［3］孙顺华等.中外广告史［M］.济南:山东大学出版社.2005

［4］黄升民等.中国广告图史［M］.广州:南方日报出版社.2006

［5］［美］苏特·杰哈利.广告符码:消费社会中的政治经济学和拜物教现象［M］.马姗姗译.北京:中国人民大学出版社.2004

［6］由国庆.鉴藏老商标［M］.天津:天津人民美术出版社.2005

［7］由国庆.老广告［M］.天津:天津人民美术出版社.1999

［8］由国庆.再见老广告［M］.天津:百花文艺出版社.2004

［9］戈公振.中国报学史［M］.北京:三联书店.1955

［10］方汉奇.中国新闻事业通史［M］.北京:中国人民大学出版社.2000

［11］中国大百科全书·新闻出版［M］.北京:中国大百科全书出版社.1990

［12］柳诒徵.中国文化史［M］.上海:东方出版中心.1988

［13］张岱年等.中国文化概论［M］.北京:北京师范大学出版社.2004

［14］朱传誉.报人·报史·报学［M］.台湾:台湾商务印书馆.1985

［15］陈平原、夏晓虹.图像晚清［M］.天津:百花文艺出版社.2006

［16］罗澎伟.近代天津城市史［M］.北京:中国社会科学出版社.1993

［17］谷书堂.天津经济概况［M］.天津:天津人民出版社.1984

［18］马运增.中国摄影史 1840—1937［M］.北京:中国摄影出版社.1987

［19］罗澎伟.百年中国看天津［M］.天津:天津人民出版社.2005

［20］周利成,周雅男.天津老戏园［M］.天津:天津人民出版社.2005

[21]吴松第.中国百年经济拼图——港口城市及其腹地与中国现代化[M].济南:山东画报出版社.2006

[22]张利民.解读天津六百年[M].天津:天津社会科学出版社.2003

[23]陶鹤山.市民群体与制度创新[M].南京:南京大学出版社.2001

[24]李欧梵著.毛尖译.上海摩登[M].北京:北京大学出版社.2001

[25]李频.大众期刊运作[M].北京:中国大百科全书出版社.2003

[26]边靖.中国近代期刊装帧艺术概览[M].北京:北京图书馆出版社.2007

[27]蒋建国.报界旧闻:旧广州的报纸与新闻[M].广州:南方日报出版社.2007

[28]李焱胜.中国报刊图史[M].武汉:湖北人民出版社.2005

[29]陈平原.点石斋画报选(陈平原导读)[M].贵阳:贵州人民出版社.2000

[30]马国亮.良友忆旧——一家画报与一个时代[M].北京:三联书店.2002

[31]吴果中.《良友》画报与上海都市文化[M].长沙:湖南师大出版社.2007

[32]天津卫志·求志旧书.转引自来新夏.天津的城市发展[M].天津:天津古籍出版社.2004

[33]周俊旗.民国天津社会生活史[M].天津:天津社会科学院出版社.2004

[34]罗澍伟.天津史话[M].北京:社会科学文献出版社.2000

[35]张其昀.中国地理大纲[M].北京:商务印书馆.1930

[36]来新夏.天津近代史[M].天津:南开大学出版社.1987

[37]罗澎伟.近代天津城市史[M].北京:中国社会科学出版社.1993

[38]马艺.天津新闻传播史纲要[M].北京:新华出版社.2005

[39]胡道静.报坛逸话.张静庐辑注.中国近代出版史料初编[M].上海:群联出版社.1953

[40]阿英.中国画报发展之经过[M].晚清文艺报刊述略.上海:古典文学出版社.1958

[41]阿英.晚清文艺报刊述略[M].北京:中华书局.1959

[42]张静庐辑注.中国出版史料补编[M].北京:中华书局.1957

[43]方汉奇.中国新闻事业通史(第1卷)[M].北京:中国人民大学出版社.2000

[44]丁守和.辛亥革命时期期刊介绍(五)[M].北京:人民出版社.1986

[45]张静如.北洋军阀统治时期中国社会之变迁[M].北京:中国人民大学出版社.1992

[46]曹用先.新闻学[M].北京:商务印书馆.1924

[47]徐宝璜.新闻学纲要[M].广州:联合书店.1930

[48]吴晓芝.新闻学之理论与实用[M].北平和济书局.1933

[49]忻平.从上海发现历史——现代化进程中的上海人及其社会生活(1927—1937)[M].上海:上海大学出版社.2009

[50]徐铸成.报海旧闻[M].上海:上海人民出版社.1981

[51]赵君豪.中国近代之报业[M].北京:商务印书馆.1940

[52]天津市政协文史资料研究委员会.近代天津图志[M].天津:天津古籍出版社.2004

[53][德]华纳.德国建筑艺术在中建筑文化移植[M].柏林:厄恩斯特.索恩出版社.1994

[54]张仲.天津城市住宅的演变[M].天津卫掌故.天津:天津人民出版.2000

[55]李少兵.民国时期的西式风俗文化[M].北京:北京师范大学出版.1994

[56]陈培爱、覃胜南.广告媒体教程[M].北京:北京大学出版社.2005

[57]天津通志·附志·租界[M].天津:天津社会科学院出版社.1996

[58]《中国近代史丛书》编写组.《洋务运动》(七)[M].上海:上海人民出版社.1973

[59]林希.老天津[M].南京:江苏美术出版社.1998

[60]刘海岩.空间与社会[M].天津:天津天津科学院出版社.2003

[61][法]雷米·埃斯.华尔兹史话[M].郑慧慧译.上海音乐出版社.2006

[62][清]黄辑五.舞蹈大观[M].上海:上海均益图书公司.1907

[63]唐傑.跳舞的艺术[M].上海:上海良友图书印刷公司.1928

[64]陆弘石.中国电影史(1905—1949):早期中国电影的叙述与记忆[M].北京:文化艺术出版社.2005

[65]李多钰.中国电影百年(上编)[M].北京:中国广播电视出版社.2005

[66]程季华.中国电影发展史(第一卷)[M].北京:中国电影出版社.1981

[67][美]罗兹·墨菲.上海——现代中国的钥匙[M].上海:上海人民出版社.1986

[68]姚灵犀.采菲录[M].上海:上海书店出版社.1998

[69]卿汝辑.美国侵华史(第二卷)[M].北京:三联书店.1956

[70]彭泽益.中国近代手工业史资料(第二卷)[M].北京:中华书局.1962

[71]虞和平.商会与中国早期现代化[M].上海:上海人民出版社.1993

[72]复旦大学新闻学新闻史教研室.中国新闻史文集[M].上海:上海人民出版社.1987

[73]祝均宙.萨空了文集[M].上海:上海科学技术文献出版社.2002

[74]丁守和.辛亥革命时期期刊介绍[M].北京:人民出版社.1987

[75]张静庐辑注.中国现代出版史料乙编[Z].北京:中华书局.1955

[76]上海通社.上海研究资料续编[M].上海:上海书店.1984

[77]李正中等.近代天津知名工商业[M].天津:天津人民出版社.2004

[78]黄天鹏.新闻学刊全集[M].上海:上海光新书局.1930

[79]申报馆.最近之五十年——申报馆五十周年纪念[M].上海:上海书店.1987

[80]李寓一.清末民初中国各大都会男女装饰论集[A].香港:中山图书公司.1972

[81]刘海岩等.城市史研究[M].天津:天津市社会科学院出版社.2000

[82]陈真.中国近代工业史资料(第2辑)[Z].北京:三联书店.1961

[83]谢其章.《中国画报史》猜想[Z].《藏书家》第四辑.济南:齐鲁书社.2001

[84]郑逸梅.上海的画报潮.书报话旧[N].北京:中华书局.2005

[85]天津市政协.天津老城忆旧[M].天津:天津人民出版社.1997

[86]天津市政协.天津出版史料(5辑)[M].天津:百花文艺出版社.1993

[87]天津市政协.天津文史资料选辑(9)[M].天津:天津人民出版社.1980

[88]天津市政协.天津文史资料选辑(16)[M].天津:天津人民出版社.1981

[89]天津市政协.天津文史资料选辑(18)[M].天津:天津人民出版社.1982

[90]天津市政协.天津文史资料选辑(21)[M].天津:天津人民出版社.1982

[91]天津市政协.天津文史资料选辑(27)[M].天津:天津人民出版社.1984

[92]天津市政协.天津文史资料选辑(33)[M].天津:天津人民出版社.1985

[93]天津市政协.天津文史资料选辑(75)[M].天津:天津人民出版社.1997

学位论文

[1]李永生.记录时代的侧影——《北洋画报》研究[A].暨南大学硕士学位论文.2008

[2]朱灿飞.《北洋画报》的新闻传播研究[A].湖南师范大学硕士学位论文.2009

[3]赵欣.从广告视角看新记《大公报》的办报思想[A].吉林大学硕士论文.2006

[4]刘璀.《益世报》广告研究——以1935年为例[A].天津师范大学硕士论文.2008

[5]季天琴.裂变的文化:近代上海市民的消费图景——以1926—1937年《良友》广告为例[A].复旦大学硕士论文.2009

[6]孙正娟.近代女性自我解放思想的历史轨迹[A].苏州大学硕士论文.2001

后　记

　　本文缘起于一次在厦门大学图书馆的巧遇。

　　2007年的秋天,甩开了广州繁琐的工作与生活,忙里偷闲来到厦门大学读博,师从陈培爱教授研究广告史,从教师到学生身份的转换,在那时是一份忐忑与期盼,不知这样的学习是否有价值抑或能给自己的人生收获一份不同。今日回首,忐忑与期盼已幻化为回味,这段学习是人生经历中难得的奢侈与欢悦,原因正是来自于在厦大图书馆与《北洋画报》的巧遇。

　　研究广告史的原因,课余闲暇习惯了泡图书馆,图书馆四楼的过期期刊库似为一个被人遗忘的角落,除了放置于顶楼平台上忙碌运转空调机所发出的轰然响声,空无一人的资料室内突显着无人的寂静与寥落,平铺于书架上的各式报刊数落着过往烟云的繁华与热闹,翻开灰尘与墨香混迹的为岁月流逝吸干的纸皮,每一页纸都叙叨着前尘旧事,却也流泛着历史的落寞。《北洋画报》是其中之一。选择《北洋画报》,因为里面浸透着民国小资的生活与精彩,古老中国的传统习性与现代城市的摩登生活并存,保守观念与开放行为的演绎,历史名人的影像充斥其中。丰富的图片、精悍的小文、锋利的评论、慵懒的美文,使我不由自主坐下来埋首翻阅,那一刻感觉不是在读一份画报,而是在听一个逝去的老人讲一个并不久远的故事。

　　这种感觉的弥漫,让我觉得,透过画报广告与画报历史窥视其时人的生活也是愉悦的美事。于此,希望为此多做一些。那年的秋天,拿着一个小巧的相机,来往于图书馆与宿舍之间,在那寂寥的文库里,拍摄了整部《北洋画报》并保留存底,作为研究的开始。略觉遗憾的是,图书馆里保存的画报是书目文献出版社1985年出版的影印版,影印后的《北洋画报》图像效果不甚理想,原本准备在写作中利用的图片也因影像不清而大量删除,文章里所摘录的文献有因古今用法差异而略显生涩的,也有因画报排版校稿不严谨而出现的错别字,甚有因字迹不清而空缺的文字,但种种瑕疵都无以掩盖画报所呈现的精彩。

　　“历史研究的背后永远存在着现实需要的推动力”,天津人肖克凡提及这段时代的影响时说:“我小时在日租界住,在那长大。截止到‘文革’前,家庭称呼都是太太、先生称谓,有一种小资的情调……在租界居住的人们就显得洋,因为他们接受西方社会的文化比较早,再加上居住的是楼房,更接近于西方化,物质的格局规定了日常生活比较有西方文化的倾向。小巷很幽静,是西方文化的遗留。"现实的文化是历史的积淀和延续,在商业急剧发展中,许多城市的文化传统逐渐萎缩与退化,城市的现代化进程正在紧锣密鼓地进行着,一方面新的城市化进程中亟需先驱者们的经验作为借鉴,另一方面旧有的城市历史的保存与传承也迫在眉睫,两方面而言,使得对旧有文化的研究与保护都显得尤为重要。基于报刊的近代史研究无疑是保存与延续旧有文化的很好的方法。笔者本身的学识水平与理论基础有限,这使得本书仍有许多的遗憾,但基于美好的愿望,希望能以《北洋画报》及其广告的研究来复原其时、其人、其景,见证画报视角下的商业文化变迁的枝叶细末。

　　本书写作查阅了大量文献背景资料,前辈学者的学术研究为本书提供坚实的研究基础。写作得到陈培爱教授的提点与指导,此书的出版也由其促成。厦大出版社王鹭鹏编辑为本书也倾尽心力,不吝赐教。在此皆一并感谢。

图书在版编目(CIP)数据

一报一天堂:《北洋画报》广告研究/韩红星著. —厦门:厦门大学出版社,2012.7
(中国广告发展史研究丛书)
ISBN 978-7-5615-3650-6

Ⅰ.①北…　Ⅱ.①韩…　Ⅲ.①报刊-广告-研究-中国-民国　Ⅳ.①F713.8

中国版本图书馆 CIP 数据核字(2012)第 168718 号

厦门大学出版社出版发行
(地址:厦门市软件园二期望海路 39 号　邮编:361008)
http://www.xmupress.com
xmup @ xmupress.com
厦门集大印刷厂印刷
2012 年 7 月第 1 版　2012 年 7 月第 1 次印刷
开本:787×1092　1/16　印张:17.25　插页:2
字数:318 千字　印数:1~2 000 册
定价:40.00 元
本书如有印装质量问题请直接寄承印厂调换